DROEMER

Über den Autor:
Dr. Albert Kitzler, geb. 1955, studierte Philosophie und Jura in Freiburg und arbeitete lange Jahre erfolgreich als Medienanwalt und Filmproduzent in Berlin. Seit 2000 beschäftigt er sich wieder intensiv mit Philosophie im antiken Griechenland, China und Indien und gründete 2010 *MASS UND MITTE – Schule für antike Lebenswelt* (www.massundmitte.de), wo er Seminare, Coachings sowie philosophische Matineen und Urlaube leitet und Vorträge hält. Seine Bücher *Wie lebe ich ein gutes Leben?*, *Philosophie to go*, *Denken heilt* und *Vom Glück des Wanderns* haben bei Leser*innen und Kritiker*innen Begeisterung ausgelöst. Zuletzt erschien bei Droemer *Die Weisheit der Liebe* (2023). Albert Kitzler lebt bei München und betreibt ein »Haus der Weisheit« in Reit im Winkl.

ALBERT KITZLER

Gelassenheit

Eine philosophische Lebensschule

DROEMER

Besuchen Sie uns im Internet:
www.droemer-knaur.de

Erweiterte und überarbeitete Taschenbuchausgabe
der ursprünglich im Herder Verlag erschienenen Originalausgabe
»Leben lernen – ein Leben lang. Eine praktische Philosophie«

Lektorat: Dr. Susanne Schackert
Covergestaltung: Verena Metz | v e r i d e s i g n e d
Coverabbildung: Verena Metz Illustration
Satz und Layout: Adobe InDesign im Verlag
Druck und Bindung: CPI books GmbH, Leck
ISBN 978-3-426-44770-3

2 4 5 3

Dieses Buch ist allen Teilnehmern meiner Seminare,
Matineen und philosophischen Urlaube gewidmet.
Ihren Fragen und Beiträgen verdanke ich viel.

»Nichts ärgert das Schicksal mehr als Gelassenheit.«[1]

»Wohl aber kann jeder, wenn er nur will, es sich selbst leichter machen. Und wie dies? Durch die gleichmütige Stimmung der Seele.«[2]

»Nichts ist ein sichererer Beweis von Geistesgröße, als wenn einem nichts begegnen kann, was einen in Aufregung zu setzen vermöchte.«[3]

»Glücklich ist nicht derjenige, … dem massenhaftes Geld zuströmt, sondern der, der sein ganzes Gut in seinem Innern hat, … der das Schlimme zum Guten wendet, … den das Schicksal, wenn es sein schädlichstes Geschoss auf ihn abschleudert, zwar ritzt, aber nicht verwundet, und selbst dies nur selten …«[4]

»Wer die Einsicht besitzt, ist auch maßvoll; wer maßvoll ist, auch gelassen; wer gelassen ist, lässt sich nicht aus der Ruhe bringen; wer sich nicht aus der Ruhe bringen lässt, ist ohne Kummer; wer ohne Kummer ist, ist glücklich …!«[5]

»Lass dir also gesagt sein: erst dann bist du ein Mensch wie er sein soll, wenn du gelassen bist gegen jeden Lärm, wenn keine Stimme dich aus der gewohnten Fassung bringt.«[6]

Seneca

Inhalt

Vorwort

Gelassenheit ist heute mehr denn je gefragt. Kriege, Pandemien, eine höchst fragile weltpolitische Lage und die immer näher kommende Klimakatastrophe beunruhigen zutiefst. Die rasante Entwicklung technischer Neuerungen, Digitalisierung, Globalisierung, künstliche Intelligenz und die weltweite Vernetzung haben den Lebensrhythmus enorm beschleunigt. Die Möglichkeiten, etwas zu tun, zu konsumieren, sich unterhalten zu lassen, sich zu informieren, sich zu präsentieren und in Kontakt mit der Welt zu treten, haben sich vervielfacht. Dieser Zuwachs an Lebensmöglichkeiten hat die Idee, das Leben der Menschen durch technischen Fortschritt zu erleichtern und bequemer zu machen, ins Gegenteil verkehrt: Alles ist schneller, hektischer, komplizierter, unruhiger, konsumistischer und stressiger geworden. Zur Ruhe kommen wir immer seltener. So ist die Sehnsucht nach Gelassenheit für viele Menschen zum Inbegriff eines glücklichen Lebens geworden.

Genau das war schon die Vorstellung der antiken Philosophie und Weisheitslehre in Orient und Okzident. Sie erkannte, dass Lebensglück nicht in Reichtum, Ansehen oder Macht zu finden ist, sondern in der Seelenruhe, der Geborgenheit im Innern, im Einklang mit sich selbst, in einer Grundstimmung heiterer Gelassenheit. Dieses Glück fällt jedoch nicht vom Himmel, sondern setzt voraus, dass man mit sich ins Reine kommt, dass man ein gutes Verhältnis zu sich selbst, den anderen und der Welt gewinnt. Das aber will gelernt sein. Wenn wir als Heranwachsende damit beginnen, unser Leben in die eigene Hand zu nehmen, finden wir uns vorbelastet mit zahlreichen Prägungen, Affekten, Gewohnheiten und Charaktereigenschaften, die uns nicht guttun. Wenn wir mit uns ins Reine kommen, wir selbst werden und unser eigenes Leben führen wollen, dann müssen wir in unserem Inneren aufräumen. Wir müssen all das ablegen, überwinden und eindämmen, was nicht zu uns passt, das Fremde in uns, das uns belastet und unter dem wir auf vielfältige Art leiden. Dafür müssen wir unsere Lebensgewohnheiten im Denken, Fühlen, Wollen und Handeln prüfen, ändern, weiterentwickeln und gegebenenfalls ablegen, bis wir genauso leben, wie wir leben möchten. Je besser uns das gelingt, umso gelassener werden wir.

Wo aber lernen wir eine solche Selbstkultivierung, die uns in unsere Mitte bringt und uns zu einer ausgeglichenen und in sich stimmigen Persönlichkeit macht? Es gibt weder ein Schul- noch ein Universitätsfach »Lebenslehre« oder »praktische Lebensphilosophie«. Es wird Religionsunterricht oder ersatzweise »Ethik« angeboten. Aber lernen wir in diesen Fächern, wie wir unseren Lebensalltag bewältigen, sodass wir ihn lieben und zu einer Quelle der Freude und des Wohlergehens machen? Wird dort gelehrt, wie wir konkret mit Ängsten umgehen sollen, mit Sorgen, Stress, Zorn, Wut, Ärger, Neid, Gier, Eifersucht, Leidenschaften, Entfremdung, Trauer, Schicksal, Tod – mit all dem, was uns daran hindert, ein gutes Leben zu führen, ein Leben in Gelassenheit und Eintracht mit uns selbst? Wie sollen wir uns zu uns selbst, zu anderen und zur Welt verhalten? Wie funktioniert unser Seelenleben? Wie stärken wir unsere Resilienz und Widerstandsfähigkeit, unser Selbstvertrauen, unser Selbstwertgefühl und unsere Zuversicht? Mein Eindruck ist, dass es nirgendwo einen systematisch und methodisch fundierten Unterricht in praktischer Lebensbewältigung gibt. Bedauerlich ist dies vor allem für junge Menschen, für die ein solcher Unterricht besonders hilfreich und eine sinnvolle Ergänzung zu ihrer fachlichen Ausbildung wäre.

Für Erwachsene gibt es Coachings, die Hochkonjunktur haben. Dabei geht es aber meist um die Erreichung konkreter Ziele, etwa einen Job zu bekommen, Arbeitsanforderungen zu bewältigen oder als Führungskraft seine »personal skills« zu schulen, nicht aber um das Leben als Ganzes. Die verschiedenen Angebote von Psychotherapien werden wiederum in der Regel erst wahrgenommen, wenn sich ein Problem zu einer ernsthaften psychischen Störung entwickelt hat. Bleiben noch die zahlreichen Lebensratgeber in Buchform. Da mag sich unter sehr viel Oberflächlichem und Modischem auch Hilfreiches finden. Häufig aber werden nur einzelne Aspekte der Lebensbewältigung erörtert, seltener das Leben in seiner ganzen Breite und Tiefe.

Das vorliegende Buch möchte die aufgezeigte Lücke schließen. Es will eine Anleitung sein, wie die verschiedensten Herausforderungen des Lebens auf die beste Art bewältigt werden können, sodass wir stets eine Grundstimmung heiterer Gelassenheit bewahren oder nach einem Schicksalsschlag in angemessener Zeit wieder dahin zurückfinden. Dies geschieht vom Standpunkt der Philosophie aus, das heißt ganzheitlich auf der Grundlage eines angemessenen, tieferen Verständnisses der menschlichen Lebenswelt. Zu diesem Zweck wollen wir uns in die Schule des römischen Philosophen und Staatsmannes Seneca begeben, einem der großen Weisen der Menschheitsgeschichte, der eine faszinierende Lebenslehre hinterlassen hat. Nichts von dem, was Seneca zum gelingenden Leben geschrieben hat, ist veraltet. Niemand hat ihn an Lebensweisheit übertroffen. Die stoische Philosophie, die er vertritt, gilt noch heute als der Inbegriff einer Lehre der Gelassenheit. Dafür steht ihr Ideal der »Unerschütterlichkeit des Weisen«, der sprichwörtlich gewordenen »stoischen Ruhe«, die wir modern Resilienz nennen.

Aber sollten wir in unserer knappen Freizeit das Leben nicht einfach nur genießen, anstatt an einer Selbstkultivierung zu arbeiten? Gewiss, aber darum geht es ja gerade: das Leben nachhaltig und sinnvoll so zu gestalten, zu erfahren und zu verarbeiten, dass wir es an jedem Tag neu lieben und die angenehmen Geschehnisse der Welt trotz allem gelassen genießen können. Das ist nicht einfach, und nur wenige Menschen beherrschen diese Kunst wirklich gut. Häufig ist unsere Lebensfreude getrübt von Sorgen, inneren

Konflikten, Ängsten, Unruhe, Rastlosigkeit, Enttäuschungen, Sinnzweifeln sowie unerfüllten Sehnsüchten und Wünschen. Gerade um solche Belastungen abzubauen, ist eine Weiterbildung in philosophischer Lebensbewältigung äußerst hilfreich. Wer regelmäßig Sport betreibt, hat gelernt, dass der Schweiß, der darauf verwendet wird, sich vielfach auszahlt. Genauso verhält es sich beim Grundkurs in philosophischer Lebensweisheit: Was wir hier mit wenig Mühe aufwenden, kommt als Energie, Lebensfreude und Gelassenheit vielfach zurück.

Einführung

Die Lebensschule

Ein paar Beispiele mögen verdeutlichen, was eine praktische Lebensschule für ein gelingendes Leben und die dazugehörige Grundstimmung heiterer Gelassenheit leisten kann. Der Philosoph Arthur Schopenhauer, der ein Buch über praktische Lebenskunde schreiben wollte, jedoch über ein Fragment nicht hinauskam, sagte einmal, die Voraussetzung, um glücklich zu sein, sei, sich täglich zwei Stunden an der frischen Luft zu bewegen.[1] Wir haben alle gelernt und »wissen«, dass ein gesunder Geist einen gesunden Körper braucht. Viele haben auch davon gehört, dass der Körper beim Sport bestimmte Hormone produziert, die ein Gefühl des Wohlbefindens auslösen. Geringer, aber immer noch beträchtlich, ist die Zahl derer, die es sich deshalb zur festen Gewohnheit gemacht haben, regelmäßig Sport zu betreiben oder sich täglich ausreichend zu bewegen. Schon deutlich weniger Menschen nehmen aber die Treppe, wenn daneben eine Rolltreppe vorhanden ist. Verschwindend gering ist schließlich die Zahl derer, die vielleicht sogar Freude dabei empfinden, wenn es erforderlich ist, irgendeine Verrichtung zu erledigen, die körperliche Anstrengung verlangt. Viele von uns stöhnen und werden mürrisch, wenn sie einkaufen oder in den Keller gehen müssen, aufräumen oder sauber machen, Schnee schippen oder den Hauseingang fegen sollen. Sie geben viel Geld für Dienstleistungen aus, die ihnen solche alltäglichen Bewegungen ersparen.

Diesen Menschen könnte es helfen, wenn sie sich Schopenhauers Maxime bewusst machen würden, sie verinnerlichten und danach lebten. Dann würden sie vermutlich keinen Unmut mehr empfinden, wenn sie sich bewegen müssen. Sie würden, auf Dauer gesehen, die körperliche Fitness steigern, sich wohler fühlen, mehr Energie haben, weniger Krankheiten bekommen, langsamer altern und länger gesund leben. Die alten Griechen, die diese Erfahrung tatsächlich verinnerlicht hatten, betrieben jeden Tag mindestens ein bis zwei Stunden lang gymnastische Übungen und waren überwiegend zu Fuß unterwegs. Von nicht wenigen Philosophen heißt es, dass sie dabei recht alt wurden und nach 90 oder 100 Lebensjahren sogar freiwillig den Tod suchten, weil sie meinten, nun lange genug gelebt zu haben.[2]

Ein anderes Beispiel: Wenn etwas nicht so läuft, wie wir uns das vorstellen, ärgern wir uns manchmal tagelang. Sokrates bemerkte einmal spöttisch, niemand, der eine schöne Frau heirate, wisse, ob er sich damit mehr Glück oder mehr Unglück ins Haus hole. Es ist eine wichtige Lebenslehre zum Abbau von Ängsten und zur Förderung von Gelassenheit, sich bei allen Unternehmungen von vornherein darauf einzustellen, dass sie auch misslingen oder sich ganz anders entwickeln könnten, als wir es uns wünschen und vorstellen. Dies ist kein Grund, den Kopf hängen zu lassen oder es an der notwendigen Energie und Motivation fehlen zu lassen. Was auf den ersten Blick wie ein Unglück aussah, hat sich im Nachhinein oft als Glücksfall erwiesen. Solch einen »weisen« Ratschlag haben wir alle schon einmal gehört. Dass darin aber eine tiefe philosophische Wahrheit steckt, die es zu verstehen, zu verinnerlichen und dann auch anzuwenden gilt, scheint jedoch vielen verborgen geblieben zu sein. Sonst würden wir im Alltag auf deutlich mehr Gelassenheit und Unaufgeregtheit stoßen, als dies tatsächlich der Fall ist.

Ein letztes Beispiel: Wie oft ärgern wir uns über andere Menschen, wie oft werden wir deswegen missmutig, wütend, bekommen schlechte Laune oder können aus Ärger nicht schlafen. In einer philosophischen Lebensschule lernen wir bereits im Grundkurs zumindest dreierlei: Erstens, dass durch Ärger nichts besser wird. Zweitens, dass wir höchst unvollkommene Wesen sind und – wie umsichtige Fahrradfahrer in einer Großstadt – gut daran tun, mit den Fehlern und Rücksichtslosigkeiten anderer zu rechnen. Drittens, dass wir zwar selten das Verhalten der anderen ändern können, dass es aber an uns liegt, ob wir uns dadurch ärgern und aus der Ruhe bringen lassen oder nicht. Die Lehre, die dem zugrunde liegt, sei hier wie bei den vorhergehenden Beispielen nur angedeutet. Sie ist keineswegs so banal, wie es den Anschein hat. Dahinter verbergen sich wesentliche philosophische Erkenntnisse vom Wesen des Menschen und der Funktionsweise seiner Seele, von der Welt und den Gesetzmäßigkeiten des Lebens. Erst wenn wir den Kurs durchlaufen haben und uns die einfach scheinenden Erkenntnisse des Fachs »Lebenskunde« zu eigen gemacht haben, wird uns ihre weitreichende Bedeutung bewusst werden. Mehr noch: Wir werden das Lernziel der Schule erreichen und Einsichten der praktischen Philosophie in persönliche Charaktereigenschaften und innere Lebenshaltungen verwandelt haben. Erst eine solche innere Wandlung und Neuorientierung unseres Denkens, Wollens und Handelns wird uns in den Stand setzen, Leid zu verringern und das Leben auf die bestmögliche Art zu meistern, große Freude daran zu haben und stets gelassen zu bleiben.

Die Grundsätze für ein gelingendes Leben

Wer alles selbst ergründen will, hat viel zu tun. Leichter ist es, von anderen zu lernen. Das gilt besonders für das gute Leben und die Grundstimmung heiterer Gelassenheit. Darüber zerbrechen sich die Menschen den Kopf, seitdem sie anfingen, über sich selbst nachzudenken. Daraus den Schluss zu ziehen, dass niemand weiß, wie es geht, wäre falsch. Im Gegenteil! Schon sehr früh haben weise Menschen äußerst brauchbare Antworten auf die damit aufgeworfenen Fragen gefunden. Tatsächlich ist bereits in den Schriften des Altertums in Ost und West alles Notwendige dazu gesagt und niedergeschrieben worden. Seitdem ist darüber – abgesehen von einigen Ansätzen – nichts grundlegend Neues mehr gedacht worden.

Dass wir uns trotzdem immer noch mit diesen Fragen herumschlagen, als hätten wir die richtigen Antworten noch nicht gefunden, hat im Wesentlichen drei Gründe:

Erstens ändern sich die Zeiten und Umstände. Das erfordert eine Anpassung der überlieferten Antworten an das Hier und Jetzt. »Was die Seele anlangt, so haben die Alten die Heilmittel gefunden«, meinte Seneca, »wie sie aber anzuwenden sind … das ist unsere Aufgabe, ausfindig zu machen. … *Sie müssen den Zeitumständen angepasst werden.*«[3] Den Einfluss der Zeitumstände sollten wir allerdings nicht überschätzen. Die Frage nach dem gelingenden Leben knüpft an der Natur des Menschen an. Damit sich diese ändert, braucht es mehr als ein paar Tausend Jahre. Die Tiere und Pflanzen, die es heute gibt, sehen ziemlich ähnlich aus wie vor 3000 Jahren. Für den Menschen und seine seelisch-geistige Natur gilt dasselbe.

Zweitens ist jeder Mensch ein Individuum, ein Unikat. Deshalb muss jeder gute Ratschlag, jede Lebensregel und jede Weisheit an die individuellen Eigenheiten und konkreten Lebensumstände angepasst werden. Keine Weisheit ist immer, überall und unter allen Umständen wahr und zu befolgen. Damit wird das Arsenal an hilfreichen Lebensweisheiten keineswegs hinfällig oder relativiert. Es gibt lediglich keinerlei Automatismus. Freuen wir uns darüber, denn andernfalls könnte das Leben auf ein Computerprogramm reduziert werden und wäre seiner wichtigsten Werte beraubt: der Freiheit und Eigenverantwortlichkeit!

Drittens müssen wir uns dieses Weisheitswissen erst einmal aneignen, damit es in unserem Leben die ersehnten Früchte trägt. Das ist weit schwieriger, als wir gemeinhin denken. Viele glauben, es reiche aus, ein gutes Buch darüber zu lesen. Einige begnügen sich gar damit, das Buch zu kaufen und zu den anderen ungelesenen Büchern zu stellen. Dass es aber einer gewissen Anstrengung bedarf, aus den Erfahrungen anderer zu lernen und nicht immer die gleichen Fehler und Irrtümer zu begehen, das scheinen die wenigsten wahrhaben zu wollen. Deshalb soll in diesem Buch die Vermittlung der Lebenslehren und deren Umsetzung im Zentrum stehen.

Der Lehrer

Bei wem sollen wir in die Schule des Lebens gehen? Es gibt zahlreiche gute Lehrer, lebende und tote. Ich habe mich entschieden, auf Altbewährtes zurückzugreifen. Anders als bei den zeitgenössischen Büchern und Lehrern hat die Geschichte über das Alte bereits ihr Urteil gefällt. Was seit Jahrhunderten, wenn nicht Jahrtausenden immer wieder verlegt, übersetzt, studiert und gelehrt wird, darauf können wir uns getrost verlassen.

Unser Lehrer ist schon vor rund 2000 Jahren gestorben, aber noch heute ist er jedem wegen seiner Lebensweisheit bekannt: der Philosoph Seneca. Manche meinen, er sei der bedeutendste unter den römischen Philosophen gewesen.[4] Dafür gibt es gute Gründe, die das vorliegende Buch hoffentlich deutlich machen wird. Für dessen Zweck, Wege zum Erlernen eines gelingenden Lebens mit mehr Gelassenheit aufzuzeigen, dürfte es keinen besseren Lehrer aus der abendländischen Antike geben. Zu dieser Überzeugung bin ich aus verschiedenen Gründen gekommen.

Zuerst ist darauf hinzuweisen, dass wir es bei Seneca mit einem eher seltenen Fall eines Philosophen zu tun haben, dessen Lebensschwerpunkt im Praktischen lag.[5] Er war eine Persönlichkeit des öffentlichen Lebens in der sehr bewegten Millionenmetropole Rom. Er war nicht nur der meistgelesene Schriftsteller seiner Zeit, sondern auch ein hoch angesehener Redner und Anwalt. Er absolvierte die übliche Beamtenlaufbahn bis zum Konsul. Schließlich wurde er Erzieher des römischen Kaisers Nero und leitete während dieser Zeit gemeinsam mit seinem Kollegen Burrus einige Jahre lang einen der größten und mächtigsten Vielvölkerstaaten, den die Welt je gesehen hat. Seneca konnte mithin seine philosophischen

Studien am täglichen Leben bewähren, er musste sie anwenden, verfeinern, weiterentwickeln, bestätigen oder verwerfen. So machte er aus der stoischen Philosophie und anderen Denkrichtungen eine lebbare Weisheitslehre für jedermann.

Da mag sogleich der Einwand kommen, Seneca müsse als Lebensmeister ausscheiden, da er bei Nero doch offenkundig versagt habe. Bekanntlich entwickelte sich Nero bald zu einem grausamen und skrupellosen Diktator. Er schreckte nicht einmal davor zurück, seine eigene Mutter umbringen zu lassen und neben vielen anderen Unschuldigen schließlich auch seinen Erzieher Seneca in den Tod zu schicken.

Es wäre aber im hohen Maße ungerecht, diese Entwicklung seinem Lehrer Seneca oder dessen Lehren anzulasten. Während Seneca den minderjährigen Nero unterrichtete und die Staatsgeschäfte führte, soll Rom nach Meinung des späteren Kaisers Trajan eine seiner besten Epochen erlebt haben.[6] Erst als Seneca immer mehr an Einfluss verlor, kamen bei Nero die schlechteren Charaktereigenschaften zum Vorschein. Weisheitslehren sind machtlos, wenn der Schüler sie nicht annimmt und sich nicht zu eigen macht.[7] Wer kennt schon die Stärke und Macht der frühkindlichen Prägungen Neros, die er vielleicht nie aufgearbeitet hat und die deshalb wieder Gewalt über ihn erlangen konnten, als weit weniger weise Menschen als Seneca zunehmend Einfluss auf ihn gewannen? Wer kann sich den Druck, die vielfältigen Einflüsse und Verführungen vorstellen, denen ein jugendlicher Kaiser auf dem Thron eines weltumspannenden Reiches ausgesetzt ist? Neros spätere Entartung besagt demnach nichts über die Qualität von Senecas Lehren. Aus der späteren Geschichte lassen sich etliche Gegenbeispiele anführen von Menschen, die sich mit den Lehren Senecas zu bedeutenden Persönlichkeiten entwickelten.[8]

Es gibt aber noch weitere biografische Gründe, die Senecas praktische Philosophie so spannend machen und sie in einzigartiger Weise bereichert haben dürften. Da ist zum einen der Umstand, dass sich Seneca zu der überragenden Stellung im Staate, die er später einnahm, gleichsam von ganz unten hatte hocharbeiten müssen. Er gehörte nicht zum Hochadel oder zu einer der berühmten Familiengeschlechter, die die Geschicke Roms seit Jahrhunderten lenkten. Seneca kam aus dem spanischen Landadel und hatte einen langen, steinigen Weg zu beschreiten, um überhaupt in die Nähe von politisch bedeutsamen Ämtern zu gelangen. Wer den ganzen mühsamen Weg von »unten« nach »oben« überwiegend aus eigener Kraft bewältigt, der kann auf diesem Weg viel wertvolle Lebenserfahrung sammeln. Dabei hat Seneca die unterschiedlichsten sozialen Lebenswelten aus nächster Nähe beobachten können und war Teil von ihnen. Allein das höchst intrigante Klima am Kaiserhof von Rom, der Machtkampf der rivalisierenden Familienclans, die Spannungen zwischen Kaiser und Senat und der Parteienhader im Senat selbst – das alles bot für den, der überlebte, eine einzigartige Lebensschule.

Seneca hat sie durchlaufen mit allen Höhen und Tiefen. Auch das zeichnet ihn aus. Ihm blieb nichts erspart. Nicht der tiefe Sturz aus höchster gesellschaftlicher Stellung in den bitteren Abgrund der Ächtung und Verbannung. Acht Jahre seines Lebens brachte er auf der seinerzeit höchst unwirtlichen Insel Korsika zu, weitab von Frau, Familie, Freunden und jeglichem kulturellen Leben, unter Bergstämmen, die eine andere Sprache hatten.[9] Verbannung war damals gleichbedeutend mit Tod, und häufig überließ man es den Verurteilten, ob sie das eine oder andere wählen wollten.[10] Hätte man dem damaligen Kaiser Claudius nicht zugeflüstert, Seneca sei todkrank und würde ohnehin bald sterben, so wüssten wir vielleicht gar nichts von ihm, denn sein Todesurteil war schon unterzeichnet. Es wurde in Verbannung abgeändert.

Als sich die Machtverhältnisse in Rom wieder einmal verschoben, erinnerte man sich jenes großen Redners und klugen Kopfes. Seneca wurde zurückberufen und zum Erzieher von Claudius' Nachfolger Nero ernannt. Bis zu dessen Volljährigkeit lenkte er als praktisch mächtigster Mann die Geschicke Roms. Als er erneut Opfer von Feindseligkeiten wurde, zog er sich zurück und schrieb seine großen Werke, aus denen die Menschheit seither seine Weisheiten zitiert. Seneca erlebte also Aufstieg und Absturz gleich zweimal.

Ein weiterer Aspekt mag dazu beigetragen haben, dass aus Seneca ein bedeutender Lebenslehrer wurde: Er kämpfte zeitlebens mit Asthma-Anfällen, begleitet von schwerster Atemnot, bei denen er nicht selten meinte, sterben zu müssen.[11] Deshalb lebte er als Jüngling einige Jahre in Ägypten, da man glaubte, das Klima dort sei günstiger für ihn.[12] Tatsächlich besserte sich sein gesundheitlicher Zustand. Schließlich gewöhnte er sich ein tägliches Programm sportlicher Ertüchtigung an, das er zeitlebens praktizierte und das Körper und Geist nachhaltig gestärkt und gefestigt haben dürfte.

Dass aus Seneca eine herausragende Persönlichkeit von außergewöhnlicher Lebensweisheit wurde, dafür waren seine grundlegende philosophische Ausbildung bei angesehenen Lehrern und seine lebenslange kontinuierliche Lektüre philosophischer Schriften besonders wichtig und prägend. Nach allem, was wir über seine philosophischen Lehrer wissen, genoss er eine herausragende Unterweisung. Noch in seinem Spätwerk zitiert Seneca ihre Aussprüche und Ansichten. Wenn er auch nicht ständig seine bedeutenden Vorgänger anführt, so lässt sich gleichwohl hinreichend belegen, dass er Schriften der großen griechischen Philosophen wie Platon, Aristoteles, Demokrit, Epikur und andere fleißig studiert und sehr gut gekannt hat.

Dieses Studium hat er bis zu seinem letzten Tag fortgesetzt. Er hielt sich an einen Grundsatz, den er selbst so ausdrückte: »Um leben zu lernen, braucht es das ganze Leben.«[13] Er hatte schon die 60 überschritten, war einer der meistgelesenen philosophischen Schriftsteller und besuchte immer noch philosophische Vorlesungen.[14]

Es gibt demnach viele gewichtige Gründe, sich für Seneca als Lebenslehrer zu entscheiden. Seneca argumentiert konkret und problemorientiert, geht von bekannten Lebenssachverhalten aus und greift zurück auf das, was jedem einleuchtet. Dabei bleibt er jedoch keineswegs oberflächlich, spricht dem Leser nicht nach dem Munde oder belässt es bei Hinweisen auf anerkannte Philosophen. Nach allen Seiten hin ist er kritisch, undogmatisch und bildet sich eine eigene Meinung.

Am charakteristischsten aber ist die durchgängige Verwendung rhetorischer Mittel, die darauf abzielen, dass seine Thesen eindringlich sind und leicht behalten werden können. So bringt er beispielsweise seine Überzeugung, man müsse zu Tod und Vergänglichkeit ein gelassenes und angstfreies Verhältnis entwickeln, auf die zugespitzte Formel: »*Dass ich dich liebe, mein Leben, verdanke ich dem Tod.*« Aus dem Textzusammenhang wird deutlich, was er sagen will, doch ist es die Formulierung dieser Quintessenz, die seiner Lehre gleichsam die Krone aufsetzt. In der Antike in Ost und West dürfte ihn in dieser Kunst der einprägsamen Verdichtung keiner erreichen.

Senecas Schriften dienen nur zu einem Teil der Belehrung und Erkenntnis, zu einem großen Teil jedoch der Erziehung und Umformung der inneren Haltungen des Lesers. Kaum ein anderer Philosoph hat so deutlich wie Seneca darauf hingewiesen, dass Belehrung allein nicht ausreiche, sondern eine Verinnerlichung des Wissens hinzukommen müsse, damit der Mensch das auch umsetze, was er gelernt habe. Gelinge dies nicht, so seien Studium und aller Unterricht nutzlos.

Dieser Prozess der Verinnerlichung, so Seneca, setze ein kontinuierliches Einüben des Gelernten voraus. Dieses Einüben beginne mit der Art und Weise, wie der Wissensstoff der »Lebenskunde« vermittelt werde. Die Lehren müssen eindringlich sein und »ans

Herz greifen«, sonst finde der Leser nicht die Kraft, sich selbst zu überwinden. Sie müssen prägnant formuliert und leicht erinnerbar sein, damit sie »zur Hand sind«, wenn sie gebraucht werden. Dies geschehe durch die kunstvolle Verwendung rhetorischer Mittel, etwa die direkte Ansprache des Lesers, die Ermahnung, die Wiederholung, die zusammenfassende Verdichtung in Spruchweisheiten, die scharfen Zuspitzungen. Seneca sprach von zwei Teilen der praktischen Philosophie. Der eine Teil leite die Maximen her und begründe sie; der zweite Teil betreffe die möglichst wirksame Vermittlung dieses Wissens sowie alle Techniken, mit deren Hilfe der Leser zu wohltuenden Lebenshaltungen und Charaktereigenschaften gelange, die in Fleisch und Blut übergegangen sind.

An diese Überlegungen wollen wir uns eng anschließen. Wir wollen nicht theoretisieren, sondern, soweit dies in einem Buch möglich ist, zur Lebenspraxis hinführen und Wege zum Einüben des Gelernten aufzeigen. Damit liegt ein Schwerpunkt des Buches auf der Frage, wie praktikable Lebensmaximen zu verinnerlichen sind. Häufig wird dabei Seneca selbst zu Wort kommen, denn er ist der unübertroffene Meister in der komprimierten und einprägsamen Formulierung. Zum anderen werden wir die Brücke schlagen von den Lebensumständen zur Zeit Senecas zu unserer heutigen Lebenswirklichkeit sowie von seiner Sprache und manch angestaubter Übersetzung zu einer modernen Ausdrucksweise.

Die Herausforderungen, Schwierigkeiten und Probleme bei der Lebensbewältigung können drei großen Bereichen zugeordnet werden. Der eine Bereich betrifft unser Verhältnis zu den äußeren Umständen, in die wir hineingeboren sind und die über uns hereinbrechen. Dieser Bereich könnte Schicksal oder Welt genannt werden. Ein zweiter Bereich betrifft unser Verhältnis zu unseren Mitmenschen, sei es zu Bekannten, Freunden, Verwandten, Familienangehörigen, Lebenspartnern, zufälligen Begegnungen oder zur Menschheit als Ganzes. Der dritte Bereich schließlich behandelt unser Verhältnis zu uns selbst, nach Auffassung der Stoiker der wichtigste Teil der Lebensschule. Beherrschen wir diese drei Lebensbereiche, so werden wir das Beste aus allem machen, wie immer die äußeren Umstände und Entwicklungen sein mögen. Wir werden Leiden, Niederlagen, Krankheit und Unglück nicht vermeiden, aber wir werden gelernt haben, damit umzugehen. Das aber gibt uns Widerstandsfähigkeit, Selbstvertrauen, Zuversicht, Lebensfreude und innere Gelassenheit.

Zur Lektüre des Buches

Das Buch will eine philosophische Lebensschule und zugleich eine Art Kompendium zur praktischen Philosophie Senecas sein. Viele wesentliche Aussprüche und Passagen aus Senecas Werk werden zitiert und erläutert. Inhaltliche Wiederholungen sind dabei gewollt und dienen der Verinnerlichung. Die Unterschiede in den Formulierungen lassen den Gegenstand der Erörterung häufig in einem anderen Licht erscheinen oder betonen einen anderen Aspekt.[15]

Den meisten Nutzen von diesem Buch wird derjenige haben, der mit ihm arbeitet, d. h. immer wieder zu einzelnen Kapiteln zurückkehrt und sich insbesondere die einprägsamen und lebensnahen Zitate Senecas mehrmals durchliest, überdenkt und verinnerlicht. Weisheiten bedeutender Denker sind wie große Kunstwerke, mit denen wir uns immer wieder beschäftigen können und sollten, weil sie uns immer wieder etwas Neues sagen. Machen Sie dieses Buch und Seneca zu Ihrem Lebensbegleiter, den Sie jederzeit um Anregung und Rat fragen können. Mich selbst begleiten zahlreiche Aussprüche Senecas seit vielen Jahren und haben, neben den Gedanken anderer großer Philosophen, mein Denken, Wollen und Handeln in wichtigen Lebensbereichen bis in den Alltag hinein geprägt und mitbestimmt.

Es ist empfehlenswert, das Buch Abschnitt für Abschnitt zu lesen, Pausen zu machen und über das Gelesene nachzudenken oder eigene Gedanken dazu zu formulieren. Bei philosophischen Weisheiten kommt es nicht darauf an, was wir verschlingen, sondern was wir verdauen, wie sich ein antiker griechischer Arzt ausdrückte.[16] Erläuternde Zusätze in den Zitaten habe ich mit »Verf.« gekennzeichnet, kursive Stellen sind Hervorhebungen von mir. Ich habe die benutzten Übersetzungen häufig unter Rückgriff auf das lateinische Original geringfügig abgewandelt, dabei jedoch nie den Sinn verändert. Die Rechtschreibung älterer Übersetzungen ist überwiegend angepasst. »Zentrale Lehrsätze« am Ende der Kapitel fassen die wichtigsten Auffassungen Senecas zusammen. Manche der sich daran anschließenden »Kernzitate« Senecas sind zur besseren Lesbarkeit geringfügig geändert, oder der Satzbau wurde umgestellt. Bisweilen wurden zwei Zitate zusammengezogen. Auch hier kommt es zu Überschneidungen und Wiederholungen, die bewusst in Kauf genommen wurden. Die Originalzitate finden sich jeweils im Text.

Zentrale Lehrsätze

- Bloß zu wissen, wie man gut lebt, reicht nicht aus. Es kommt alles auf die Umsetzung an.
- Damit wir auch umsetzen, was wir über das gute Leben gelernt haben, müssen wir das Gelernte durch kontinuierliches Üben verinnerlichen, sodass es in Fleisch und Blut übergeht.
- Erst wenn das Gelernte ein fester Bestandteil unserer Persönlichkeit und unserer Lebensweise geworden ist, werden wir auch danach leben.

Kernzitat

- *»Um leben zu lernen, braucht es das ganze Leben.«*

I.
Vorschule

Philosophie und Weisheit

»Dass wir leben ist unzweifelhaft ein Geschenk der Götter, dass wir gut leben, ein Geschenk der Philosophie. … Die Weisheit ist die Lehrerin der Seele. … Die Gestaltung des Lebens selbst ist ihre Aufgabe und Kunst … Indes ist es nur das glückliche Leben, auf das sie zielt: dahin führt sie, dahin öffnet sie die Wege.«[1]

Bevor wir zu den einzelnen Fächern der Lebensschule kommen, wollen wir uns genauer anschauen, aus welcher Richtung sich Seneca dem Thema nähert. Nach ihm ist es die Philosophie – wörtlich die »Liebe zur Weisheit« –, die den Weg zu einem gelingenden Leben aufzeigen soll. Sie lehre, gut zu leben, ihr Ziel sei das glückliche Leben. Sie unterrichte die Seele und gestalte das Leben.

»Der Weise ist der Meister in der Kunst, die Übel zu bändigen. Schmerz, Armut, Schmach, Kerker, Verbannung, die sonst überall Schrecken erzeugen, sie wandeln sich ins Milde, wenn sie an ihn kommen.«[2]

Philosophie beschränkt sich nicht auf Einzelzwecke, sondern hat das Ganze des Lebens mit allen seinen Bezügen und Bedürfnissen im Sinn. Sie sieht ab von einzelnen Aspekten und fragt danach, worum es bei all unserem Tun letztendlich geht: um ein gutes und glückliches Leben.

Philosophie als Seelenheilkunde

Aber welche Kunst führt dahin? Es ist *nicht* jener Teil der Philosophie, der sich mit abstrakten Fragen wie nach dem Sein, der Wahrheit, dem Ursprung der Dinge, den Bedingungen für die Möglichkeit von Erkenntnis, dem Wesen der Sprache oder verwandten theoretischen Problemen beschäftigt. Häufig verstehen wir unter Philosophie ausschließlich ein solches Fragen. Dieses ist sinnvoll und hat am Ende auch Einfluss auf die Kunst der Lebensführung. Aber es birgt die Gefahr, sich darin zu verlieren und die Probleme der alltäglichen Lebensbewältigung zu vernachlässigen oder gar gänzlich auszusparen.

Seneca erkannte zwar das Recht und die Notwendigkeit dieses theoretischen Teils der Philosophie an, hielt sich aber in seinen Büchern nicht lange damit auf und konzentrierte sich stattdessen auf praktische Fragestellungen. So ging er gleich an das Ende und Ziel allen Philosophierens, das er darin erkannte, die Seele gesund, heil, ganz zu machen und dem Leser den Weg zu einem gelingenden, glücklichen und erfüllten Leben aufzuzeigen.

Er übernahm die in der Antike allgemein herrschende Auffassung, dass alle Menschen danach streben, ein glückliches Leben zu führen. Alle anderen Ziele, die sie verfolgen, seien nur Mittel zum Zweck und mündeten letztlich in diesem einen übergeordneten Streben.

Die praktische Philosophie dient direkt und unmittelbar unserem Leben selbst, alle anderen Disziplinen haben nur einzelne Aspekte im Blick. Jene beschäftigt sich mit der Substanz und dem Wesen des Lebens selbst, diese lediglich mit dem Beiwerk, Schmuck oder mit der Beschaffung seiner materiellen Grundlagen. Daher führt der Weg der praktischen Philosophie über die Ordnung des eigenen Seelenlebens. Hier, und nicht im Äußeren, liegen alle Gefährdungen, Stolpersteine, Feinde und Versuchungen, die verhindern, dass wir uns dem Ziel eines glücklichen und erfüllten Lebens annähern. Unsere eigenen ungelösten Konflikte, Fehler und seelischen Defizite wie Ängste, Sorgen, Überforderungen, Selbstverliebtheiten, Überheblichkeiten, Zorn, Ärger, Neid, Gier, Eifersucht halten uns davon ab. Sie waren für Seneca »Krankheiten«, die es zu heilen gelte, und die Philosophie daher vor allem Seelenheilkunde. Über seine Berufswahl sagte Seneca:

»Ich entschied mich … zum Studium der Philosophie, das die Seele heilt.«[3]

Die Weisheit überwinde die Leiden des Lebens und führe zu einer glücklichen Seelenverfassung, die dann erreicht sei, wenn sie von Gelassenheit und »beständiger Heiterkeit« geprägt werde. Darin bestehe eine erfolgreiche Lebensbewältigung:

»Der Weise, wie er uns vorschwebt, ist voller Freude, heiter, zufrieden, unerschüttert. Er führt ein göttergleiches Leben. … Des Weisen Gemüt gleicht der über dem Monde sich lagernden Weltenschicht: dort herrscht beständige Heiterkeit.«[4]

Kein Verlieren in bloßen Begriffen

Obgleich Seneca wusste, dass es bei dieser Art der Lebensbewältigung durch Philosophie auf Denken, Erkenntnis und begriffliches Erfassen der Wirklichkeit ankommt, warnte er davor, sich in dem Gestrüpp der Begriffe und formal-logischen Ableitungen zu verlieren. Nach Seneca deuten Begriffe nur auf die Sachen hin, die es zu verstehen gilt. Ob wir eine möglichst exakte, lexikalische Definition finden, das sei nur von relativem Wert. Wichtiger sei es, die Sache selbst zu begreifen und zu lernen, mit einem Problem umzugehen. Zu dem seit Langem schon bestehenden Streit zwischen der philosophischen Richtung der Epikureer und der Stoiker sagte er:

»Wer von beiden sich richtiger darüber ausdrückt, wird sich herausstellen … Es hat keinen Sinn, den Unterschied zwischen uns für bedeutend zu halten. Dasjenige, worum es sich handelt und was für euch (Epikureer, Verf.) allein Bedeutung hat, wird durch beide Beispiele uns ans Herz gelegt …«[5]

In seinem Buch über die Milde schrieb er:

»Über den Begriff (der Milde, Verf.), meine ich, besteht Meinungsverschiedenheit, über die Sache freilich ist man sich einig.«[6]

Er hielt sich mehr an die Erscheinungen, die Phänomene, denen die Ausdrücke sich anschmiegen sollten und die er immer wieder mit unterschiedlichen Worten und Bildern möglichst umfassend und genau um- und beschreiben wollte. Einer Philosophie, die ihre begrifflichen Definitionen verabsolutierte und den logischen Ableitungen daraus mehr vertraute als der genauen Beobachtung und vielfältigen Beschreibung der Phänomene, misstraute er. Die Worte sollen den Sachen folgen, nicht umgekehrt:

»Was die Studien anlangt, so meine ich, es sei wahrlich besser, die Dinge selbst scharf ins Auge zu fassen und um ihrer selbst willen zu reden, die Worte aber aus der Sache hervorwachsen zu lassen, dergestalt, dass der frei gestaltete Vortrag den Anforderungen der Sache folgt. … *in einfacher Schreibart bringe man etwas zu Papier.*«[7]

Dabei war er kein Feind der Worte, ganz im Gegenteil. Mehr Wert als auf ihren begrifflichen Gehalt legte Seneca aber darauf, dass sie wirken und ans Herz gehen.

Der Zuhörer oder Leser solle bewegt werden, sich tatsächlich aufraffen und Mut fassen, solle den inneren Feinden ins Auge sehen, ihnen die Stirn bieten, sie zurückdrängen und bekämpfen. Wo es nötig sei, solle er handeln und sich verändern. Andernfalls nutze keine Einsicht etwas. Es sei doch offensichtlich, dass die meisten Menschen noch lange nicht dort angekommen seien, wohin sie die Weisheit führen wolle, obwohl die wesentlichen Weisheiten schon lange bekannt seien.

Das Philosophieren im Sinne Senecas hatte daher vor allem eine therapeutische Funktion und sollte über das Verstehen zur Besserung führen, d. h. zur Befreiung von alltäglichen seelischen Leiden.

Wer zur Einsicht gelangt sei, der »ist ehrgeizig auf die Fassung der Worte bedacht, *und seinem höheren Flug entspricht auch das Verlangen nach eindrucksvollem Ausdruck und nach einer der Würde der Sache angemessenen Darstellung.* Dann setze ich mich über

Vorschrift und beschränkende Regel hinweg, überlasse mich einem höheren Schwung und *rede gleichsam eine höhere Sprache.*«[8]

Diese »höhere Sprache« ist diejenige, die die begriffliche Klärung, die auch Seneca für unabdingbar hielt, hinter sich gelassen hat und nun zur Handlung und Veränderung aufruft. Sie sorgt dafür, dass die Einsicht bei dem Zuhörer tief in der Seele verankert und lebendig wird, und hilft damit, dass dieser sein Leben kontinuierlich besser beherrscht und es schließlich meistert.

Bedeutung der Philosophie

Seneca klagte darüber, dass diese Philosophie als Seelenheilkunde und Lebensgestaltung in Verfall geraten sei – und leider ist dies bis zum heutigen Tag so geblieben:

»Wer aber widmet sich der Philosophie? Wer achtet sie genug, um sie genauer als im Vorbeigehen zu studieren? Wer sieht sich nach der Philosophie oder überhaupt nach einer edlen Wissenschaft um, außer wenn keine Spiele stattfinden oder ein Regentag einfällt, den man totschlagen möchte? So kommt es, dass so viele Philosophenschulen ohne Nachfolger aussterben ...«[9]

Wenn in der Einführung gesagt wurde, dass wir alles Mögliche lernen, jedoch nicht, wie man ein gelingendes Leben führt, so ist auch dies offenbar kein neues Phänomen. Tatsächlich gab es in der Antike nach Sokrates zahlreiche philosophische Schulen, in denen die Seelenheilkunde in dem oben genannten Sinne ein zentrales Thema war. Sie waren wesentlich auch Lebensschulen. Zu der Schule Epikurs hatten, was damals ein unerhörtes Novum darstellte, auch Frauen und Sklaven Zutritt. Schon dreihundert Jahre später, zur Zeit Senecas, führten viele Schulen nur noch ein Schattendasein. Die breiten Schichten gaben sich überwiegend der Vergnügungssucht hin, der Ablenkung oder dem Geschäftemachen.

Vielleicht hatte sich die Philosophie das selbst zuzuschreiben, denn Seneca stellte kritisch fest, dass sie sich nur allzu häufig in wissenschaftlichen Spitzfindigkeiten verloren habe, aus denen niemand mehr einen praktischen Nutzen für sein Leben ziehen könne. Die Probleme werden zerredet, die begrifflichen Unterscheidungen werden maßlos übertrieben und realitätsfern. So verliere die Philosophie ihre Kraft, breitere Schichten zu überzeugen und auf sie zu wirken:

»Auch was die wissenschaftlichen Studien anlangt, so hat der Aufwand dafür, an sich gewiss lobwürdig, doch nur so lange Sinn und Verstand, als er Maß hält. Wozu die unzähligen Bücher und Bibliotheken, von denen der Besitzer in seinem ganzen Leben kaum die Kataloge durchgelesen hat? *Es belastet die Masse den Lernenden, ohne ihn zu belehren, und es ist weit vernünftiger, sich an wenige Schriftsteller zu halten, als irrend umherzuschweifen von einem zum anderen.*«[10]

Ein wichtiger Hinweis, den wir beim Studium des Lebens beherzigen sollten: Es ist keineswegs nötig, möglichst viel zu lesen, sondern sich an das Beste zu halten und zu diesem immer wieder zurückzukehren. Sprechen uns der Stil und der Inhalt eines Buches oder eines Schriftstellers an und finden wir dort eine Fülle an Lebensweisheit, dann kann es für ein erfolgreiches Studium ausreichen, bei diesem zu bleiben.

Häufig stieß sich Seneca an den Haarspaltereien in den philosophischen Auseinandersetzungen, den »übertriebenen Spitzfindigkeiten«[11], in denen er Verfallsformen eines ursprünglicheren, lebensnahen Philosophierens sah:

»*Mit überflüssigen Fragestellungen nutzt man den Scharfsinn ab: nicht gut macht derlei, sondern ›gebildet‹. Klarer und einfacher steht es um die Weisheit.* Wenig Wissenschaft braucht man dafür, sein Seelenleben in Ordnung zu bringen, doch wir verzetteln uns ins Überflüssige, wie auch die Philosophie selbst sich darin verloren hat. Wie in allen Dingen, so auch in der Wissenschaft leiden wir an Maßlosigkeit: *Nicht für das Leben, sondern für die Schule lernen wir.*«[12]

»… wie viel Überflüssiges schleppen sie (die Philosophen, Verf.) mit sich, wie vieles, was für das Leben nicht verwendbar ist … *Der Erfolg ist schließlich der, dass sie besser zu reden als zu leben verstehen.*«[13]

Er kritisierte die herrschende akademische Philosophie und deutete bisweilen an, man solle zu den Anfängen zurückkehren, als das Philosophieren seiner Ansicht nach noch einfacher, verständlicher und darum wesentlich ergreifender und wirksamer war. Hier sei einiges Wertvolle »in Vergessenheit geraten«.[14] Von seinem Lehrer Fabianus sagte er, er gehörte »nicht zu den Kathederlehrern, sondern zu den echten und alten Philosophen«.[15]

»Die Weisheit der Altvordern beschränkte sich auf Vorschriften über das, was man zu tun und zu lassen habe, und damals waren die Menschen weit besser: Seitdem Gelehrte aufgetreten sind, fehlt es an Guten. Denn jene einfache und offenherzige Tugend (Weisheit, Verf.) hat sich in eine dunkle künstliche Wissenschaft verkehrt, *und wir lernen zu disputieren, nicht aber zu leben.*«[16]

Die Liebe zur Weisheit habe sich in eine Liebe zum Scharfsinn, zur bloßen Verstandesakrobatik verwandelt. Er beklagt die gegenwärtigen Lehrer, »die uns auf die Kunst der Streitrede, nicht auf das Leben einüben«. Die Schüler kommen zu ihnen »nicht mit dem Vorsatz, ihre Seele zu bilden, sondern ihren Scharfsinn. So ist es denn dahin gekommen, dass, was Philosophie war, Philologie geworden ist.«[17]

Die Anstrengungen als solche, die die Philosophie aufbringen sollte und auch zu Zeiten Senecas aufgebracht hat, wollte er damit nicht schmälern. Im Gegenteil meinte er, dass sie angesichts des Verfalls der allgemeinen Sitten ihre Anstrengungen verdoppeln solle. Tatsächlich hat in der Geschichte der Menschheit die praktische Philosophie ihre größten Geister immer dann hervorgebracht, wenn die Grundsätze für ein gutes Leben in Vergessenheit geraten waren und die seelische Lebensqualität auf einen Tiefpunkt zusteuerte. Wie heute, so lebten auch im Rom Senecas viele Menschen im materiellen Überfluss, gleichzeitig aber in seelischer Not, Bedürftigkeit und moralischer Haltlosigkeit. Ein solcher Zustand fordert von der Philosophie besondere Bemühungen:

»Dasselbe (wie bei der Medizin, Verf.), behaupte ich, gilt auch von der Philosophie. Ehedem war sie einfach unter Leuten, die sich nur geringerer Fehltritte schuldig machten und demgemäß zu ihrer Heilung auch nur geringerer Sorgfalt bedurften. Aber gegen einen so gewaltigen Sittenverfall (wie heute, Verf.) darf nichts unversucht bleiben. … Gegen eine so mächtige und weitverbreitete Geistesverirrung hat auch die Philosophie ihre Anstrengungen verdoppelt und einen Aufschwung an Kraft genommen, der dem Anwachsen dessen entspricht, wogegen sie ankämpfte.«[18]

Philosophie ist kein absolutes Wissen

Wenn wir Philosophie als Lehrerin für unser Leben wählen, so dürfen wir nicht erwarten, sie sage uns mit allgemeiner Gültigkeit, was zu tun und zu lassen ist. Das wäre nach Seneca ein großes Missverständnis. Zwar geht es ihr um Erkenntnis, Einsicht, Schärfung der Begriffe, Unterscheidung, um Wahrheit und Irrtum. Aber unser Leben, das wir zu bewältigen haben, ist immer einmalig, jeder von uns ist einmalig. Es ist noch eine Kluft zu überbrücken, die sich immer und unvermeidlich zwischen einer Erkenntnis und allgemeinen Weisheitsregel einerseits und den individuellen Umständen einer konkreten Lebenssituation andererseits auftut. Dies kann dazu führen, dass eine Weisheit modifiziert oder hinter einer anderen zurücktreten muss. Stets zu sagen, was wir denken, ist im Allgemeinen ein guter Ratschlag. Wenn wir jedoch einen anderen Menschen dadurch verletzen, kann es ein Fehler sein.

Seneca betont daher mehrfach, dass die praktische Philosophie keine Wahrheiten liefert, denen wir blind und losgelöst von der konkreten Situation folgen sollen. Gedankenlos Wohltaten zu erweisen, sagt er einmal, sei nicht immer eine gute Sache:

»Nichts nämlich ist an und für sich gut für einen Menschen; es kommt darauf an, wer gibt, wem, wann, aus welchem Grunde, bei welcher Gelegenheit, und auf weitere Gesichtspunkte, ohne die ein vernünftiges Urteil über eine Handlung nicht zustande kommen wird.«[19]

Die Weisungen, die wir von der praktischen Philosophie für unser Leben lernen können, »richten sich ja doch nach den Umständen. Diese aber sind in ständigem Fluss, oder, besser gesagt, in ständigem Wandel.«[20]

Wir werden noch sehen, dass eine Kernkompetenz der Philosophie als Lebensberaterin darin besteht, dass sie uns ständig auffordert, unsere Wertehierarchie, nach der wir bewusst oder unbewusst unser Denken und Handeln ausrichten, zu hinterfragen. Die praktische Philosophie der Antike wurde daher häufig als eine Lehre von Gütern und Werten und deren Abwägung angesehen: Wo setzen wir unsere Prioritäten? Beruf oder Familie, Geld oder Freizeit, Vergnügen oder Bildung? In welchem Maße bevorzugen wir das eine und stellen anderes zurück? Hier liegt der Schlüssel für ein gelingendes Leben. Dennoch warnt Seneca davor, mit den einmal gewählten Werten allzu starr und unabhängig von den jeweiligen Umständen zu verfahren:

»Was ist also das Gute? Das Wissen um die Dinge (um deren Wert für unser Leben, Verf.). Und was das Übel? Die Unkunde der Dinge. *Er, der Einsichtsvolle und Kundige, wird die Dinge immer nach Maßgabe der Umstände verwerfen oder wählen.*«[21]

Schließlich ist das Wesen der Philosophie eher ein Fragen als ein Antworten. Zwar deckt sie im Verlauf des Nachdenkens und Untersuchens Irrtümer, Fehlschlüsse und zweifelhafte Wertvorstellungen auf. Auch liefert sie tatsächlich viele Antworten auf wesentliche Lebensfragen. Aber seit dem berühmten Wort des Sokrates, »Ich weiß, dass ich nichts weiß«, hat sie verstanden, dass alle ihre Antworten etwas Vorläufiges haben. Sie sind die besten Antworten, zu denen sie bei reiflicher Überlegung im Hier und Jetzt gekommen ist. Danach sollen wir unser Denken und Handeln ausrichten. Das gilt aber nur bis zu dem Moment, in dem wir zu einer tieferen Erkenntnis gelangen. Die Philosophie maßt sich nicht an, die Weisheit zu besitzen, doch sie strebt nach ihr mit unerschöpflicher Neugier und immer offen für ein besseres Verständnis. Sie ist bereit, in jedem Moment das Ruder herumzureißen und Denken und Handeln zu ändern, wenn sich die bisherige Haltung als Irrtum erweist. Wie das Leben selbst, das sie meistern will, ist sie bewegt und bewegend.

Für die Lebenslehre Senecas war die Philosophie nie Bremsklotz, sondern Antrieb. Sie verlange keineswegs, erst zu handeln, wenn wir die »Wahrheit« gefunden haben. Sie ist besonnen und abwägend, nicht zaudernd und grüblerisch:

»... niemals erwarten wir das sicherste Begreifen der Dinge, da die Wahrheit ja in steilem Gelände erforscht werde, sondern folgen der Wahrscheinlichkeit. Jede Tätigkeit kommt auf diesem Weg voran: so säen wir, so fahren wir zur See, so leisten wir Kriegsdienst, so führen wir die Gattin heim, so ziehen wir Kinder auf. Da der Ausgang all dieser Handlungen ungewiss ist, lassen wir uns auf das ein, was uns als das Beste erscheint. Denn wer garantiert dem Säenden Gedeihen, dem zur See Fahrenden einen Hafen, dem Kriegsdienst Leistenden Sieg, dem Ehemann eine gute Frau, dem Vater pflichttreue Kinder? Wir lassen uns leiten, wohin uns die vernünftige Überlegung, nicht die Wahrheit zieht (die vielleicht ungewiss ist, Verf.). *Wenn du nur das tun willst, was mit Sicherheit gut ausgehen wird, und von dem du die ›Wahrheit‹ erkannt hast, dann wirst du in deinem Leben auf alles Handeln verzichten müssen.*«[22]

Wir werden von der Lebensschule Senecas viel lernen können. Ihre Grundsätze und Weisheiten sind weder beliebig, noch verlieren sie sich in grauer Theorie. Für alle Lebensprobleme bietet sie brauchbare und effiziente Ratschläge und Weisungen. Aber in keinem Fall wird sie uns das eigenverantwortliche Entscheiden und Handeln im jeweiligen Augenblick abnehmen oder vorschreiben.

Wie wir einem weisen Rat nur dann folgen sollen, wenn wir uns selbst durch eigenes Nachdenken davon überzeugt haben, so müssen wir diesen Rat auch auf die jeweilige Lebenssituation anwenden, und das heißt: anpassen, abwandeln, modifizieren, verstärken oder abschwächen. Da bleibt immer ein Spielraum, den jeder von uns selbstständig auszufüllen hat. Gerade dieser Spielraum garantiert unsere Freiheit und Würde, Autonomie und Verantwortlichkeit, hier entsteht unser ganz eigenes individuelles Leben.

Philosophie ist Wissen und Können

Als Abschluss dieses Kapitels kommen wir zu einem zentralen Punkt in Senecas Auffassung von der Philosophie als Lebenslehre. Wie kein anderer Denker in der abendländischen Antike, vergleichbar nur mit Konfuzius in China und Buddha in Indien, betonte Seneca, dass die von der Philosophie angestrebte und gelehrte Weisheit Wissen und Können ist. In der praktischen Philosophie geht es gleichermaßen um Wissen, Einsicht, Erkenntnis, Klarheit wie darum, dass dieses Wissen angewendet wird. Da die Philosophie anders als etwa Architektur, Rechtswissenschaft, Mathematik, Medizin, Physik und alle Einzelwissenschaften nicht ein spezielles Fachwissen zum Gegenstand hat, sondern das ganze Leben eines Menschen, kommt es darauf an, dass wir das Wissen in jedem Augenblick auch leben und umsetzen.

»Alle jene Künste haben es nur mit den Werkzeugen des Lebens zu tun, nicht mit dem ganzen Leben.«[23]

Wenn wir in unserem Beruf keine Meister sind, so können wir gleichwohl ein glückliches und erfülltes Leben führen. Wo wir aber in der Kunst des Lebens an unsere Grenzen stoßen, da erleiden wir Einbußen in unserem Wohlbefinden und unserer Lebensqualität. Wer also das Fach »praktische Lebenskunde« nur mäßig beherrscht, wird auch nur ein mäßig gutes Leben führen. Wer dieses Fach aber gut beherrscht, der wird ein gutes Leben führen.

Wer die praktische Philosophie Senecas studiert, absolviert eine Art Doppelstudium: Theorie und Praxis. Beide Teile sind gleichwertig, keiner wiegt schwerer als der andere. Keiner verdient weniger Zeit und Bemühungen als der andere. Das Besondere bei diesem Doppelstudium aber ist, dass die Endnote sich ausschließlich an der Note für die Praxis orientiert. Der Unterricht findet nur zur Hälfte in einem Klassenzimmer, in der Bibliothek, beim Lesen oder Zuhören statt. Der zweite Teil dagegen findet im Leben statt und soll in jeder Minute unseres Lebens gelernt und geübt werden.

Bei den alten Griechen gab es ein plastisches Bild für diesen Sachverhalt. Danach sollte der Lehrer der Philosophie seinen Unterricht auf dem Felde erteilen, während er das Land pflügt und beackert. Die Schüler sollten unmittelbar zusehen und erleben, wie er das, was er lehrte, praktisch in die Tat umsetzte. Die philosophischen Schulen der Antike waren daher häufig als Lebensgemeinschaften konzipiert, sodass der Kern der Lehre, die Anwendung des theoretischen Wissens, im täglichen Miteinander gelebt und weitergegeben wurde. Mehr als in jedem anderen Fach wurde der Unterricht durch das lebendige Vorbild und das vorbildhafte Leben erteilt.

Andererseits darf gegenüber der praktischen Anwendung der theoretische Unterricht nicht vernachlässigt werden. Beide sind untrennbar miteinander verbunden und notwendig aufeinander bezogen. So gilt es nach Seneca zunächst, die Dinge zu verstehen, die Gesetzlichkeiten in der Welt, der Natur und der menschlichen Seele zu erkennen, denn ohne zu wissen, woher wir kommen und wohin wir gehen, kommen wir nicht weiter:

»Die Weisheit ist die vollkommene und aufs höchste und beste ausgebildete *Einsicht, denn sie ist die Kunst des Lebens.*«[24]

»Der Philosoph, mit anderen Worten der Weise, durchforscht die Ursachen der Naturvorgänge.«[25]

Seneca deutet an, dass nur in solcher Erkenntnis die vernünftige Natur des Menschen zur völligen Entfaltung kommt:

»Du fragst nach des Lebens reichlichster Entfaltung? Es erstrecke sich bis zur Erlangung der Weisheit! Wer zu ihr gelangt ist, der hat nicht die äußerste Grenze, aber die entscheidend wichtige erreicht … Haben wir uns doch der Erkenntnis des Alls erfreut, kennen wir doch den Gang der Natur von den Grundlagen auf, wie sie die Welt ordnet, wie sie die Wiederkehr der Jahreszeiten bewirkt, wie sie alles, was irgendwo war, in sich schließt und sich selbst zum letzten Zweck ihrer Tätigkeit macht.«[26]

Dies darf nicht als ein Plädoyer für ein rein theoretisches, betrachtendes Leben missverstanden werden. Seneca erkannte vielmehr, dass aus einem möglichst angemessenen Verständnis der natürlichen und menschlichen Dinge alles andere folge. Mit der zutreffenden Einsicht findet die Lebenspraxis nahezu von selbst die richtige Bahn. Psychologisch sehr feinsinnig spürte Seneca, dass schon die Einsicht als solche unsere Bedürfnisse, ja unsere Triebe und damit unser Handeln beeinflusst:

»Diese Weisheit, was ist sie? Ein wahres und unverrückbares Urteil. Denn dieses ist bestimmend für die Triebe der Seele, von ihm erhält jegliche Erscheinung, die einen Trieb rege gemacht, die erforderliche Klarheit.«[27]

Wenn wir beispielsweise klar erkannt haben, wie gut uns sportliche Ertüchtigung tut, wie wir dadurch negative Stimmungen abbauen und positive herbeiführen, dann werden wir einen starken Drang in uns verspüren, regelmäßig Sport zu treiben und unsere Bequemlichkeit zu überwinden. Groß ist nach Seneca die Macht der vernünftigen Überlegung und des trefflichen Urteils.

»Liebe die Vernunft! Diese Liebe wird dich wappnen auch gegen das Härteste.«[28]

Gleichwohl ist die Einsicht nur die eine Seite der Weisheit. Wir müssen sie auch umsetzen können. »Die Weisheit ist eine Kunst«[29], »eine Kunst des Lebens«[30], sagt Seneca. Kunst kommt von Können. Erst im Laufe der Zeit verfestigt sich die Weisheit durch kontinuierliches Üben, Praktizieren und durch Erfahrungen zu einer inneren Haltung und tatsächlichen Bewältigung des Lebens, die Freude und Erfüllung verschafft und Fehlverhalten weitgehend vermeidet:

»Die Weisheit wird nur einem wohl unterrichteten, durchgebildeten und durch anhaltende Übung zur Höhe gelangten Geiste zuteil.«[31]

»Du darfst nicht glauben, dass irgendein Alter geeigneter sei zur sittlichen Förderung als dasjenige, das durch viele Erfahrungen und lange und häufige Zeiten der Reue über begangene Fehler gelernt hat, sich zu beherrschen, und bei beruhigter Seelenstimmung den Weg zum wahren Heile gefunden hat. Dies ist die Zeit für dieses Gut. Wer als Greis zur Weisheit gelangt, gelangt durch seine Jahre zu ihr.«[32]

Durch anhaltendes Üben wird das Erlernte zu einer festen Lebenspraxis und zu einem Teil unseres Charakters. Erst die praktizierte Lehre formt und gestaltet unseren Charakter, indem sie Gewohnheiten schafft. Wir sind jedoch nichts anderes als unsere Denk-, Wollens- und Handlungsgewohnheiten. Daraus folgt: Wenn wir einmal gründlich und gut zu leben gelernt haben, werden wir nicht mehr zurückfallen in ein unweises, ungesundes und unglückliches Leben:

»Niemand verfällt in die größte Schlechtigkeit, der jemals der Weisheit angehangen hat; zu tief ist er durchdrungen, als dass sie völlig von ihm abgewaschen werden und er eine andere Färbung annehmen könnte.«[33]

»Der Unweise arbeitet sich zur Weisheit empor, die Weisheit fällt nicht in Unwahrheit zurück.«[34]

Umsetzung

Das Problem der Umsetzung von Wissen in unsere tägliche Lebenspraxis ist für den Erfolg unseres Lehrgangs von größter Bedeutung. Wenn wir bei der Beherrschung und im Genuss des Lebens unter unseren Möglichkeiten bleiben, so liegt dies weniger an fehlenden Einsichten, sondern an der mangelhaften Umsetzung. Kein großer Denker der Antike hat dieses Problem so in das Zentrum seiner praktischen Philosophie gerückt wie Seneca. Immer wieder kommt er darauf zurück.

Nur die Tat macht glücklich

»Wozu willst du so vielerlei lernen? *Wann willst du denn, was du gelernt, dir so zum festen Eigentum machen, dass du es nicht wieder verlieren kannst?* Wann wirst du es durch Erfahrung erproben? Denn hier genügt es nicht wie in anderen Fällen, die Sache dem Gedächtnis anvertraut zu haben: *sie will durch die Tat erprobt sein.* Nicht das bloße Wissen macht glücklich, sondern die Tat.«[35]

Wir haben einen starken Drang zur Bequemlichkeit, zur Gewohnheit, zum Verharren. Unser Denken fördert diesen Drang. Mit jeder neu gewonnenen Einsicht, die das gute Leben, unser Glück und unsere Lebensführung betrifft, bilden wir uns ein, diese Einsicht allein verändere unseren Charakter und unsere Lebenspraxis. Diese innere Tendenz wird noch unterstützt, wenn wir diese Einsicht mit guten Vorsätzen paaren. Trotzdem mangelt es uns immer wieder an der Konsequenz. Wir beginnen mit der Umsetzung unseres Vorsatzes, bleiben aber alsbald irgendwo stecken und kommen nicht richtig weiter, werden nachlässig und fallen in den gewohnten Trott zurück. Es macht uns Freude zu kritisieren, zu disputieren, zu reflektieren, aber wenn es um das Anwenden geht, scheinen uns die Kräfte zu verlassen:

»Welche Torheit, mit der Waffe in der Luft herumzufuchteln, wenn das Zeichen zur Schlacht gegeben ist. Weg mit diesen spielenden Waffen: es bedarf jetzt entscheidender Waffen. Sage mir, wie ich es anzufangen habe, dass keine Traurigkeit, keine Furcht mein Gemüt verwirre, wie ich es anzufangen habe, dass ich diese Last verborgener Begierde loswerde. *Hier gilt es, eine Tat zu verrichten.*«[36]

Seneca bringt es auf den Punkt: Nicht das Wissen macht glücklich, sondern die Tat, die Handlung.

»Die Philosophie lehrt handeln, nicht reden, sie fordert, dass jeder getreu seinem inneren Gesetze lebe, dass das Leben nicht mit der Rede in Widerspruch stehe … Das ist die höchste Forderung an die Weisheit und zugleich ihr Kennzeichen, dass die Taten mit den Worten in Einklang stehen …«[37]

Wie viele Stunden verbringen wir mit der Lektüre, wie viele Stunden mit dem Erproben des theoretisch Gelernten? Wichtig wäre ein ausgeglichenes Verhältnis zwischen Erlernen und Erproben, besser noch ein Übergewicht der Praxis. Das Gegenteil aber ist der Fall.

Seneca spricht von einem Erproben »durch Erfahrung« und grenzt es davon ab, dass wir uns damit begnügen, eine Erkenntnis bloß »unserem Gedächtnis anzuvertrauen«. Aber Weisheiten und ihre grundlegenden Texte sind Arbeitsvorlagen, die wir ständig zur Hand haben sollten, wie Napoleon und Montaigne die Lebensbeschreibungen des griechischen Philosophen Plutarch oder wie Helmut Schmidt die »Selbstbetrachtungen« des Mark Aurel. Mit dem »Erproben« bringt Seneca zum Ausdruck, dass es im Prozess der Anwendung einer Weisheit in den verschiedenen Lebenssituationen zu Modifizierungen und Anpassungen an die individuellen Bedürfnisse kommen kann und muss. In der Lebensschule lernen wir nur Leitlinien, Werte, Grundsätze, die wir mit unserer eigenen Erfahrung verbinden und im Alltag zu unseren ganz persönlichen Maximen feinschleifen müssen. Nur so entfalten sie in unserer Lebenspraxis ihre größtmögliche Wirksamkeit. Manches mag sofort passen, anderes muss modifiziert werden oder stellt sich gar als problematisch oder weniger effektiv dar.

Die Lebensschule soll nicht (bloß) unser Wissen bereichern, sondern unsere Persönlichkeit, unser Sein, unser Leben. Durch sie verändern und entwickeln wir unseren Charakter und gewinnen innere Haltungen, mit denen wir auch schwierige Situationen zielgerichtet und ohne lange nachzudenken meistern können.

»Worin besteht nun der Gebrauch der Weisheit? In dem Weise-Sein. Das ist das Wertvollste an ihr … *Die Weisheit ist das Ergebnis der vollendeten Seelenbildung, Weise-Sein der Gebrauch dieser Seelenbildung …*«[38]

Das ist kein theoretischer Prozess, sondern eine Transformation unserer Denk-, Wollens- und Lebensgewohnheiten und damit unserer ganzen Persönlichkeit.

»Nicht befreie ich mich nur von Fehlern, sondern ich wandle mich um.« Wir benötigen *»eine Wandlung der Seele zum Besseren«.*[39]

Für Seneca liegt das Wesen der Philosophie nicht in der Erkenntnis,

»nicht im Wort, sondern in der Handlung. Sie dient nicht dazu, einen Tag in angenehmer Unterhaltung hinzubringen und die Qual der Langeweile loszuwerden: Vielmehr formt und bildet sie den Geist, ordnet das Leben, *regelt unsere Handlungen,* zeigt uns, was zu tun und zu lassen ist, sitzt am Steuerruder und lenkt das Schiff durch die Fährnisse des Wogenschwalles. Ohne sie kann niemand ohne Zagen, ohne Sorge leben. *Jede Stunde bringt Unzähliges, was Rat erfordert, der nur von ihr geholt werden kann.*«[40]

Das ist keine Übertreibung Senecas. Betrachten wir unser alltägliches Leben genauer, so werden wir feststellen, dass wir alles, was wir tun und unterlassen, letztlich in der Überzeugung und Absicht tun, dass es uns nutzt, guttut, Probleme löst, Schwierigkeiten beseitigt, Leiden und Unwohlsein lindert, Freude und Zufriedenheit herbeiführt oder fördert. Selbst dort, wo wir uns abmühen, etwa bei der beruflichen Arbeit, wissen wir genau, warum wir es tun: um Geld zu verdienen, mit dem wir uns Annehmlichkeiten kaufen können, um interessante Reisen zu unternehmen, um ein bequemes und angenehmes Leben zu haben. Letztlich wollen wir unsere Freude am Leben erhöhen oder bewahren. Weil wir dabei jedoch vielerlei zu bedenken haben, ist das nicht so einfach und erfordert – wie Seneca zu Recht bemerkt – in jeder Minute Rat und Tat.

Das ist auch der Grund, weshalb die Lebensschule zum Ziel hat, den Unterrichtsstoff zu einer inneren Haltung zu verdichten, mit anderen Worten: dass es uns gelingt, weiser zu leben. Denn wir können nicht ständig im Lehrbuch nachschlagen, was zu tun ist. Wir müssen die gelernten Lebensweisheiten zu Gewohnheiten verinnerlichen, die uns spontan die angemessenen Handlungsimpulse vermitteln. Nicht in den richtigen Einsichten, sondern im richtigen Handeln wächst unser Glück und unsere Zufriedenheit. Erst im Handeln kommt die philosophische Einsicht zu ihrem Ziel.

Die Motivation für Veränderungen

»Das Folgende nun zur Stärkung des Gemütes! Ist es doch wichtiger, innerlich stärker als gelehrter zu werden, doch geschieht das eine nicht ohne das andere. Von nirgendwo nämlich kommt der Seele mehr Kraft zu als von der Wissenschaft und der Betrachtung der Natur.«[41]

So wichtig es auch ist, uns selbst und die Welt besser zu verstehen und rational zu erschließen, so reicht das nach Seneca nicht aus, wenn nicht gleichzeitig das Gemüt gestärkt wird. Erkenntnis und innere Überzeugung mögen das wichtigste Moment in der Motivationskette sein, die uns dazu bewegt, unser Verhalten und unsere Lebensweise zu verändern. Aber wir sind nicht bloß Kopf und Verstand. All die leiblichen, triebhaften, unbewussten Kräfte in uns, der Bauch also, müssen auch »überzeugt« werden. Das geht nicht mithilfe der Vernunft. Zu den Argumenten müssen daher andere Motivationsmittel hinzutreten, damit auch dieser träge Apparat in uns in Bewegung kommt. In diesem Zusammenhang spricht Seneca oft vom »Schwung der Seele«, der notwendig ist, um deren »Kraft zu erhöhen«.[42]

Seneca legt daher großen Wert auf rhetorische Mittel, auf Ermahnungen und Vorschriften, auf Wiederholung, auf besonders gelungene und einprägsame Formulierungen etwa in Spruchweisheiten; ferner auf das Vorbild, die Autorität und das Ansehen des Lehrers, auf persönliche Gespräche, bei denen die Weisheitslehre an die individuelle Situation des Lernenden angepasst werden kann, auf äußere, rituelle Formen des Einübens und des Wiederbesinnens. Diese Mittel sollen Lust machen und den Willen festigen, das theoretisch Gelernte und Erkannte auch in Handlungen umzusetzen.

Das Ideal ist für Seneca der individuelle Unterricht, bei dem sich »das Verfahren … nach dem Charakter eines jeden richten« könnte.[43]

»Am nützlichsten ist die Form des Gespräches, weil es in kleinen Abschnitten seinen Weg in das Innere findet. Ausgearbeitete und vor einer zahlreichen Zuhörerschaft gehaltene Vorträge sind geräuschvoller, haben aber weniger Vertrauliches. Die Philosophie ist ein guter Rat: einen Rat gibt niemand mit gellender Stimme.« … Die »geräuschlosere Art der Mitteilung … findet leichter Eingang und haftet: denn es bedarf dann nicht vieler Worte, sondern wirksamer. Man streue sie aus wie das Samenkorn; so unscheinbar dies auch ist, entfaltet es doch, wenn es den geeigneten Boden gefunden hat, seine Kräfte und entwickelt sich aus kleinstem Umfang zu größtem Wachstum.«[44]

Der Unterricht in der Lebensschule hat etwas Prozesshaftes, weil er letztlich auf die Transformation von inneren Einstellungen, von Gewohnheiten des Denkens, Wollens und Verhaltens gerichtet ist. Er ist Charakterschulung und gleicht eher der Erziehung als einem Unterricht. Wir müssen uns selbst erziehen, ein Leben lang. Andernfalls gibt es keine Weiterentwicklung. Hier wirken ein Gespräch, eine Spruchweisheit oder ein einzelnes Wort manchmal erst spät, bis sie in der Seele des Schülers aufblühen, genährt durch Erfahrungen im täglichen Leben.

Der Hinweis auf Vorbilder und Aussprüche anerkannter großer Denker hat schon immer eine stark motivierende Kraft gehabt:

»Manche lassen sich durch vernünftige Gründe leiten, anderen muss man mit berühmten Namen beikommen und durch den Hinweis auf ein imponierendes Vorbild, das den in Bewunderung versunkenen Geist des Betrachters in seinem Bann festhält.«[45]

Zu denken wäre hier an die Lebens- und Denkweise eines Sokrates, der bis heute in jeder geschichtlichen Epoche seine Nachahmer gefunden hat, die diesem Philosophen viel für ihr Leben verdanken.[46]

Eines der wichtigsten Motivationsmittel Senecas war der treffende Ausdruck, die Spruchweisheit, ein leicht eingängiger Merksatz, der ein Problem oder einen Gedanken auf den Punkt bringt. Immer wieder verdichtet und variiert Seneca den Ausdruck einer grundlegenden Einsicht. Dadurch wurde er zu dem vielleicht am häufigsten zitierten antiken Autor der praktischen Lebensweisheit. Andererseits wurde ihm dieser Stil häufig zum Vorwurf gemacht, wobei man genau jene didaktische Intention verkannte, die Seneca ins Zentrum seines Philosophierens rückte: Philosophie müsse gelebt werden, wobei die Theorie zwar die notwendige, aber nicht hinreichende Bedingung ist. [47]Theorie allein macht kein gutes Leben. Zum Unterricht des Philosophen sagte er:

»Manche werden durch begeisternde Worte der Spruchweisheit angeregt und werden in eine der des Vortragenden entsprechende Stimmung versetzt … Sie fühlen sich hingerissen und angespornt durch die Schönheit des Inhalts, nicht durch den Klang leerer Worte. … *wenn diese Stimmung nur Dauer hätte* … Wenige können die Gesinnung, die in ihnen aufgekeimt war, mit nach Hause bringen.«[48]

Der »Schwung der Seele« geht verloren, wenn sie nicht immer wieder neu angestoßen wird:

»Daher muss dir von Zeit zu Zeit das Gedächtnis geschärft werden. Denn dergleichen darf nicht beiseitegeschoben werden, sondern muss immer zur Hand sein. Alles, was heilsam ist, muss häufig in Betrieb gesetzt, häufig verwendet werden, auf dass es uns nicht nur bekannt, sondern auch unmittelbar nutzbar sei.«[49]

Das Immer-wieder-Aufgreifen und Neuformulieren einer Weisheit, die aus verschiedenen Perspektiven beleuchtet und geprüft wird, sei notwendig und sinnvoll, weil

»selbst Deutliches in der Regel noch größerer Verdeutlichung fähig ist«.[50]

»Gute Vorschriften, wenn sie dir häufig vor die Seele treten, werden dir ebenso nützlich sein wie gute Beispiele. Pythagoras sagt, es vollziehe sich eine Art Seelenwandel bei denen, die in einen Tempel eintreten und die Götterbilder ganz aus der Nähe schauen, sowie bei denen, die eines Orakelspruches harren. Wer aber möchte leugnen, dass gewisse Mahnungen (Spruchweisheiten, Verf.) auch auf den Ungebildetsten einen starken Eindruck machen?«[51]

Seneca führt ein paar Beispiele an wie das »Nichts im Übermaß« und fährt fort:

»Hören wir diese, so fühlen wir uns unwillkürlich getroffen, und niemand kann zweifeln oder fragen: warum? *So macht sich die Wahrheit selbst auch ohne Begründung zu unserer Führerin.* Wenn ehrfurchtsvolle Scheu die Seele in Zucht hält und unserer Lasterhaftigkeit Schranken setzt, warum sollte die Ermahnung nicht dasselbe vermögen?«[52]

Alle diese Mittel dienen dazu, weise Lebensratschläge tiefer in sich aufzunehmen, damit sich im Laufe der Zeit die Seelenverfassung mit dem äußeren Lernen und Üben »umbilde«.[53] Aber diese Zeit scheinen viele nicht aufbringen zu wollen oder zu können. Seneca sagt einmal, dass es viel beschäftigten Menschen schwerfällt oder gar unmöglich ist, »gut zu leben«, weil sie nicht die erforderliche Zeit aufbringen, die notwendig ist, um zu lernen, gut zu leben:

»*Nichts ist schwieriger für einen überlasteten Menschen, als gut zu leben.* Keine Wissenschaft ist schwieriger zu erlernen, weil eine zu stark durch andere Dinge in Anspruch genommene Seele nichts tiefer in sich aufnimmt, sondern alles, als sei es mit Gewalt hineingestopft, wieder ausspeit.«[54] Es folgen die viel zitierten Worte: »... *aber leben zu lernen, dazu gehört das ganze Leben.*«[55]

Bedeutung der Seelenverfassung

Bereits mehrfach klang an, was für Seneca das Ziel der Lebensschulung ist: Wir sollen unsere Persönlichkeit und unsere Seelenverfassung dahin gehend ausbilden, dass wir den Herausforderungen, Schwierigkeiten und der Tragik des Lebens gewachsen sind; dass wir andererseits die Schönheiten, den Reichtum und die Freude, die das Leben auch bietet, in ihrer ganzen Fülle in uns aufnehmen und genießen können. Seneca zitiert den griechischen Philosophen Ariston, einen der Väter der Stoa:

»Die Philosophie umfasst zwei Teile: das Wissen und die Seelenverfassung. Denn wer den Lehrgang durchgemacht und richtig begriffen hat, was zu tun ist und was zu meiden ist, ist noch nicht weise, und zwar nicht eher, *als bis er eine innere Wandlung durchgemacht hat, durch die seine Seele ganz mit dem, was sie gelernt hat, verschmolzen ist.*«[56]

Nur eine solche Seelenverfassung gibt die Gewähr dafür, in den vielfältigen Lebenssituationen, von denen keine der anderen gleicht, zum richtigen Zeitpunkt das Rechte zu treffen:

»Denn nur wer die gründlichste Bildung erhalten und es in jeder Beziehung zu sittlicher Reife gebracht hat, vermag allen Anforderungen zu genügen, also zu wissen, wann und wie weit und mit wem und wie und warum er etwas zu tun habe ...«[57]

Sehr präzise erläutert Seneca den Weg, der von einem besseren

Verständnis unseres Selbst und der Welt über eine »wohlgeordnete und gesunde Seelenverfassung«[58] hin zu unserem Wollen und zu ganz konkretem Handeln führt:

»Eine Handlung wird nicht fehlerfrei sein, wenn der Wille nicht fehlerfrei ist; denn von ihm geht die Handlung aus. Andererseits wird der Wille nicht fehlerfrei sein, wenn die Seelenverfassung nicht die rechte ist; denn von ihr hängt der Wille ab. Mit der Verfassung der Seele sodann wird es nicht aufs Beste bestellt sein, wenn sie – die Seele – nicht die Gesetze des ganzen Lebens klar aufgefasst und untersucht hat, wie ein jedes Ding zu beurteilen sei, kurz, *wenn sie nicht die Dinge auf ihren wahren Wert zurückgeführt hat.* Nur wer ein unabänderliches und sicheres Urteil erlangt hat, wird der Seelenruhe teilhaftig: die anderen kommen immer wieder zu Fall … Gleich wie Blätter für sich nicht grünen können, sondern einen Zweig verlangen, an dem sie hängen, aus dem sie ihren Saft ziehen, so sind jene Vorschriften kraft- und saftlos, wenn sie allein sind: Sie müssen ein *Bestandteil unserer ganzen Denkweise* bilden.«[59]

Unser Innenleben umfasst vielerlei Elemente und Kräfte, ist aber stets eng mit unserer ganzen Denkweise verbunden. Denn so, wie wir denken, uns etwas vorstellen und werten, ist auch unser Leben, unser Handeln und unsere Seelenverfassung. Je mehr wir über uns und die Welt erfahren, umso klarer wird unser Denken. Je klarer unser Denken, umso reiner unsere Seele. Je reiner unsere Seele, d. h. frei von negativen Affekten, umso gelassener, zufriedener und erfüllter wird unser Leben.

Dies ist ein langer, nach Seneca ein lebenslanger Prozess, denn unsere Seele hängt an den alten Anschauungen, Werten und Gewohnheiten, die sie hatte, bevor sie in die Lebensschule eintrat und damit begann, sich selbst und die Welt philosophisch zu sehen und zu beurteilen und nach weisen Grundsätzen zu leben.

»Dagegen bedarf es langer Zeit, um jenen matten und stumpfen oder von übler Gewohnheit beherrschten Geistern den ihnen anhaftenden Rost abzureiben. … Gewisse uns innewohnende Anlagen machen uns für manche Aufgaben zu träge, für andere hinwiederum zu stürmisch. Und es kann weder dieser ungestüme Drang gedämpft noch jene Trägheit zur Tätigkeit geweckt werden, *wenn nicht die Ursachen beseitigt werden: die falsche Bewunderung und die falsche Furcht.*«[60]

Diese beharrenden, trägen Kräfte in uns, die schlechten Gewohnheiten, sind der eigentliche Feind auf dem Weg zur Meisterung des Lebens. Seneca findet ein schönes Bild für das, was mit unserer Seele geschieht, wenn sie die Lebensschule durchläuft:

»Wie die Wolle gewisse Farben gleich auf das erste Mal annimmt, während sie andere erst nach öfterer Einweichung und Durchkochung in sich einsaugt, so ist der Geist. … dasjenige Wissen aber, um das es sich hier handelt, muss schon tief eingedrungen sein und sich lange festgesetzt und dem Geist nicht nur seine Farbe mitgeteilt, *sondern ihn ganz durchdrungen haben,* wenn es irgendetwas von dem leisten soll, was es versprochen hatte.«[61]

Wir sollten uns nicht davon abschrecken lassen, dass Seneca hier einen langen Weg vorzeichnet und das vollendete Ideal einer geordneten Seelenverfassung beschreibt. Kaum einer von uns wird es je erreichen, aber Seneca wusste sehr wohl, dass jeder Schritt auf dem Weg einer philosophischen Lebensschulung ein Fortschritt ist und die Freude am Leben erhöht. Im Grunde gibt es für uns Menschen kein Ende für das Studium des Lebens, denn Vollkommenheit kommt nur den Göttern und den Heiligen zu, nicht uns Menschen.

»Auch die Heilkunde kann sich nicht des Sieges über unheilbare Krankheiten rühmen; gleichwohl wird sie angewandt teils zur Heilung, teils zur Linderung. Selbst die ganze Machtfülle der Philosophie, mag sie auch alle ihre Kräfte dazu aufbieten, ist nicht imstande, ein verhärtetes und tief gewurzeltes Laster aus der Seele zu vertreiben; *auch wenn sie nicht alles heilt, so heißt das nicht, dass sie überhaupt nichts heilt.*«[62]

Teile der Philosophie

Wir kommen zum Abschluss des Kapitels, das sich allgemein mit der Umsetzung der gelernten Lebensgrundsätze beschäftigt. Wegen der großen Bedeutung der konkreten Umsetzung von Lehrsätzen der praktischen Philosophie adelte er diesen Bereich dadurch, dass er ihn zu einem eigenständigen Teil der Philosophie machte. Fast 2000 Jahre lang ist ihm darin kaum ein Philosoph gefolgt. Erst im 19. Jahrhundert, nachdem Hegel das systematisch-begriffliche Denken zu einer Art Abschluss gebracht hatte, brach durch Schopenhauer, Kierkegaard, Nietzsche, Bergson und andere ein Unbehagen an der akademischen Philosophie auf. Sie hatte sich zu sehr vom konkreten Lebensvollzug, von den Emotionen, der Körperlichkeit und der inneren Konflikthaftigkeit des Daseins entfernt. Heute, 150 Jahre später, erlebt die antike praktische Philosophie, insbesondere die Stoa und Philosophen wie Epikur, Seneca, Epiktet, Mark Aurel und andere eine Renaissance. Das liegt zum einen am hohen Nutzen ihrer praktischen Philosophie zur Lebensbewältigung; zum anderen an der wieder erwachten Einsicht, dass die Philosophie sehr wohl geeignet und bestimmt ist, den Menschen auf seinem Lebensweg stützend, helfend und beratend zu begleiten. Es ist dieser von Seneca so bezeichnete zweite Teil der Philosophie, der die Anwendung der praktischen Philosophie und damit das Ziel allen Philosophierens behandelt: Orientierung im Leben zu geben und unser Handeln so zu leiten, dass das Leben des Einzelnen und das Miteinander gelingen. Dieser Teil der Philosophie wurde über Jahrhunderte vernachlässigt und geriet lange Zeit völlig in Vergessenheit.

Die Philosophie erschöpft sich nach Seneca nicht im Nachdenken, Forschen und Erkennen um ihrer selbst willen. Die Erkenntnisse und Einsichten, mögen sie auch noch so vorläufig sein, müssen lebendig werden, um im Dasein des Einzelnen ihre wohltuenden Wirkungen zu entfalten. Deshalb sollte die praktische Philosophie dazu bereit sein, auch Ratschläge, Handlungsanweisungen, Ermahnungen und Richtlinien zu geben. Für die meisten Menschen liefern erst rhetorische Mittel der Zusammenfassung, Verdichtung und Aufbereitung theoretischer Erkenntnisse die notwendigen psychologischen Impulse, das leiblich-seelische Ganze in Bewegung zu setzen und der Seele den notwendigen »Schwung« zu geben.

Dieser »ermahnende« oder »ratgebende« Teil der Philosophie hatte zur Zeit Senecas bereits eine längere Tradition, war aber schon damals umstritten.[63] Das hatte vor allem mit der Auffassung des Sokrates zu tun, der meinte, niemand handle willentlich gegen seine eigenen Interessen, nur wüssten die meisten nicht, was ihnen auf Dauer guttue. Es sei also lediglich ein Mangel an Wissen, der uns daran hindere, ein gutes Leben zu führen. Wüssten wir tatsächlich und gründlich, was für uns auf lange Sicht das Beste wäre, so würden wir auch ein gutes Leben führen, ohne dass es dazu noch besonderer Ermahnungen bedürfte.[64] Was aber das Beste für uns ist, lehre einzig die Philosophie.

Seneca setzt sich mit dem Philosophen Ariston auseinander, der genau diese Meinung vertrat, dass die Philosophie auf das Vorschreiben, Ermahnen und Rat geben verzichten könne:

»Was nutze es«, zitiert er Ariston, durch solche Vorschriften »zu zeigen, was jedermann von selbst sieht?« »Sehr viel«, antwortet Seneca. »Denn manchmal wissen wir etwas, geben aber nicht acht. Die Ermahnung belehrt nicht, sondern macht aufmerksam, muntert auf, hält das Gedächtnis wach und verhütet, dass uns etwas entschlüpft. Sehr vieles, was uns vor Augen liegt, lassen wir unbemerkt: Die Ermahnung ist ein Mittel, unsere Aufmerksamkeit zu schärfen. Oft übersieht der Geist wie absichtlich selbst das, was offen zutage tritt. Man muss ihm also die Kenntnis auch der bekanntesten Dinge geradezu aufnötigen.«[65]

Für »Aufmerksamkeit«, die Seneca hier einfordert, können wir auch »Achtsamkeit« sagen.[66] In dem Getriebe unserer Pläne, Pflichten, Aufgaben, Ambitionen, in dem wir uns so häufig erschöpfen, verlieren wir die Sensibilität für den konkreten Augenblick. Deshalb benötigen wir eindringliche Appelle und leicht zu behaltende Spruchweisheiten, die uns aufwecken und warnen, wenn wir das Ganze aus den Augen zu verlieren drohen. Im Zentrum dieses Ganzen aber steht, was wir für unser Leben als das Wesentliche, Sinnerfüllende und Wertvolle erkannt und bestimmt haben. Mangelnde Achtsamkeit und Wachheit lassen uns immer wieder dieses Wesentliche vergessen.

Haben wir beispielsweise die Erfahrung gemacht, dass uns maßvolles Arbeiten und der richtige Ausgleich all unserer verschiedenen Bestrebungen auf Dauer besser bekommen als Einseitigkeiten und extreme Übertreibungen, dann mag uns der uralte Weisheitsspruch »Nichts zu sehr!« zwar keine neue Erkenntnis vermitteln. Wenn er aber im richtigen Moment als Warnsignal in unserem Bewusstsein aufleuchtet, dann kann er uns davor bewahren, in ein ungesundes Übermaß abzugleiten, ein weiteres Glas Wein zu trinken, einen zweiten Nachtisch zu essen, eine zwölfte Arbeitsstunde anzuhängen oder auch noch am siebten Wochentag zu arbeiten.

Seneca selbst gibt ein weiteres Beispiel. Er zitiert den römischen Feldherrn Marcus Agrippa, der eingestand, dass er dem Spruch: »Durch Eintracht wächst auch das Kleine, durch Zwietracht zerfällt auch das Größte«, viel verdanke.[67]

»Durch diesen Spruch, sagt er (Marcus Agrippa, Verf.), sei er der beste Bruder und Freund geworden. Wenn dergleichen Sprüche, die der Seele lieb und vertraut geworden, diese bilden, warum sollte nicht der Teil der Philosophie, der aus solchen Sprüchen besteht, dasselbe leisten? *Ein Teil der Tugend besteht in der Schulung, ein Teil in der Übung: man muss lernen und, was man gelernt hat, durch sein Handeln bekräftigen.* Ist dem so, so nützen nicht bloß die Lehrsätze der Philosophie, sondern auch die Vorschriften, die unsere Leidenschaften wie durch einen Obrigkeitserlass einschränken und abweisen.«[68]

Komprimierte philosophische Sentenzen, Ermahnungen, Aufrufe formen unsere Seele und regen uns an, das auch wirklich zu tun, was wir als das Richtige für uns eingesehen und verstanden haben. Unsere beharrenden, trägen Seelenkräfte, die uns in den bequemen Gewohnheiten festhalten, brauchen manchmal einen deutlichen Appell, eine Ermutigung oder einen gut formulierten Ratschlag, um sich auf den Weg zu machen. In solchen auffordernden, ermutigenden, mahnenden Sätzen kommt die praktische Philosophie zu ihrem *sprachlichen* Ende, um nach längerem Einüben einer Weisheit ins *Körperliche* umzuschlagen, d. h. zu einem Automatismus zu werden, der uns sicher durch den Alltag steuert, ohne jedes Mal wieder aufs Neue die Grundfragen des gelingenden Lebens durchdenken zu müssen. So transformiert sie unser Denken, Wollen und Verhalten, wird zu einer Seinsweise, inneren Haltung und festen Gewohnheit. Erst in jüngerer Zeit ist deutlich geworden, dass die antike praktische Philosophie mehr war als ein bloßes Wissensfach oder eine akademische Disziplin, sie war eine *Lebensform und Lebenshaltung*.[69]

Seneca verbindet diesen Teil der Philosophie wieder mit ihrem ersten Teil: der Analyse, Herleitung, Begründung und systematischen Verknüpfung der »Lehrsätze« der praktischen Philosophie. Nur beide zusammen bilden den Gegenstand der Lebensschule. Deshalb ist es nicht mit bloßen Vorschriften oder Geboten getan. Ohne ihre philosophische Herleitung hängen sie in der Luft und sind ohne Verwurzelung. Es fehlt das tiefere Verständnis, das dazu befähigt, eine Erkenntnis oder einen Lehrsatz auf den konkreten Fall hin richtig anzuwenden. Das Leben ist komplex, und wir müssen in jedem Moment vieles berücksichtigen, wenn wir eine weise Entscheidung treffen wollen.

»Das ist die Hauptquelle unserer Fehler, dass wir alle bei unseren Entschließungen das Leben immer nur stückweise in Betracht ziehen, niemals das Ganze«, schrieb Seneca einmal.[70]

Die Wertprinzipien einer philosophischen Lebenslehre stehen untereinander in vielfältigen Spannungsverhältnissen. Welchem

Wert wir in welcher Situation und zu welchem Grad Vorrang vor einem anderen geben, ist häufig nicht leicht auszumachen. Wollen wir uns richtig entscheiden, benötigen wir ein vertieftes Verständnis der unterschiedlichen Werte und Bedürfnisse und müssen sie im jeweiligen Kontext im Hinblick auf das Ganze unseres Lebens angemessen gewichten. Da wird die praktische Philosophie zur Lebenskunst.

»Aber auch in Handlungen wird kein anderer den richtigen Weg treffen als der, welcher eine gründliche Anweisung darüber erhalten hat, wie er in jeglicher Lage allen Anforderungen der Pflicht genügen könne; das wird bei demjenigen nicht der Fall sein, der nur für die gerade vorliegende Sache Vorschriften empfangen hat, *aber keine allgemeine Belehrung.* Die Vorschriften, welche nur für die einzelnen Fälle gegeben werden, sind für sich schwach und sozusagen ohne Wurzel. Was uns schützt, was uns unsere Sicherheit und Ruhe verbürgt, was unser ganzes Leben und die ganze Natur zugleich umfasst, das sind die Lehrsätze.«[71]

Beispielsweise ist es in der Regel richtig, in allem Maß und Mitte zu wahren. Es kann aber auch Situationen geben, in denen es sinnvoll ist, kurzfristig das Maß zu überschreiten oder zu unterschreiten, um einem anderen wichtigen Bedürfnis den ihm gebührenden Raum zu geben, etwa ein paar zusätzliche Arbeitsschichten einzulegen, um später mehr Zeit für die Familie zu haben oder eine längere Reise unternehmen zu können. Manchmal ist die strenge und ernste Zurechtweisung das Beste, was wir für unser Kind tun können, auch wenn wir uns dafür überwinden und unsere Neigung zu liebender Zuwendung in diesem Moment zurücksetzen müssen. Selbst wenn wir also erkannt haben, welche Werte für uns wichtig sind, haben wir damit noch nicht gelernt, *»was und wie wir es zu tun haben«*.[72]

In einem anderen Erklärungsversuch spricht Seneca von drei Abschnitten der praktischen Philosophie, von denen der erste die Bestimmung unserer Wertehierarchie betrifft, der zweite, wie wir nach diesen Werten unser Wollen und Streben ausrichten, der dritte schließlich, wie wir unsere Handlungen mit unserem »geläuterten« Wollen in Übereinstimmung bringen:

»Sie (die praktische Philosophie, Verf.) zerfällt auch ihrerseits in drei Abschnitte. Der erste beschäftigt sich mit der Aufgabe, einem jeden das Seine zukommen zu lassen und den Wert eines jeden Dinges abzuschätzen, ein sehr nützliches Kapitel; denn was wäre mehr vonnöten als diese Wertbestimmungen? Der zweite Teil handelt von dem Verlangen, der dritte von den Handlungen. Zuerst nämlich muss man sich ein Urteil bilden über den Wert der Dinge; sodann muss man das Verlangen danach wachrufen und ihm Ordnung und Maß geben; drittens müssen Handlung und Trieb miteinander in Einklang stehen, um hierin zur vollen Übereinstimmung mit dir selbst zu gelangen. Fehlt eines von diesen dreien, dann bleiben auch die beiden anderen von Störungen nicht verschont. … *Dann erst ist das Leben mit sich im Einklang, wenn die Handlung unserem Wollen nicht untreu wird und das Wollen in angemessenem Verhältnis zu dem Werte eines jeden Dinges steht, also je nach dem Grade, in denen er begehrenswert ist, bald gelassener, bald heftiger sein wird.*«[73]

Hier setzt Seneca die Lehrsätze der Philosophie, den theoretischen Teil, mit der Bestimmung der Werte und der Festlegung einer persönlichen Wertehierarchie gleich, die für alle unsere großen und kleinen Entscheidungen richtungweisend sein sollen. Aus den Werten folgt, wonach wir streben sollen. In diesem Bereich lernen wir, unsere Begierden und Sehnsüchte zu leiten, sodass wir von selbst und aus vollster Überzeugung dasjenige wollen, was gut für uns ist, und nicht etwas, das uns mehr schadet als nutzt. So kommen unsere Werte, unser Wollen und unsere Handlungen in Übereinstimmung.

Alle diese Teile haben nach Seneca wechselseitig Einfluss aufeinander und können sich gegenseitig bestärken. So kann beispielsweise kontinuierliches Nachdenken über die wesentlichen Werte unseres Lebens auf längere Sicht dazu führen, dass wir sie auch begehren und verwirklichen. Umgekehrt bestärkt und fördert das richtige Handeln unsere inneren Werte. Wir werden zu dem, was wir tun. Üben wir uns darin, in allem Maß zu halten, so wird uns im Laufe der Zeit immer bewusster, wie gut uns dies bekommt und wie hoch der Wert des richtigen Maßes für ein gelingendes Leben zu veranschlagen ist. Ab einem gewissen Zeitpunkt wird es für denjenigen, der regelmäßig Sport treibt, eine Selbstverständlichkeit, sodass er sich ohne tägliche Bewegung an der frischen Luft nicht glücklich fühlt. Diese gegenseitige Befruchtung und Bereicherung von Theorie und Praxis drückt Seneca in einem schönen Bild aus:

»Doch wir wollen beides verbinden, denn ohne Wurzel taugen die Zweige nichts, und die Wurzeln selbst werden gefördert durch das, was sie erzeugt haben.«[74]

Übung

Es wurde dargelegt, dass es in der Lebensschule zum einen um die theoretische Klärung von Begriffen, Werten, Dingen und Verhältnissen geht; zum anderen darum, das dabei gewonnene theoretische Wissen im täglichen Leben umzusetzen. Was bedeutet »umsetzen«? Was haben wir zu tun? Worauf kommt es an? Diese Fragen führen uns zum letzten Kapitel der Vorschule, denn was uns Seneca dazu im Allgemeinen zu sagen hat, gilt für alle konkreten Einzelfragen der Lebensbewältigung, also für den Umgang mit sich und den anderen ebenso wie für den Umgang mit Schicksalsschlägen, Niederlagen oder Erfolgen. Das Schema ist stets dasselbe: Haben wir etwas theoretisch gelernt, geht es darum, es zu realisieren. Diesem Bestreben stellen sich von außen und mehr noch von innen zahlreiche Widerstände entgegen, die häufig dazu führen, dass unsere theoretischen Einsichten ohne praktische Konsequenzen bleiben. Wir wissen, was für uns gut ist, tun es aber nicht. Die Widerstände gilt es zu überwinden. Wie dies zu geschehen hat, beschäftigte Seneca intensiv. In seinen Büchern finden sich zahlreiche Äußerungen dazu, die deutlich machen, wie wichtig gerade diese Frage für das Verständnis seiner praktischen Philosophie ist.

Üben und Gewohnheit

Was einer gelernt hat, das müsse er *»mit beiden Händen festhalten, nirgends loslassen, vielmehr festnageln, zu einem Teil seiner selbst machen und sich durch tägliches Nachdenken so weit bringen, dass sich heilsame Gedanken von allein einstellen und überall und sofort zur Verfügung stehen und dass es einem in der konkreten Situation ohne Verzug einleuchtet, was gut und was schlecht ist«.*[75]

Es nutzt uns nichts, meint Seneca, wenn wir weise Ratschläge, Einsichten oder Wertvorstellungen irgendwo in unserem Gehirn abgespeichert haben. Sie müssen sofort zur Stelle sein, wenn wir in eine Situation geraten, in der wir einen Rat benötigen. Sie müssen in jedem Moment »griffbereit« sein. Das sind sie jedoch nur dann, wenn wir sie zu einem Teil von uns selbst machen. Wie geschieht das? Seneca sagt: durch tägliches Nachdenken und Festhalten des Gelernten. Dafür ist es erforderlich, dass wir das Gelernte kontinuierlich einüben und es uns so zu einer Gewohnheit im Denken, Wollen, Fühlen und Handeln machen:

»So rechnen die Weisen zu der Gilde derer, die *durch lange und treue Übung* sich zu der Kraft verhalfen, jede feindliche Gewalt auszuhalten und müde zu machen.«[76]

Was wir benötigen, sind Ausdauer und Beharrlichkeit im Einüben. Andernfalls gelingt es uns nicht, dass eine erwünschte Denk- und Verhaltensweise zu einer Selbstverständlichkeit wird:

»Es gibt tausend anderes, worin hartnäckige Ausdauer jedes Hindernis überwunden und gezeigt hat, dass nichts schwer sei, zu dessen Ertragung der menschliche Geist sich selbst nötigt. … *und wir sollten uns nicht der Ausdauer befleißigen, wir, denen ein so herrlicher Lohn winkt? Die unerschütterliche Ruhe der glücklichen Seele?*«[77]

Entschlossenheit und Konsequenz überwinden alle Hindernisse. Sie sind der Weg zu einem glücklichen Leben, das Seneca im Sinne der Stoa mit Gelassenheit und einer unerschütterlichen Seelenruhe gleichsetzt. Aber der Weg dorthin ist steinig und verlangt von uns, dass wir uns stetig anstrengen.

»Was ist ein glückliches Leben?«, fragt Seneca an anderer Stelle: »*Sorgenfreiheit und dauernde Gemütsruhe. Diese aber ist ein Geschenk der Seelengröße, ein Geschenk der Beharrlichkeit, mit der man festhält an dem für recht Erkannten.*«[78]

Durch kontinuierliches Einüben wird etwas im Laufe der Zeit zu einer Gewohnheit und damit zu unserer zweiten Natur, formt unseren Charakter, macht uns zu der Persönlichkeit, die wir tief im Inneren und frei von äußeren Einflüssen sind:

»Nichts ist beklagenswert, *was Gewohnheit zur Natur gemacht hat.* Denn mit der Zeit wandelt sich das zum Vergnügen, wozu man sich anfangs nur aus Not verstanden hat.«[79]

Der Prozess des Eingewöhnens ist mit regelmäßigem Sport vergleichbar. Anfangs fallen uns die Übungen schwer, später wird der Sport zu einer Quelle der Freude. Wir können gar nicht mehr auf ihn verzichten. Ähnlich verhält es sich mit dem Einüben weiser Denk- und Verhaltensweisen. Seneca beklagt, dass zwar viele Menschen ihren Körper trainieren, jedoch nur wenige ihre mentalen Kräfte:

»*Es drängt sich mir der Gedanke auf, wie viele den Körper üben, wie wenige den Geist.* … wenn der Körper durch Übung es zu einer Ausdauer bringen kann … wie viel leichter könnte wohl der Seele zu jener Kraft verholfen werden, die des Schicksals Schläge ungebeugt über sich ergehen lässt … Denn der Körper bedarf wieder Zufuhr, um sich bei Kräften zu erhalten: *der Geist wächst von innen heraus, nährt und übt sich selbst.*«[80]

Einüben durch Anverwandlung

Dieses Einüben ist kein einfaches Wiederholen oder unkritisches Befolgen von Lehrsätzen, Weisheiten oder Ratschlägen. Wir müssen das Gelernte mit unseren Erfahrungen und unserer Persönlichkeit zu etwas Neuem verschmelzen. Es findet eine beidseitige »Umprägung« statt. Wie die gelernte Erkenntnis eine Änderung unserer Verhaltens- oder Denkweise bewirkt, so passen wir das Gelernte an unsere individuellen Verhältnisse an. Alles Weisheitswissen bekommt durch diese Art der Aneignung und Verinnerlichung eine persönliche Färbung und Ausprägung. Wir bewahren und vertiefen unsere individuelle Eigenart.

In der Lebensschule ist Lernen eigenverantwortliches Nachdenken, bei dem wir uns »die Ergebnisse dieses Nachdenkens zu eigen machen und ihnen gleichsam den eigenen Stempel aufdrücken«.[81]

Jeder von uns ist ein einzigartiges Individuum. Wenn wir etwas wirklich verinnerlichen, dann integrieren wir es in das Ganze unserer persönlichen Erfahrungen, Prägungen und vielfältigen Strukturen unserer bisherigen Denk- und Verhaltensmuster. Damit wird das Gelernte selbst zu etwas anderem und verändert seinen Inhalt, sei es auch nur um Nuancen. Seneca vergleicht diesen Prozess des Lernens und Verinnerlichens durch Umgestaltung mit der Tätigkeit der Bienen:

»Also auch wir müssen diese Bienen nachahmen, müssen alles, was wir durch mannigfaltige Lektüre zusammengetragen, nach bestimmten Gesichtspunkten trennen – denn gehörig gesondert bewahrt es sich besser – und müssen sodann jene mancherlei Lesefrüchte unter Aufbietung unserer vollen geistigen Kraft und Fähigkeit *zu einem gleichartigen Ganzen verschmelzen*, dergestalt, dass, wenn man auch erkennt, woher es entnommen ist, es sich doch, verglichen mit der Ursprungsstelle, *als etwas anderes darstellt.*«[82]

Seneca beleuchtet hier den Prozess der Auswahl und des Einprägens von Gelesenem. Wir können nicht alles in derselben Tiefe verarbeiten. Es sind bestimmte Sätze und Stellen, die zu uns sprechen. Bei jedem Menschen werden dies andere Sätze sein. Wir sollten es nicht beim bloßen Lesen belassen, sondern mit ihnen arbeiten, indem wir tiefer und immer wieder über solche Lesefrüchte nachdenken. Diese gedankliche Verarbeitung ist der eigentliche intellektuelle Lernprozess. Die Wiederholung ist dann quasi der körperliche Lernprozess, die Verinnerlichung durch Transformation in synaptische Verbindung oder neuronale Gehirnfunktionen. Seneca schreibt,

man solle das, *»was man durch Lesen gesammelt hat, durch die eigene Feder in ein neues, einheitliches Ganzes übertragen«.*[83]

Dieser Prozess setzt ein Durchdenken voraus und führt zu einer Integration in das System der eigenen Vorstellungen und Gedanken, ist also ein kreativer Vorgang der Verinnerlichung und Anverwandlung von Gedankeninhalten. Diese Verinnerlichung umfasst nicht nur den intellektuellen Vorgang des Einprägens, sondern bei praktischen Handlungsanweisungen auch den habituellen, körperbezogenen Prozess der Veränderung von Verhaltensweisen.

Kontinuierliches Studium und Denkgewohnheiten

Seneca weist immer wieder darauf hin, wie wichtig es für eine erfolgreiche Umsetzung des Gelernten ist, dass wir das Studium der Lebenskunde unaufhörlich fortsetzen. Unsere Gewohnheiten im Denken, Wollen und Werten müssen umgekrempelt werden, weil diese es sind, die uns, wo sie von der Weisheit abweichen, in Schwierigkeiten bringen. In seinen Briefen an Lucilius schreibt er:

»Ich weiß, mein Lucilius, du bist dir vollkommen klar darüber, dass niemand glücklich, ja auch nur erträglich leben kann ohne den lernbegierigen Eifer für Erwerbung der Weisheit, und dass ein glückliches Leben nur dem vollendeten Weisen, ein erträgliches jedoch auch schon dem Anfänger beschieden sei. Aber das, was klar ist, muss erst noch festen Halt gewinnen und tiefer Wurzel fassen in unserm Innern *durch tägliches Nachdenken: es kostet mehr Mühe, an guten Vorsätzen festzuhalten als edle Vorsätze zu fassen. … Lass den Schwung deines Geistes nicht erlahmen, lass deine Begeisterung nicht erkalten. Halte sie fest und gib ihr Bestand, auf dass, was jetzt Schwung ist, fester Seelenbestandteil werde.*«[84]

Begeisterung und Aufschwung der Seele erleben wir häufig. Aber was bleibt davon und verändert dauerhaft unser Denken und Tun? Nur allzu selten gelingt es uns, aus der Begeisterung heraus unsere tägliche Lebenspraxis zu ändern. Die Chancen dafür steigen nach Seneca durch tägliches Nachdenken. Er betont die Kraft von Denk- und Verhaltensgewohnheiten, weil er der Meinung ist, dass unsere Lebenspraxis maßgeblich von diesen gesteuert wird. Aber mag der Einfluss unbewusster Gewohnheiten und Rituale groß sein, Seneca hält daran fest, dass unser Leben wesentlich von unserem bewussten Denken gesteuert werden sollte:

»Es muss also eine Überzeugung eingepflanzt werden, die für das ganze Leben ausreicht: das ist, was ich einen Lehrsatz nenne. Nach dem Wesen dieser Überzeugung richtet sich, was wir tun, was wir denken: *Wie aber Tun und Denken geartet sind, so wird das Leben beschaffen sein.*«[85]

Diese Aussage ist der Schlüssel für die große Bedeutung der philosophischen Reflexion für den Erfolg unseres Lebens. Unser Leben wird sein wie unser Denken und Tun, unser Denken und Tun aber wie unsere Überzeugungen, Anschauungen und Haltungen. Das Leben wird uns umso besser gelingen, je mehr wir unsere Überzeugungen von uns, den anderen und der Welt verfeinern, ausdifferenzieren und festigen, je mehr wir von den »menschlichen und göttlichen Dingen« verstehen (so die stoische Definition der Weisheit).[86]

An anderer Stelle beschreibt Seneca beispielhaft die Wirkung der Überzeugungen und unseres Denkens auf unsere Befindlichkeit:

»Armut, Trauer, Verlust empfindet der eine so, der andere anders, zum einen je nach dem Einfluss, den die Gewohnheit auf ihn ausgeübt hat; zum anderen *je nach dem, wie ihn sein Vorurteil über Dinge*, die nicht zu fürchten sind, schwach und leidensunfähig gemacht hat.«[87]

Diese etwas schwierige Stelle soll durch ein Beispiel verdeutlicht werden. Wir kaufen einen Gegenstand zu teuer ein, verlieren Geld durch ein schlechtes Geschäft, ein Gerät geht kaputt. Da wir gewohnt sind, Geld und Besitz hoch zu schätzen, ärgern wir uns. Grund für diesen Ärger ist letztlich die hohe Wertschätzung materieller Güter. Das ist unser Vorurteil. Hätten wir dagegen verinnerlicht, dass materielle Güter für unser Lebensglück nur eine geringe Bedeutung haben, eine wesentlich größere dagegen Gesundheit, Familie, Freunde, fester Beruf oder innere Werte wie Authentizität und seelische Harmonie, würden wir uns über deren Verlust weit weniger oder überhaupt nicht mehr ärgern. Unsere Denkgewohnheit, hier in Form eines Werturteils, das Seneca »Vorurteil« nennt, bestimmt unser Wohlbefinden. Dieses Beispiel lässt sich verallgemeinern und auf vieles übertragen.

»... es ist mehr die Einbildung als die Wirklichkeit, unter der wir leiden.«[88]

Konkrete Übungen

In den Schriften Senecas finden sich immer wieder Beispiele, die dem Zweck der Verdeutlichung dienen, aber auch konkrete Übungen enthalten. Sie sind durchaus als Handlungsempfehlungen auf dem Weg zu einem besseren Leben zu verstehen. An einer Stelle, an der er die »Kunst des Ertragens« lobt, weist er auf die allgemeine Schwierigkeit der Lebensbewältigung hin. Die Natur habe den Menschen von Geburt an »harten Prüfungen« ausgesetzt:

»Die Natur, die wohl wusste, welchen harten Prüfungen sie uns durch unsere Geburt aussetzte, hat sich kein größeres Verdienst um uns erworben, als dies, dass sie zur Linderung unseres Ungemachs die *Gewohnheit* erfand, die uns bald auch mit dem Schwersten vertraut macht. … Das ganze Leben ist im Grunde nichts anderes als Knechtschaft. Darum gilt es, sich an seine Lage zu gewöhnen, so wenig als möglich über sie zu klagen und keine Erleichterung, die es etwa bietet, unbenutzt zu lassen. Begegnen wir den Schwierigkeiten mit kühlem Verstande: auch das Harte kann erweicht und das Enge erweitert und die Last minder drückend gemacht werden, *wenn man sich nur auf die Kunst des Tragens versteht.*«[89]

Seneca spricht hier die Übung des Duldens an. Vieles bricht über uns herein, was wir nicht ändern können. Hier hat unsere Freiheit der Lebensgestaltung eine Grenze, die Seneca »Knechtschaft des Lebens« nennt.[90] In der prekären Grundsituation, in die der Mensch »hineingeboren«[91] wird, gilt es, alle Möglichkeiten zu nutzen, die das Leben und die menschliche Natur bereithalten, um das Ertragen und Erleichtern zu erlernen. Wir können lernen, Schicksalsschläge zu erdulden und uns durch sie nicht nachhaltig und dauerhaft aus der Ruhe bringen zu lassen. Wir werden noch sehen, dass Seneca viele solcher Möglichkeiten kennt und erwähnt. Wir haben schon erfahren, dass sie nach Seneca nicht nur das Dulden erleichtern, sondern auch zu dauerhaftem Glück führen können, wenn wir verstehen, sie zu ergreifen und umzusetzen.

An konkreten Übungen führt er beispielsweise einmal an, dass es der Stärkung der Selbstbeherrschung dient, sich periodisch freiwillig der Nahrung zu enthalten. Das habe ihn frei werden lassen gegenüber der Gefahr, in Abhängigkeit von anderen Personen zu geraten:

»Und was mich anlangt, so habe ich niemandem je über mich Gewalt gegeben und habe durch freiwillige Entziehung der Nahrung gezeigt, dass die Gesinnung, die ich in meinen Schriften zeigte, kein leerer Schein war.«[92]

An anderer Stelle erwähnt er, dass er regelmäßig selbst zur tiefsten Winterzeit – wie auch Goethe – in eiskaltes Wasser gestiegen ist:

»Ich, *der eifrige Kaltbader,* der ich immer am ersten Januar den Wassergraben begrüßte …«[93]

Dem Zornigen empfiehlt er – und weist dabei auf seinen Lehrer Sextius hin –, einen Blick in den Spiegel zu werfen:

»Manchem Zornigen hat, wie Sextius sagt, ein Blick in den Spiegel sich nützlich erwiesen. Die ungeheuerliche Umwandlung ihrer Erscheinung machte sie ganz verwirrt. Sie erkannten sich gleichsam nicht wieder in diesem ihrem gegenwärtigen Zustand.«[94]

Was durch gute Übungen zum Positiven verändert werden kann, lässt sich umgekehrt auch von schlechten Übungen sagen, durch die Negatives verinnerlicht wird. Gute Gewohnheiten lehren uns den guten Umgang mit dem Leben, schlechte einen schlechten. Leider verfestigen sich auch Letztere. Von dem Fehler, sich zu verstellen, um Gefallen zu erwecken, bekennt er:

»… allein ich fürchte, dass die Gewohnheit, diese Begründerin einer gewissen Beständigkeit im Verlauf der Dinge, diesen Fehler sich bei mir noch tiefer einwurzeln lässt: *langer Umgang macht uns dem Bösen wie dem Guten befreundet.*«[95]

Zentrale Lehrsätze

- Einer der wichtigsten Grundsätze für ein glückliches Leben in heiterer Gelassenheit ist es, sich immer treu zu bleiben, sich nicht zu verbiegen und sich schlechten Einflüssen zu widersetzen.
- Man soll sein Denken, Handeln, Fühlen und Wollen in Übereinstimmung bringen und konsequent und beharrlich seiner besseren Einsicht folgen.
- Es gelingt niemandem, vor sich selbst wegzulaufen. Aber viele Menschen tun genau das und geraten dadurch in leidvolle Zustände.
- Die vielfältigen Einflüsse der Gesellschaft und das Streben nach Macht, Erfolg und Reichtum sind die größten Hindernisse auf dem Weg zu einem authentischen Leben.

Kernzitate

- *»Wo ich auch bin, da gehöre ich mir selbst.«*
- *»Auf sich selbst verlasse sich die Seele, an sich selbst erfreue sie sich, das Eigene achte sie, zurückziehen sollte sie sich, soweit möglich, von Fremden, und einig sei sie mit sich selbst.«*
- *»Schreite fort in deiner Vervollkommnung und sei vor allem darauf bedacht, dir selbst treu zu bleiben.«*
- *»… denn niemand kann dauernd eine Maske tragen.«*

II.

Vom Umgang mit der Welt

Schicksal

Nach Abschluss der Vorschule wollen wir nun konkreter werden und nehmen uns das erste Hauptfach der Lebensschule vor: den Umgang mit der Welt, dem Schicksal, dem Geschick. Damit ist alles gemeint, was mehr oder weniger über uns hereinbricht, und was wir entweder überhaupt nicht oder nur zum Teil beeinflussen können. Dazu zählen auch die Bedingungen, in die wir hineingeworfen sind, ohne dass wir dafür etwas können: Gene, Eltern, Geschwister, Verwandte, Lehrer sowie die Stadt und das Land, wo wir geboren wurden und wo wir aufwachsen. Ferner Schicksalsschläge wie der Tod nahestehender Personen, schwere Erkrankungen oder Verletzungen, Trennung vom langjährigen Partner oder der Verlust des Arbeitsplatzes. Schließlich gehören dazu die kleinen und größeren Missgeschicke des Alltags wie die Absage einer Reise, ein verregneter Urlaub, ein verpasster Zug, Schäden an Hab und Gut, Verlust von Besitz, ein geplatzter Termin, Misslingen einer Prüfung, schlechte Geschäfte, Einkommenseinbußen und anderes mehr. Ereignisse, die mit konkreten Personen und unserem Verhältnis zu ihnen zu tun haben und die wir als schicksalhafte Fügungen bezeichnen können, übergehen wir hierbei. Sie werden im zweiten Hauptfach »Vom Umgang mit anderen« behandelt.

All das bereitet den Menschen in der Regel Ärger, Kummer, Sorgen, Ängste und führt zu persönlichen Krisen bis hin zu Trauer, Niedergeschlagenheit und Depression. Bisweilen mag ein solcher Tiefschlag auch seine guten Seiten haben und etwas Positives bewirken. Wer jedoch weitgehend von solch heftigen Erschütterungen verschont bleibt, sie gelassen ertragen kann oder in angemessener Zeit verarbeitet und über sie hinwegkommt, kann sich glücklich schätzen und wird auch von seinen Mitmenschen als ein glücklicher Mensch wahrgenommen. Wer also dieses Fach gut beherrscht, hat bereits entscheidende Schritte in Richtung auf ein gelingendes Leben getan.

So verwundert es nicht, dass sich Seneca sehr intensiv mit diesen Fragen beschäftigt hat. Er steht hier in der Tradition der stoischen Philosophie. Deren Ideal bestand in der Vorstellung von der Unerschütterlichkeit des Weisen, worin wir unschwer den modernen Begriff der Resilienz wiederfinden, der Fähigkeit, nach einer emotionalen Erschütterung schnell wieder in eine ausgeglichene Seelenverfassung zurückzufinden.

Die Unerschütterlichkeit des Weisen

Seneca umschreibt den Zusammenhang von Philosophie und Schicksal, Lebensbewältigung und Unerschütterlichkeit so:

»*Die Philosophie muss unsere Schutzwehr bilden, diese uneinnehmbare Mauer, die durch das Schicksal nicht überwältigt wird trotz aller kunstvollen Angriffsmittel. Jedem Ansturm gewachsen ist die Seele, die auf alles Äußere verzichtet hat und in ihrer Burg sich zur Wehr setzt. Kein Geschoss kann bis zu ihrer Höhe dringen. Das Schicksal hat keine langen Arme, wie viele glauben; es überwältigt keinen, der sich nicht an es anklammert.* Darum wollen wir so viel als möglich seiner Nähe ausweichen, eine Leistung, die nur möglich ist aufgrund der Kenntnis einerseits unseres eigenen Innern andererseits der Natur. *Der Mensch soll wissen, wohin er seinen Weg zu richten hat, woher er gekommen, was für ihn gut sei, was übel, was zu erstreben, was zu meiden, was es mit jener Vernunft auf sich habe, die den Unterschied bestimmt zwischen dem Begehrenswerten und dem Verwerflichen,* die die Raserei der Begierden beschwichtigt und dem Grauen vor den Schrecknissen wehrt.«[1]

Viele Themen, die wir uns im Folgenden genauer ansehen wollen, werden hier angesprochen. Das Ziel wird klar und plastisch beschrieben: All das, was an äußeren Ereignissen, die wir Schicksal oder Welt nennen, auf uns zukommt, soll die Seele nicht verletzen, soll ihr keine Wunden zufügen können, soll unser inneres Gleichgewicht nicht ins Wanken bringen. Die praktische Philosophie als Lebenslehre stellt uns dazu das Rüstzeug, die »Schutzwehr«, zur Verfügung. Der Kern der Seele wird zu einer inneren Burg, die jedem Angriff standhält. Das Schicksal überwältigt nur denjenigen, der sich daran klammert. Seneca meint, man könne durch Verzicht zum Schicksal auf Distanz gehen. Dazu sei einerseits Wissen erforderlich, andererseits habe es viel mit unseren Werten zu tun, die wir für wichtig halten, und umgekehrt mit den »Unwerten«, die wir Dingen zuschreiben, die wir meiden sollten.

Die Unerschütterlichkeit des Weisen und die Vorstellung von der Seele als einer inneren Burg bedeuten für Seneca, bei sich zu bleiben, die eigene Mitte und Identität zu wahren. Wer sich von äußeren Ereignissen erschüttern lässt und nicht wieder zu sich zurückfindet, verliert sich selbst, seinen Verstand, gerät »außer sich«:

»*Es fällt nicht so leicht, in großem Unglück bei Verstand zu bleiben.* So gerieten weniger feste Charaktere in der Regel derart in Angst, dass sie alle Fassung verloren. Jedenfalls entsetzt sich niemand, ohne einen Verlust an Verstand zu erleiden, und wer fürchtet, ist dem ähnlich, der nicht bei Trost ist. Die einen freilich finden aus der Furcht rasch wieder zu sich selbst, während andere heftiger verwirrt und sogar wahnsinnig werden.«[2]

In der Tat erreicht unsere Aufregung, innere Unruhe oder Fassungslosigkeit selbst bei kleineren alltäglichen Missgeschicken nicht selten einen Grad, der uns konfus macht. Wir wissen nicht, was wir tun sollen, und können nicht mehr klar denken. Einem solchen Verlust der vernünftigen Selbststeuerungskräfte und den damit regelmäßig verbundenen negativen und leidvollen Gefühlen wie Ärger, Wut, Zorn, Angst und Aufregung gilt es vorzubeugen.

Gelassenheit ist ein anderes Wort für das Ideal der »Unerschütterlichkeit des Weisen«. Sie hat einen hohen Stellenwert in der Werteskala der stoischen Philosophie. Sie macht uns unangreifbar und damit den Göttern gleich:

»*... der Weise aber ist den Göttern benachbart und hat seinen Platz dicht neben ihnen ... unanfechtbar vom Schicksal, voll Güte, zum Wohle der Menschheit geboren,* sich und den anderen zum Heile nichts Niedriges wünschen, keine Träne vergießen.«[3]

Dass der Weise keine Tränen vergießt, ist nicht wörtlich zu nehmen. Für Seneca bleibt der Weise ein Mensch und hat als solcher menschliche Gefühle. Aber er weiß sie zu mäßigen und verliert sich nicht in ihnen. Er wahrt sein Selbst, seine innere Unabhängigkeit und die Fähigkeit, ungeachtet des Schicksalsschlags sein Leben weiter nach seinen Werten und Vorstellungen zu lenken. Er kann innerlich loslassen und wahrt damit seine Gelassenheit:

»Oft sind dem Weisen, ohne seinem Ansehen zu schaden, Tränen geflossen mit solcher Mäßigung, dass ihnen weder die Menschlichkeit noch die Würde fehlte. ... *Es gibt auch ein Maß im Schmerze: dieses muss der Weise bewahren,* und wie für alle übrigen Dinge, so gilt auch für die Tränen das ›Bis hierher und nicht weiter‹. Die Toren kennen in Freude und Leid keine Grenzen. *Mit Gelassenheit schicke dich in das Notwendige.*«[4]

Die Natürlichkeit des Schicksals

Um eine solche Gelassenheit zu erreichen, gibt uns Seneca verschiedene Mittel an die Hand, die es zu verstehen und zu verinnerlichen gilt. Dabei handelt es sich teilweise um Übungen, teilweise um philosophische Einsichten und Anschauungen, an die wir uns im Denken gewöhnen, d.h. die wir immer wieder durchdenken und uns vergegenwärtigen sollten.

Nach Seneca ist ein sehr wichtiger Gedanke, dass wir die Unvermeidbarkeit und Natürlichkeit des Schicksals begreifen. Selbst das, was uns als purer, manchmal unglaublicher Zufall begegnet, hat seine Ursachen und ist Folge eines natürlichen Gangs der Dinge.

»Was verstehst du unter Fatum (Schicksal, Verhängnis, Vorsehung, Verf.)?«, fragt Seneca einmal und antwortet: »Ich halte es für den notwendigen Gang aller Dinge und Handlungen, den keine Macht unterbrechen kann.«[5]

Kein Mensch kann die Verkettung der unendlich vielen Ursachen und Bedingungen vollständig erkennen, die zu einem Ereignis führen. Es gibt sie jedoch, denn nichts geschieht ohne Ursache. Für Seneca sind Schicksal und Natur identisch. Als gläubiger Mensch geht er sogar noch einen Schritt weiter und behauptet, das Schicksal sei, wie die Natur, von Gott gewollt. Lange vor dem niederländischen Philosophen Spinoza, der mit dieser Formel Philosophiegeschichte schrieb, setzt Seneca Natur und Gott gleich. Durch die Hinzunahme des Schicksals bildet er eine Einheit aus Gott, Natur und Schicksal:

»Was nämlich anderes ist die Natur als der Gott und der göttliche Urgrund, der dem Weltall und seinen Teilen eingepflanzt ist?« Natur und Gott *»sind beides ein und dasselbe«. »Natur, Fatum, Schicksal: das alles sind Namen desselben Gottes.«*[6]

Für die Frage, wie wir uns zu unserem Geschick zu verhalten haben, hat dies große Auswirkungen. Wir können das Unabänderliche, ein Missgeschick oder einen Schicksalsschlag leichter hinnehmen und ertragen, wenn wir ihn nicht auf uns persönlich beziehen. Mit Seneca betrachten wir das Schicksal vielmehr als den natürlichen Gang der Dinge. Aus irgendwelchen Gründen, die wir meist nicht kennen, ist es dazu gekommen. Es entspricht der Ordnung der Welt, in der sich alles in stetem Wandel befindet. Diesem Wandel sind wir im Guten wie im Schlechten ausgesetzt, wobei wir an den Geschehnissen selten etwas ändern können. Wir sollten nach Seneca daran denken, dass diese kosmische Bewegtheit vielleicht notwendig so eingerichtet ist, um sich selbst zu erhalten:

»Willst Du ihn (Gott, Verf.) Schicksal nennen, gehst du nicht fehl; er ist es, von dem alles abhängt, Ursache der Ursachen. Willst Du ihn Vorsehung nennen, trifft dein Wort, ist er es doch, nach dessen Rat für diese Welt gesorgt wird, *damit sie ohne Anstoß durchkommt und ihre Aufgaben erfüllt.* Willst du ihn Natur nennen, ist es nicht falsch, ist er es doch, dem alles entstammt, durch dessen Hauch wir leben. Willst Du ihn All nennen, irrst du nicht, denn er ist das Ganze, das du siehst, ist seinen Teilen eingewoben *und erhält sich und das Seine.*«[7]

Das klingt fatalistisch und ist es in einem gewissen Sinne auch. Bedenken wir aber, dass Seneca hier nur von dem spricht, an dem wir als Einzelne nichts ändern können. Er meint damit nicht, dass wir zur Tatenlosigkeit verdammt sind. In unserem kleinen Wirkungskreis setzen wir immer wieder Ursachen, die Folgen haben, und greifen in ein Geschehen ein, das wir durch unser Eingreifen verändern.

Als Teil des Ganzen ist jeder aufgerufen, seinen Beitrag dafür zu leisten, dass sein Leben und das seiner Mitmenschen gelingt. Aber im Verhältnis zum gesamten Weltgeschehen, zu den natürlichen und kosmischen Gesetzen, ja im Verhältnis zu fast allem, was uns zustößt, ist dieser Wirkungskreis gering. Das meiste bricht über uns herein, ohne dass wir es beeinflussen können. Dies anders zu sehen, wäre Selbstüberschätzung, Überheblichkeit, Hybris.

Seneca wehrt sich gegen den Einwand,

»dass unserem freien Willen nichts überlassen bleibt und all unser Tun in der Hand des Schicksals liegt. Wenn über diese Frage verhandelt wird, will ich darlegen, wie das Schicksal bestehen und doch der Entscheidung des Menschen etwas überlassen bleibt.«[8]

Vor allem ist es unserer Entscheidung überlassen, wie wir das Geschick aufnehmen, bewerten und in uns verarbeiten. Schicksal ist ein Verhältnis, nämlich das zwischen einem äußeren Ereignis und der seelischen Verarbeitung durch den, über den es hereinbricht. Beide Seiten dieses Verhältnisses, das äußere Ereignis und wir selbst, haben einen Einfluss darauf, ob ein Missgeschick oder

Unglück bei uns Ärger, Zorn, Angst und Sorgen auslöst. Seneca lässt einmal die Natur bzw. das Schicksal folgendermaßen zu uns sprechen:

»›Das, worüber du klagst, ist für alle das Gleiche. Ich kann niemandem zu Leichterem verhelfen; *wohl aber kann jeder, wenn er nur will, es sich selbst leichter machen.*‹ Und wie dies? Durch eine gelassene Stimmung der Seele. Du musst Schmerz, Hunger und Altersbeschwerden, wenn dir ein längeres Verweilen unter den Menschen vergönnt ist, über dich ergehen lassen, auch Krankheit, Verlust und Untergang.«[9]

Damit meint Seneca, wir sollen damit aufhören, uns gegen das Unvermeidliche aufzulehnen. Dies ist für ihn ein Aufbegehren gegen die Natur selbst, eine Revolte gegen das, was – mögen wir dies auch bedauern – wesentlicher Bestandteil unseres Lebens ist, nämlich das Ausgeliefertsein an das, was wir nicht ändern können:

»Was ist groß? Unglück mit heiterem Herzen ertragen zu können; was kommen mag, so hinnehmen, als entspräche es deinem Wunsch … weinen, klagen und seufzen ist soviel wie revoltieren.«[10]

Seneca geht hier sogar noch einen Schritt weiter. Wenn wir das Leben wollen, so wie es uns geschenkt wurde, dann müssen wir auch die Rahmenbedingungen wollen, in denen sich nach seiner Auffassung das Leben einzig vollziehen kann. Dazu gehört notwendig auch der Wandel der Dinge und Verhältnisse, das Schicksal in seiner Unberechenbarkeit und Unverfügbarkeit, das ewige Auf und Ab von dem, was wir als Glück und Unglück empfinden. All das müssen wir bereitwillig annehmen. Seneca zitiert den griechischen Philosophen Kleanthes, einen der Väter der stoischen Philosophie:

»›Wer will, der ist des Schicksals Freund, wer nicht, sein Knecht.‹ So wollen wir leben, so sprechen: bereit und unverdrossen soll uns das Schicksal finden.«[11]

Wir sollten ohne Vorbehalte »Ja« zu unserem Leben sagen, so, wie es die Natur eingerichtet hat. Wir sollten innerlich bereit sein, unser Geschick zu akzeptieren und es so zu nehmen und zu wollen, wie es kommt. Die Konsequenz ist, dass nichts, was geschieht, unsere Pläne durchkreuzt, denn wir »planen alles mit dem Vorbehalt: Wenn nichts eintritt, das ein Hinderungsgrund ist«.[12] Seneca übernimmt ein Wort des griechischen Philosophen Epikur:

»Selten tritt dem Weisen das Schicksal in den Weg.«[13]

Ein letzter Gedanke Senecas in diesem Zusammenhang ist, dass alles, was geschieht, Ursachen hat, dass ein Missgeschick auch prinzipiell verstehbar sein ist, selbst wenn wir dabei mit unserem Verständnis schnell an unsere Grenzen stoßen. Was geschieht, unterliegt natürlichen Gesetzen. Solche Gesetze sind der Vernunft grundsätzlich zugänglich, da beiden das Kausalitätsprinzip zugrunde liegt. Weil Seneca Natur und Kosmos mit Gott gleichsetzt, kann er sagen: »Gott ist ganz Vernunft.«[14]

Um Missgeschicke und Schicksalsschläge leichter zu ertragen, kann es demnach helfen, dass wir zu verstehen versuchen, wie und weshalb es dazu gekommen ist. Wir sollten nicht an der Beliebigkeit und Willkürlichkeit verzweifeln, die jedem Unglück von der äußeren Erscheinung her anzuhaften scheint. Zu Senecas Zeiten waren viele Naturerscheinungen noch unerklärlich und verursachten große Ängste, weil sie als göttliche Strafe oder Willkür angesehen wurden. Seneca schrieb ein Buch mit dem Titel »Naturwissenschaftliche Untersuchungen«. Er setzte sich darin das Ziel, den Menschen durch die Erklärung solcher natürlichen Phänomene die Angst vor dem Unbegreiflichen zu nehmen. Das ist vergleichbar mit einer Situation, in der wir von einem Unglücksfall heimgesucht werden und uns fragen, wie das passieren konnte und weshalb gerade wir betroffen sind. In unserer verständlichen Verzweiflung werden wir die schlimme Situation zwar selbst dann nicht begreifen, wenn wir – so Seneca – daran denken, dass alles, was geschieht, seine Gründe hat. Aber es kann doch ein erster Schritt sein, der uns hilft, aus der Trauer und Verzweiflung wieder herauszukommen.

Dies ist nicht bloß graue Theorie, sondern zeigt, wie Theorie und Praxis bei der Aufgabe der Lebensbewältigung aufeinander bezogen sind. Eine der Schlussfolgerungen, die Seneca aus den mitgeteilten Lehrsätzen und Erläuterungen für die konkrete Lebensbewältigung zieht, ist, dass wir lernen müssen zu erdulden und zu verzichten:

»... es gibt nur ein Erleichterungsmittel gegen den Druck schwersten Unglücks: Geduld und Fügsamkeit in das Unvermeidliche.«[15]

»Nichts ärgert das Schicksal mehr als Gelassenheit.«[16]

»Nicht was, sondern wie man es erträgt, darauf kommt es an.«[17]

Man könnte einwenden, dass diese Erkenntnis banal ist und dass es zu ihrer Begründung nicht der ausführlichen Herleitung aus dem Wesen der Natur und des Schicksals bedurft hätte. Doch es macht einen großen Unterschied für unsere Befindlichkeit, ob wir uns lediglich sagen, wir müssen das Unvermeidliche dulden, oder ob wir dies aus einer tieferen Reflexion über das Wesen des Lebens und den natürlichen Gang der Dinge annehmen. Hat eine solche Reflexion frühzeitig stattgefunden, wurde sie verinnerlicht und zu einer präsenten Geisteshaltung, wird unsere gefühlsmäßige Reaktion auf ein Missgeschick oder Unglück anders sein als zuvor. Wir werden in der Lage sein, gelassen zu bleiben, wenn sich unser Geist von der konkreten Betroffenheit loslösen und aufschwingen kann auf eine Ebene, wo er Missgeschick oder Unglück als etwas Natürliches und Unausweichliches begreifen und akzeptieren kann. Selbst bei schweren Schicksalsschlägen wie dem Tod einer nahestehenden Person sind es letztlich solche Gedanken, die uns helfen, die notwendige Trauerarbeit zu bewältigen, maßvoll zu trauern und nicht zu verzweifeln.

Alle Schriften Senecas durchzieht dieses enge Wechselspiel von Ratschlag und philosophischer Reflexion. Das war für ihn praktische Philosophie. So sagt er einmal von dem hoch angesehenen Cato im Hinblick auf den Umgang mit dem Geschick:

»Mit allen Schicksalsschlägen muss man sich abfinden: das war seine unumstößliche Überzeugung.«

Gleich darauf folgt die allgemeine Reflexion:

»In bestimmten Zeitabläufen geht alles seine Bahn: entstehen muss es, wachsen, verlöschen. Was immer du über uns sich bewegen siehst (Gestirne, Verf.) und das, worin wir verwurzelt sind und worauf wir stehen, als sei es vollkommen unerschütterlich, wird nach und nach Kraft verlieren und enden: *Alles hat seine bestimmte Zeit: es muss werden, wachsen, vergehen.*«[18]

Es folgen noch weitere allgemeine Überlegungen. Der Schicksalsschlag, von dem hier die Rede ist, war der verlorene Krieg des Pompeius gegen Octavian (Augustus), bei dem Cato auf der Seite des Pompeius für den Erhalt einer republikanischen Verfassung kämpfte. Der prinzipienstrenge Cato nahm sich daraufhin das Leben, da er die Unfreiheit der Römer unter einem Alleinherrscher nicht dulden wollte. Sein Freitod steht nicht für die Unfähigkeit, das Schicksal anzunehmen. Im Gegenteil: Sein Leben war ihm gleichgültig, nicht aber, wie er leben wollte. Der Schicksalsschlag, den Cato annahm, war daher auch sein Freitod.

Betonung der inneren Werte

Eines der wirksamsten Mittel gegen Unglück von außen, gegen Verlust, gegen große und kleine Missgeschicke ist die Unterscheidung von inneren und äußeren Werten und die Konzentration der Gedanken auf die inneren Werte:

»Den Weisen macht weder das Glück übermütig, noch beugt ihn das Unglück nieder; denn all sein Bestreben war darauf gerichtet, *den eigenen Wert nach Kräften zu erhöhen und sich selbst zum Quell aller Freude zu machen.*«[19]

Das Bestreben Senecas und der ganzen Stoa war es, das gelingende Leben, das nachhaltige Glück und Wohlbefinden eines Menschen nicht dem Zufall glücklicher Umstände zu überlassen, sondern auf tragfähige Grundlagen zu stellen, die prinzipiell jeder Mensch aus eigener Kraft herstellen kann. Sie sind in der eigenen Seele zu finden, nicht in äußeren Dingen und Umständen, denn diese hängen von zufälligen Umständen, Ereignissen und Geschehensabläufen ab. Wir sollen das Glück in uns selbst suchen, in innerer Ausgeglichenheit, in einer Grundstimmung heiterer Gelassenheit. Diese aber ist kein Geschenk äußerer Ereignisse. Kommt sie nicht von außen, kann sie uns von außen auch nicht genommen werden. »Was das Schicksal nicht gab, das entreißt es auch nicht«, sagt Seneca.[20]

Dazu ist es nötig, dass wir uns im Denken, Wollen und Bewerten daran gewöhnen, Äußeres so gering wie möglich zu veranschlagen. Wir sollen uns darauf konzentrieren, wie wir auf äußeres Geschehen reagieren und damit umgehen. Wir sollen daran arbeiten, uns innerlich weitgehend unabhängig zu machen von Äußerlichkeiten und in uns selbst alle Freude und alles Genügen zu finden. Wenn wir auf diese Weise in uns selbst eine Geborgenheit und ein stabiles Selbstvertrauen hergestellt haben, dann werden unsere Seele, unser Charakter, unsere Persönlichkeit zu einer inneren Burg, die jedem Angriff von außen standhält.

»Jedenfalls aber muss die Seele, von allem Äußerlichen absehend, sich ganz in sich selbst sammeln, muss volles Vertrauen zu sich gewinnen, muss an sich selbst ihre Freude haben, muss, was ihr gehört, hoch achten, was ihrem Wesen fremd ist, möglichst von sich fernhalten und mit sich selbst in Einvernehmen bleiben, darf Verluste nicht zu schwer empfinden und muss auch das Widerwärtige so viel wie möglich zum Besten deuten.«[21]

Vieles um uns herum weckt unsere Begierden und ist darauf angelegt, dass wir ständig Dinge begehren und konsumieren. Man will uns einreden, dass unser Glück vom Besitz dieser Dinge, von bestimmten äußeren Verhältnissen oder Zuständen abhängt. Seit jeher hat man das Glück allgemein mit solchen Äußerlichkeiten gleichgesetzt. Aber schon Demokrit und Sokrates haben darauf hingewiesen, dass dauerhaftes Glück und Wohlbehagen zum kleinsten Teil von äußeren Dingen abhängen, sondern von einer guten Seelenverfassung. Keiner hat dies so radikal zu Ende gedacht wie die stoische Philosophie und vor allem Seneca als einer ihrer herausragendsten Vertreter:

»*Unzugänglich und unüberwindlich für äußere verderbliche Einflüsse sei der Mensch, sei ein Bewunderer nicht anderer, sondern seiner selbst, habe Zutrauen zu sich und sei auf alles gefasst, sei einer, der sein Leben meistert.*«[22]

Das bedeutet keine Abschottung von der Welt. Im Gegenteil. Mit dem Bewusstsein, dass unser eigentlicher Reichtum, unser Glück und unsere Stärke in uns selbst liegen und nicht von Äußerlichkeiten abhängen, gelangen wir zu Stärke, Freiheit und Sicherheit, die uns angstfrei mit den äußeren Dingen und Verhältnissen umgehen lassen. Wir werden uns mehr einbringen und unsere Pläne und Wünsche verwirklichen, weil wir uns innerlich stark fühlen und wissen, dass wir resistent sind gegen Widerstände, Niederlagen und Rückschläge.

Ebenso wenig redet Seneca der Sorglosigkeit und Unbekümmertheit das Wort. Wo wir einem Missgeschick vorbeugen können, sollen wir das tun. Unsere auf Äußeres gerichteten Pläne, Unternehmungen und Wünsche sollen wir so zielstrebig und umsichtig vorantreiben, wie es uns möglich ist. Aber wir sollen dabei nie vergessen, dass die verfolgten äußeren Ziele von relativem Wert sind, dass unser eigentlicher Reichtum in uns liegt und von einem Scheitern unserer Unternehmung nicht geschmälert oder beeinträchtigt wird:

»Das will nicht besagen, dass ich die Sorglosigkeit empfehle. Beuge du vielmehr allem möglichen Unheil vor. Was durch Umsicht vorgesehen werden kann, das siehe vor. Was irgend dir Schaden bringen kann, das fasse, schon lange bevor es eintritt, scharf ins Auge und wende es ab. *Eben dazu wird deine Zuversicht und deine gefestigte innere Widerstandskraft sich außerordentlich behilflich er-*

weisen. Es kann sich vor dem Schicksal hüten, wer es tragen kann. Wenigstens kommt es in einer ruhigen gefassten Seele nicht zu einem Sturm. Nichts ist unseliger und törichter, als sich im Voraus zu fürchten.«[23]

Eine starke innere Burg und eine Relativierung äußerer Werte schützen uns auch davor, dass uns ein großer Glücksfall den Kopf verdreht und uns aus dem inneren Gleichgewicht bringt. Das ist durchaus kein seltener Fall und führt über kurz oder lang zu Leiden.

»Manche bringt ein Misserfolg bei Amtsbewerbung ganz außer Fassung, andere bringt die glücklich erlangte Stellung selbst um alle Lebensfreude.«[24]

Vorausschau auf mögliches Scheitern

»Wer im Voraus den Blick auf zukünftige Übel gerichtet hat, der bricht ihre Kraft, wenn sie sich einstellen.«[25]

Eine weitere sehr wirksame Empfehlung im Umgang mit dem Schicksal, auf die Seneca immer wieder hinweist, ist die innere Vorbereitung auf ein mögliches Scheitern einer Unternehmung, auf mögliche Widerstände und Schwierigkeiten, auf ungünstige Geschehensabläufe, auf Missgeschicke. Die römischen Stoiker nannten es »praemeditatio malorum«, die geistige Vorwegnahme schlechter Ereignisse. Von dem lateinischen Wort »meditari« (nachdenken, bedenken, sich vorbereiten) leitet sich unser Wort Meditation her. Bei der »praemeditatio malorum« geht es also um ein Vorausbedenken von äußeren Geschehensabläufen, die unseren Absichten und Zielen entgegenstehen oder sie vereiteln:

Der Weise, sagt Seneca, »geht an alles mit dem Vorbehalt heran: ›Wenn sich kein Hindernis in den Weg stellt.‹ Deswegen sagen wir, alles verlaufe ihm nach Wunsch, und nichts geschehe entgegen seiner Erwartung, *weil er gedanklich vorwegnimmt,* es könne etwas eintreten, das seine Absichten verhindert. Es ist unklug, ohne Vorbehalt davon auszugehen, es werde glücken. Der Weise erwägt auch einen anderen Ausgang. Er weiß nämlich, wie leicht man sich irren kann, wie ungewiss die Dinge des Menschen sind, wie viel sich den Plänen entgegenstellen kann; dem ungewissen und trügerischen Los der Dinge folgt er voller Spannung, trotz bestimmter Pläne nimmt er ungewisse Ergebnisse hin. Der Vorbehalt aber, ohne den er nichts entscheidet, nichts beginnt, schützt ihn auch hier.«[26]

Indem wir uns bei allen unseren Unternehmungen, Zielen und Wünschen, deren Erfüllung nicht allein von uns abhängt – und das sind die allermeisten –, frühzeitig bewusst machen, dass wir vielleicht nicht erfolgreich sein werden, rüsten wir uns und bereiten uns innerlich darauf vor. Läuft es dann tatsächlich anders als gewünscht, bleiben wir ruhig und gelassen. Unvorbereitet zu sein bringt uns aus dem Gleichgewicht, führt zu Ärger, Wut und Enttäuschung und löst für eine mehr oder weniger lange Dauer das Gefühl von Frustration aus. Halten wir jedoch einen schlechten Verlauf für möglich, ist die Enttäuschung deutlich geringer, sofern sie sich überhaupt einstellt. Ein positiver Nebeneffekt einer solch mentalen Vorbereitung auf einen ungünstigen Ausgang ist, dass wir bei unserer Unternehmung weniger Ängste und Sorgen entwickeln. Diese entstehen nämlich dann, wenn wir den Erfolg unbedingt wollen.

Ein solches Wollen wird auch nicht durch das häufig zu hörende Argument gerechtfertigt, dass wir nur dann unsere Ziele erreichen, wenn wir sie vorbehaltlos und mit unbedingtem Durchsetzungswillen verfolgen. Zum einen ist der Preis zu hoch. Es geht nur um äußere Ziele, die Seneca im Verhältnis zu inneren Werten gering veranschlagt. Die Rechnung wird mit einer bisweilen starken Beeinträchtigung innerer Werte bezahlt. Je intensiver wir den äußeren Erfolg wollen, umso unruhiger werden wir im Innern und verlieren unsere Mitte und Gelassenheit. Ängste und Sorgen kommen auf, die je nach Intensität und Dauer sogar Krankheiten hervorrufen. In der kompromisslosen Zielverfolgung überfordern wir uns häufig, leben einseitig und vernachlässigen andere Werte und Lebensbereiche. Schließlich ist fraglich, ob ein solches unbedingtes Erzwingenwollen tatsächlich auf Dauer gesehen bessere Resultate erbringt. Vielleicht erreicht eine besonnene Strategie, die konsequent und mit innerer Gelassenheit verfolgt wird, unsere äußeren Ziele eher als ein verbissenes Durchpeitschen. Wir sollten nicht bloß auf den einen kurzfristigen Erfolg schauen, sondern über diesen hinaus auf die vielen möglichen Erfolge, die wir noch in der Zukunft erreichen können und wollen.

Das Voraus-Bedenken von negativen Ereignissen und Verläufen ist eine mentale Übung, die nach Seneca bei jeder konkreten Unternehmung und jedem Planen, das sich auf Äußeres bezieht, angestellt werden sollte. So können wir eine stabile innere Haltung gewinnen, mit der wir jederzeit auf kleine oder größere Missgeschicke, ja selbst auf echte Schicksalsschläge vorbereitet sind:

»Man muss also alle Möglichkeiten überdenken und sich innerlich rüsten gegen alles, was da kommen kann. … Krankheit, Krieg, Schiffbruch … Jede denkbare menschliche Lebenslage muss man sich vor Augen stellen und dabei nicht auf die Häufigkeit des Vorkommens, sondern auf den höchsten Grad derselben sich im Voraus gefasst machen, wenn wir nicht unterliegen und uns nicht durch das Außergewöhnliche, als wäre es etwas Unerhörtes, betäuben lassen wollen. *Man muss das Schicksal in seiner vollen Gewalt dem Geiste gegenwärtig halten. Machen wir uns also kampfbereit gegen die Heimsuchungen des Schicksals.*«[27]

Es sind vor allem Furcht und Sorge, die wir mit einer solchen Haltung eindämmen, wenn nicht völlig fernhalten:

»Du musst immer darauf gefasst sein, mancherlei über dich ergehen zu lassen. … Die Seele kennt keine Furcht, die auf alles gefasst ist.«[28]

Weil Übung zugleich dem Abbau von Furcht und Sorgen dient, ist sie keine Schwarzmalerei und führt auch nicht zu einer trüben, pessimistischen Stimmung. Im Gegenteil: Über die Gelassenheit führt sie zur Heiterkeit. Eine solche Haltung wurzelt in dem Wissen um die Zufälligkeit von Ereignissen und Geschehensabläufen. Eine weise Lebensführung ist sich stets der Unvorhersehbarkeit der Zukunft bewusst. Vorbehaltlose Selbstsicherheit jedoch ist Hybris, nämlich Irrtum und Überschätzung der eigenen Kräfte. Sie hält das Unverfügbare für verfügbar:

»Das ist es, was uns zu der Behauptung führt, dem Weisen könne niemals etwas völlig Unvermutetes begegnen. *Wir erheben ihn nicht über die menschlichen Zufälligkeiten, wohl aber über die menschlichen Irrtümer;* nicht alles geht ihm nach Wunsch und Willen, aber seine Seele ist immer auf alles gefasst; denn er hat sich vor allem immer gesagt, es könne dem, was er vorhat, sich auch ein Hindernis entgegenstellen.«[29]

Um bei allem, was wir tun und planen, eine solche innere Haltung größter Gelassenheit und Angstfreiheit bei allem zu erlangen, ist entscheidend, dass wir unser auf Äußeres gerichtetes Wollen und Hoffen zurücknehmen und zügeln. Diese beiden Seelenkräfte haben die Tendenz, uns mit den äußeren Zielen innerlich eng zu verketten. Sie machen uns abhängig von einem guten Ausgang und anfällig und verletzbar bei Misserfolgen sowie unvorhergesehenen Verläufen. Nicht auf unser zielgerichtetes Tun sollen wir verzichten, wohl aber auf zu starkes Hoffen und Wollen.

»Lernen wir, die Enthaltsamkeit zu steigern … *ungezügelte Hoffnungen und die Sucht des Plänemachens für ferne Zukunft gleichsam in Fesseln zu halten* und es dahin zu bringen, dass wir den Reichtum mehr von uns selbst als vom (äußeren, Verf.) Glücke erwarten. Bei der großen Mannigfaltigkeit schwerer Schicksalsschläge kann es nicht ausbleiben, dass, wenn man die großen Segel ausspannt, der Sturm gewaltige Verheerungen anrichte; *man muss die Segel einreffen, um dem Schicksal kein sicheres Ziel für seine Angriffe zu bieten.*«[30]

»Enthaltsamkeit steigern« meint lediglich, unser Wollen und Hoffen zu reduzieren, nicht aber Verzicht auf unsere weltlichen

Ziele und Unternehmungen. Seneca findet ein schönes Bild für die empfohlene innere Haltung und Seelenverfassung. Wir sollen die Segel unserer Hoffnungen und unseres Wollens reffen. Wir werden nicht so schnell sein wie andere, die mit vollem Segel fahren. Doch wir werden unser Ziel sicher erreichen, der andere vielleicht nicht. Und wenn doch, wird er sich sogleich neue Ziele stecken, die er wieder mit Unruhe und Überhastung ansteuern wird. Über kurz oder lang wird ein Unwetter seinen Mast brechen und ihn auf den Meeresgrund befördern, über den wir wenig später mit gerefftem Segel in ruhiger Fahrt hinweggleiten.[31]

Im gleichen Maß, wie es uns gelingt, unsere Hoffnungen im Zaum zu halten, werden wir uns von Ängsten befreien, die häufig aus überzogenen Zukunftswünschen und ständigem Pläneschmieden erwachsen. Seneca zitiert einen Ausspruch des griechischen Philosophen Hekaton:

»›*Du wirst aufhören zu fürchten, wenn du aufhörst zu hoffen.*‹ … die Hoffnung hat die Furcht zum Begleiter. … Beide sind Regungen eines schwankenden Gemütes, das beunruhigt ist durch den Blick in die Zukunft. … *Wir dagegen quälen uns ab mit dem Zukünftigen …*«[32]

Wer sich Hoffnungen hingibt, der hat keine stabile, in sich ruhende und gefestigte Seelenverfassung, die dem Schicksal trotzen kann, sondern eine schwankende, unsichere, verletzliche. Nun kann in schwerer Zeit die Hoffnung auch Kraft geben durchzuhalten. Seneca war sich dessen sehr wohl bewusst, nennt es allerdings nicht Hoffnung, sondern Selbstvertrauen, Vertrauen in sich und die eigenen Stärken. Die Seele müsse »von allem Äußerlichen absehen, sich ganz in sich selbst sammeln, muss volles Vertrauen zu sich gewinnen …«, dann werde sie »unüberwindlich«.[33]

Hoffnung und Selbstvertrauen liegen zwar nah beieinander. Trotzdem bevorzugt Seneca das Wort Selbstvertrauen, weil es nicht auf Äußeres bezogen ist und auf den eigenen Seelenkräften aufbaut.

Seneca weist noch auf weitere Gesichtspunkte hin, die unseren Umgang mit Schicksalsschlägen erleichtern können, so etwa die Dankbarkeit für das, was uns das Leben bisher gegeben hat. Sie ist in gewisser Hinsicht die Kehrseite des zuvor Besprochenen. Anstatt auf Zukünftiges zu hoffen, sollen wir unsere Aufmerksamkeit mehr auf die vorhandenen Güter richten und dankbar sein für das, was wir haben. Der Weise »*freut sich am Gegenwärtigen*, vom Künftigen hängt er nicht ab; denn nichts Festes besitzt, wer sich auf Ungewisses eingelassen hat. Großen und die Seele quälenden Sorgen ist er daher entzogen, *hofft oder begehrt nichts und gerät nicht in Zweifel, mit dem Seinen zufrieden.*«[34]

Seneca meint, dass wir häufig dem Schicksal gegenüber ungerecht sind, wenn wir ein unterschiedliches Maß anlegen an das, was uns gewährt und was uns vorenthalten wird. Wir haben die Tendenz, das Gewährte gering zu achten und zu viel zu verlangen:

»Sieh: wie ungerecht sind Menschen, wenn sie der Götter Geschenke einschätzen … Sie beklagen sich, dass wir an Körpergröße nicht den Elefanten gleichkommen, an Schnelligkeit den Hirschen, an Leichtigkeit den Vögeln …«[35]

»Niemand weiß Dank zu erstatten außer dem Weisen.«[36]

Wir geben unseren Gedanken eine falsche Richtung, wenn wir ständig an Güter denken, die wir nicht haben, anstatt die gegenwärtigen Güter zu genießen, zurückzublicken und Freude an dem zu empfinden, was uns in der Vergangenheit Gutes widerfahren ist. Seneca beruft sich auf den griechischen Philosophen Epikur, den Meister des wahrhaft freudvollen Lebens:

»Er (Epikur, Verf.) beklagt sich unablässig, dass wir gegenüber Vergangenem undankbar seien, dass wir das, was wir an Gutem erhalten haben, nicht wieder ins Bewusstsein riefen noch zu den Freuden rechneten, obwohl keine Freude sicherer sei als die, die uns nicht mehr entrissen werden kann.«[37]

Hier klingt eine wichtige allgemeine Lebenslehre an, die auf vieles übertragbar ist. Woran wir Freude empfinden, ist keineswegs festgeschrieben. Bis zu einem gewissen Grad können wir unserem Geist und Körper beibringen, woran er Freude empfinden soll und woran nicht. Wenn wir beispielsweise immer wieder an schöne Erlebnisse zurückdenken und uns bewusst machen, wie dankbar wir dafür sein müssen, so schärfen wir unsere Sensibilität für das Gute, was uns geschenkt wird. Gleiches gilt für die schönen Augenblicke, die uns das Leben immer wieder bietet. Gehen wir nicht unachtsam darüber hinweg und nehmen wir sie nicht als selbstverständlich hin, sondern machen sie uns stets ausdrücklich bewusst, so verändert sich im Laufe der Zeit unsere Haltung. Wir werden aufmerksam auf die guten Momente des Tages und genießen sie. Auf diese Weise mehren wir die Geschenke des Schicksals. Gleichzeitig mindern sich die seelischen Auswirkungen von Missgeschicken. Wir sind nicht mehr so stark auf die Zukunft fixiert mit all dem ungewissen Hoffen und Bangen.

Unglück in Glück verwandeln – unsere Vorstellungen

Haben wir den nötigen Abstand zu den Zufällen und Missgeschicken des Schicksals gewonnen und eine gewisse Leichtigkeit und Gelassenheit erworben, mit ihnen umzugehen, dann wachsen die Fähigkeit und die Bereitschaft, selbst aus einem Missgeschick noch etwas Gutes zu machen. Selten ist das, was geschieht, nur gut oder nur schlecht. Wenn uns aber ein Ereignis niederdrückt und aus dem Gleichgewicht bringt, dann verlieren wir damit die Fähigkeit und Fantasie, etwas Gutes, Nützliches oder Lehrreiches darin zu entdecken. Seneca drückt das so aus:

»Kurz alles, was den anderen als Unglück erscheint, wird sich mildern *und zum Guten umwandeln,* wenn du dich darüber zu erheben weißt.«[38]

Wir sollten »alles, was da kommen mag, mit edler Fassung über uns ergehen lassen ohne Klage über das Schicksal, *vielmehr bereit, alles Schlimme zum Besten auszulegen*«.[39]

Wir stehen über dem Missgeschick, wenn wir uns von ihm nicht emotional vereinnahmen lassen und inneren Abstand wahren, wenn wir es nicht zu nah an uns herankommen lassen und ruhig und gelassen bleiben. Es sind letztlich unsere Vorstellungen und Gedanken, die aus einem Ereignis etwas Schlimmes oder etwas Gutes machen, aus einem Missgeschick eine Katastrophe oder eine Chance. Wenn wir sagen, dass Ereignisse selten nur gut oder nur schlecht seien, so ist das eine etwas ungenaue Formulierung. Die reinen Fakten und Geschehnisse haben für einen Stoiker an sich keine Wertigkeit. Erst dadurch, wie wir sie aufnehmen, auslegen und innerlich in unser Weltverständnis integrieren, machen wir sie im Hinblick auf unsere Ziele, Zwecke und Werte zu guten oder schlechten Ereignissen. Diese persönliche Auslegung und Bewertung, die sich häufig in Bruchteilen von Sekunden vollzieht, löst positive oder negative Gefühle in uns aus, wir fühlen uns wohl oder unwohl. Diesen Prozess können wir durch unser Philosophieren, unser Weltverstehen und unsere kritische Wertereflexion beeinflussen.

Unsere Vorstellungen von den Dingen und Geschehnissen sind daher von großer Bedeutung für einen gelingenden Umgang mit dem Schicksal. Darauf kommt Seneca immer wieder zurück:

»Es ist also die bloße Vorstellung, die uns quält, und jedes Unglück wiegt nur so schwer, wie wir es veranschlagen.«[40]

An anderer Stelle gibt er ein Beispiel, das jeder schon einmal selbst erlebt haben dürfte:

»Wem ist die Sache nicht leichter erschienen, sobald er sie nur anfasste? Nicht weil sie schwer ist, wagen wir sie nicht, sondern weil wir sie nicht wagen, ist sie schwer.«[41]

Das Thema ist sehr weitgreifend, denn alle unsere Sehnsüchte wie Ängste, Wünsche und Sorgen gehen letztlich auf unsere Wertvorstellungen zurück. Wir wünschen uns etwas, weil wir dessen Wert hoch veranschlagen und letztlich damit die Vorstellung verbinden, dass mit diesem »etwas« – sei es ein Mensch, Ding, Verhältnis oder Zustand – unser Glück befördert wird. Umgekehrt haben wir Angst oder machen uns Sorgen, weil wir glauben, dieses »etwas« schmälere unsere Freude am Leben und damit unser Glück.

»*Alles hängt von der Vorstellung ab;* nicht bloß Ehrgeiz, Üppigkeit, Habgier sind es, die durch sie bestimmt werden, auch unser seelisches Leiden heftet sich an die Einbildung.« Und Seneca kommt zu dem bedeutenden Schluss: »*Jeder ist so weit unglücklich, als er es zu sein glaubt.*«[42]

Viel hängt nach Seneca davon ab, welche Richtung wir unseren Vorstellungen geben, worauf wir uns fokussieren, welchen Gedanken und Glaubenssätzen wir nachhängen:

»Man muss sich losmachen von Klagen über Vergangenes und von Äußerungen wie die folgenden: ›Noch niemand ist es so schlecht ergangen wie mir. Was für Marter, was für Unheil habe ich auszustehen gehabt!‹ … *Es gilt also, sich von zwei Schwächen zu befreien: von der Furcht vor der Zukunft und von der Erinnerung an vergangenes Leid; das letztere berührt mich nicht mehr, das erstere noch nicht.* Ist man noch inmitten der Bedrängnisse selbst, dann mag man mit dem Dichter sagen: ›Dereinst werd ich mit Lust auch dieses Leides gedenken.‹«[43]

An anderer Stelle empfiehlt er jemandem, der gerade seinen geliebten Bruder verloren hat, die Perspektive seiner Gedanken zu wechseln:

»Wende dich von den Qualen, die dich peinigen, doch lieber dem Tröstlichen zu, das dich in so reichem Maße umgibt: blicke hin auf deine trefflichen Brüder, auf deine Gattin, auf deinen Sohn, zu deren aller Heil das Schicksal so verhältnismäßig gnädig mit dir abgerechnet hat.«[44]

Von unseren Vorstellungen werden auch das Auftreten und die Stärke von Emotionen wie Zorn oder Trauer entscheidend beeinflusst:

»Der Zorn dagegen wird durch vernünftige Vorstellungen und Mahnungen zum Weichen gebracht, denn er ist ein von unserem Willen abhängiger Fehler der Seele und gehört nicht zu dem, was man als unvermeidliche Folge unseres Menschenloses hinnehmen muss und was darum auch den Weisesten begegnet.«[45]

Zwar entsteht Zorn unwillkürlich. Aber er hält sich in der Seele nur, wenn wir uns entschließen, ihn zu nähren oder aufrechtzuerhalten. Er lässt dagegen nach und verschwindet ganz, wenn wir uns klarmachen, wie wenig hilfreich es ist, wenn wir zornerfüllt gegen das angehen wollen, was ihn verursacht hat. Handlungen im Zorn gießen nur Öl ins Feuer.

Weitere Hilfen beim Umgang mit dem Schicksal

Seneca weist noch auf weitere nützliche Übungen hin, die wir hier nur kurz erörtern wollen, da sie weniger grundlegend sind. Abhängig vom Charakter, können sie bei dem einen oder anderen aber durchaus nachhaltig wirken. So kann es nach Seneca hilfreich sein, ein Missgeschick als eine Übung in Duldsamkeit, Selbstbeherrschung und Tapferkeit zu verstehen und anzunehmen:

»*Das Missgeschick ist die Schule der Tugend.* … Wer keine Erfahrung hat, der fühlt sich durch Schicksalsschläge härter getroffen.«[46]

Wir müssen »dem Schicksal mit den Worten begegnen: ›Du hast es mit keinem Schwächling zu tun; suche dir einen, den du besiegen kannst.‹«[47]

»Die Philosophie hat eine unglaubliche Kraft, alle Gewalttätigkeit des Zufalls zuschanden zu machen. … Manchen Geschossen nimmt sie alle Wucht und fängt sie spielend in ihrem bauschigen Gewande auf, andere zerstreut sie und lenkt sie auf die Entsendenden zurück.«[48]

Hilfreich kann es sein, daran zu denken, dass auch Missgeschicke und Unglück genauso wie Glücksfälle und gute Lebensphasen vergänglich sind und dem Wandel unterliegen:

»Auch das Missgeschick hat seine Unbeständigkeit.«[49]

Und keiner bleibt von ihm verschont:

»Blicke umher im ganzen Kreise von Bekannten und Unbekannten: allenthalben werden dir Menschen begegnen, die Schwereres erduldet haben. … Lass, sage ich, alle Familien an deinem Blick vorüberziehen, du wirst keine nennen können, die so unglücklich wäre, dass sie sich nicht mit einer noch unglücklicheren trösten könnte.«[50]

Bei Trauer kann auch dies tröstlich sein:

»Nicht dich allein hat das Schicksal sich gewählt, dir so schweres Unrecht anzutun; kein Haus auf dem ganzen Erdenball ist oder war ohne Trauer.«[51]

Wie man am besten gegen eine Krankheit Vorsorge trifft, wenn man gesund ist, ist es auch hilfreich, sich gerade dann im Ertragen von Missgeschicken zu üben, wenn alles stimmig ist und wir uns in einer guten Lebensphase befinden:

»Noch inmitten völliger Sicherheit soll die Seele sich auf schwere Prüfungen vorbereiten und sich festigen gegen die Unbilden des Schicksals noch inmitten seiner Wohltaten. *Mitten im Frieden macht der Soldat seine Marschübungen.*«[52]

Die folgende Übung hat Seneca in Anlehnung an den griechischen Philosophen Epikur entwickelt:

»Bestimme von Zeit zu Zeit einige Tage, an denen du, dich begnügend mit der bescheidensten und wohlfeilsten Kost, mit grobem und rauem Gewand, zu dir selbst sagst: ›Das also ist es (die Armut, Verf.), wovor einem bange war?‹ … Das halte drei bis vier Tage aus, zuweilen noch länger, denn es soll kein Spiel sein, sondern eine ernstliche Probe … Das Schicksal soll uns nicht unvorbereitet treffen; darum eben wollen wir uns mit der Armut vertraut machen.«[53]

Da wir nie wissen können, was aus einem Missgeschick alles folgt, können wir nach Seneca auch bei fatalistischen Gedanken Zuflucht suchen:

Man solle sich bei jedem Schicksalsschlag der Worte Vergils erinnern: »›Anders wollten's die Götter.‹ Doch weit besser noch wäre hier ein anderer, kraftvollerer und gerechterer Spruch zu empfehlen, um dich innerlich zu festigen, wenn dir etwas ganz Unerwartetes zustößt: Besser meinten's die Götter.«[54]

Alle die aufgezählten Mittel und Übungen haben mit der Art unseres Denkens zu tun, mit unserer persönlichen Philosophie. Sie betreffen unser Verständnis und unsere Anschauung des Lebens, wurzeln in philosophischen Betrachtungen im weitesten Sinne, sind Ausdruck unserer inneren Haltung und spiegeln sie.

»Deshalb *gewöhnt* sich der Weise an künftige Unglücksfälle, und was andere nur durch langes Erdulden leicht machen, macht er leicht *durch langes Nachdenken.*«[55]

Zentrale Lehrsätze

- Das Schicksal und alle Geschehnisse, die man nicht ändern kann, soll man mit Gelassenheit annehmen und tapfer ertragen. Gegen das Unvermeidliche sich aufzulehnen, ist sinnlos.
- Am Schicksal können wir nichts ändern, aber wie wir es aufnehmen, verarbeiten, was wir daraus machen und welche Gefühle es bei uns auslöst, das liegt ganz bei uns.
- Mache Dich von äußeren Dingen und Umständen, soweit es geht, unabhängig und Dich selbst und Deine Werte zu der tiefsten Quelle Deiner Freuden. Wer nicht anhaftet, findet in sich selbst sein Genügen.
- Schaffe in Dir eine »innere Burg«, die von äußeren Ereignissen unangreifbar ist.
- Bei allem, was Du tust und planst, bereite Dich stets darauf vor, dass es auch anders kommen könnte. Sei immer auf mögliches Unglück gefasst. Versuche nichts zu erzwingen.

- Wer auf alles gefasst ist, der bleibt in jeder Lebenslage heiter und gelassen.
- Wer bescheiden, demütig und dankbar ist für das, was da ist, und nicht betrübt ist über das, was nicht da ist, der bleibt gelassen und lebt ein glückliches Leben.
- Unsere Vorstellungen werden von uns selbst gemacht. Die darauf beruhende Fähigkeit, durch den Wechsel der Perspektive Negatives in Positives zu verwandeln, gibt uns die Macht über das Schicksal, nämlich darüber, was es mit uns macht.

Kernzitate

- *»Die Philosophie muss unsere Schutzwehr bilden, diese uneinnehmbare Mauer, die durch das Schicksal nicht überwältigt wird trotz aller kunstvollen Angriffsmittel. Jedem Ansturm gewachsen ist die Seele, die auf alles Äußere verzichtet hat und in ihrer Burg sich zur Wehr setzt. Kein Geschoss kann bis zu ihrer Höhe dringen. Das Schicksal hat keine langen Arme, wie viele glauben; es überwältigt keinen, der sich nicht an es anklammert.«*
- *»Was ist groß? Unglück mit heiterem Herzen ertragen zu können; was kommen mag, so hinnehmen, als entspräche es deinem Wunsch.«*
- *»Wer im Voraus den Blick auf zukünftige Übel gerichtet hat, der bricht ihre Kraft, wenn sie sich einstellen.«*
- *»Die Seele kennt keine Furcht, die auf alles gefasst ist.«*
- *»Der Weise freut sich am Gegenwärtigen, vom Künftigen hängt er nicht ab.«*
- *»Wir sollten alles, was da kommen mag, mit edler Fassung über uns ergehen lassen ohne Klage über das Schicksal, vielmehr bereit, alles Schlimme zum Besten auszulegen.«*

Vergänglichkeit und Tod

»Der führt kein wünschenswertes Leben, der nicht gut zu sterben weiß.«[56]

»Was für eine Torheit, was für ein gedankenloses Übersehen der Sterblichkeit ...«[57]

Bei der Frage, wie wir mit der Welt am besten umgehen sollen, also mit dem, was um uns ist und mit uns geschieht, kommt unserer Einstellung zu Vergänglichkeit und Tod eine zentrale Bedeutung zu. Seneca beschäftigt sich in seinen Schriften besonders intensiv und ausführlich mit diesem Thema. Wie gewinnen wir ein gutes Verhältnis zur Welt, damit wir uns in ihr wohlfühlen? Nach Seneca ist das nicht möglich, ohne uns mit dem Gedanken von Tod und Vergänglichkeit tief vertraut zu machen, dem eigenen Tod wie dem uns Nahestehender. Wenn uns das Leben gelingen soll, so müssen wir, sagt Seneca, sterben lernen:

»... aber leben zu lernen, dazu gehört das ganze Leben, und, was du vielleicht noch verwunderlicher finden wirst, *sein Leben lang muss man sterben lernen.*«[58]

In der Tragödie »Agamemnon« lässt Seneca den Chor ausrufen:

»Nicht zu sterben wissen, o wie elend ist das!«[59]

»Sterben« ist hier weit zu verstehen und meint nicht bloß den Moment, die Stunden oder Tage vor dem eigenen Tod. Sterben lernen meint vielmehr, in jedem Zeitpunkt des Lebensvollzugs und in allen Erscheinungen der belebten wie der unbelebten Natur den kontinuierlichen Wandel von allem wahrzunehmen. Alles vergeht und macht Platz für Neues, alles ändert sich, nichts ist immer und ewig dasselbe. Was heute ist, gehört morgen der Vergangenheit an. Die Dinge kommen und gehen. Wir sind in einem ständigen Veränderungsprozess, sei er noch so unscheinbar. Mit der Entstehung des Lebens beginnt der Alterungsprozess. Wandel meint das Ende und Vergehen eines Zustands und das Eintreten in einen neuen.

Leben ist wesensmäßig Wandel, ist ständiges Sterben, ständiges Geboren-Werden.

Diese Allgegenwart von Wandel und Vergänglichkeit ist die Ursache von zahlreichen Problemen, die uns das Leben leidvoll, frustrierend, sinnlos und bitter machen können. Der eigene Tod bereitet uns Angst, der Tod Nahestehender Trauer, die unerträglich sein kann und bei manchen kein Ende nimmt. Liebe, Freundschaften, Beziehungen vergehen. Besitz, Erfolg, Ansehen kommen und gehen. Leben vollzieht sich im Wechsel von guten und schwierigen Phasen. Gesundheit, Wohlgefühl, Selbstvertrauen – nichts davon ist ewig. Beständig ist nur der Wandel.

Vor dieser Realität unseres Lebens dürfen wir nicht die Augen verschließen, wenn unser Leben gelingen soll. Im Gegenteil, meint Seneca: Wir müssen der Vergänglichkeit als der Grundbedingung menschlicher Existenz, auch der eigenen, offensiv, aktiv, aufrichtig und tapfer entgegentreten und sie annehmen. Wir sollten uns so lange und intensiv mit Vergänglichkeit und Tod beschäftigen, bis wir sie als unausweichliche Bestandteile unseres Lebens nicht nur akzeptieren, sondern sogar begrüßen und willkommen heißen. Wir müssen den Tod in all seinen Erscheinungsformen zu unserem Lebensbegleiter, ja zu unserem Freund machen. Dann verlieren Tod und Vergänglichkeit die Macht über uns und unser Wohlbefinden. Gelingt dies, so können wir uns damit einer Vielzahl von Problemen entledigen, die es uns so schwierig machen, ein gutes Leben zu führen.

Von dieser Auffassung war Seneca tief durchdrungen. Er wusste, dass wir es hier mit einem, wenn nicht *dem* Hauptfach der Lebensbewältigung zu tun haben.

Die Fülle des Stoffes, die Seneca uns zu diesem Thema anbietet, macht seine Darstellung nicht einfach. Immer wieder kommt er auf dieses Thema zurück, arbeitet es von Neuem durch und ändert dabei immer wieder die Perspektive. Er hinterließ uns ungezählte brillante Formulierungen und Weisheitssprüche, sodass die Auswahl schwerfällt. Möglicherweise hilft es, die verschiedenen Aspekte, die Seneca behandelt, entsprechend seiner Zweiteilung der Philosophie zunächst danach zu gliedern, ob sie eher der gedanklichen Aufbereitung und dem Verstehen der Zusammenhänge zuzuordnen sind oder der praktischen Umsetzung, dem Einüben und Verinnerlichen.

Angst und Verdrängung

Seneca ging davon aus, dass die Phänomene Tod und Vergänglichkeit uns auf vielerlei Weise seelisches Leid zufügen und das Leben erschweren können, da sie für unsere Ängste und für die meisten unserer Sorgen verantwortlich sind.

»Befreie dich vor allem von der Furcht vor dem Tode; er ist es, der uns das Joch auferlegt …«[60]

Wie eine schwere Last können uns Tod und Vergänglichkeit auf den Schultern liegen. Weil wir an Menschen, Dingen und Beziehungen hängen, fürchten wir uns oft und machen uns Sorgen. Furcht, Angst und Sorgen gründen in der Allgegenwart von Vergänglichkeit und Tod.[61]

»Ermanne dich also … gegen die Todesfurcht! Sie nämlich ist es, die uns feige macht; sie ist es, *die das Leben selbst, das sie schonen will, beunruhigt und verdirbt.*«[62]

Nach Seneca können wir unser Verhältnis zum Tod so verändern, dass er uns keine Angst mehr macht und wir frei sind von einem Großteil unserer Sorgen:

»*… denn keinerlei Furcht wird es wagen, in deine Brust einzudringen, aus der du die Todesfurcht verbannt hast.*«[63]

Wenn wir darauf gefasst sind und den Gedanken aushalten, eines Tages nicht mehr da zu sein, dann werden wir auch imstande sein, den Verlust von Dingen, Verhältnissen, ja selbst von nahestehenden Menschen zu ertragen, ohne zu verzweifeln. Wenn wir unserem eigenen Tod gelassen entgegensehen können, ihn uns vorstellen und angstfrei darüber reden können, dann bleiben wir auch gefasst, wenn etwas anderes endet:

»Es ist ebenso unvermeidlich, aus dieser Welt zu scheiden, als etwas zu verlieren, und eben in dem rechten Verständnis hierfür liegt der Trost. Wer selbst dem Untergang geweiht ist, der muss mit Gleichmut verlieren können.«[64]

Seneca wusste, wie schwer ein solcher Gedanke ist. Unser Denken und Sprechen über Tod und Vergänglichkeit sind meist theoretisch. Wir fühlen uns nicht wirklich ein in diese Phänomene und vergegenwärtigen uns nicht, dass liebe Menschen, wir selbst und unser Besitz in jedem Moment hinweggerissen werden können:

»Aber sie (die Menschen, Verf.) sind so unverbesserlich und vergessen so sehr, wohin sie ihr Weg führt und wohin sie der Wechsel der Tage treibt. Dass sie, die an einem Tage alles verlieren werden (nämlich wenn sie selbst sterben, Verf.), sich wundern, wenn sie selbst ein Verlust trifft.«[65]

Wir setzen uns mit dem Tod gedanklich nicht mit der notwendigen Intensität auseinander und weichen ihm aus, wo er uns in der Realität begegnet. Wir haben nicht verinnerlicht, dass Vergänglichkeit etwas ganz Natürliches, Alltägliches und Normales ist:

»Von diesen Menschen (den Genusssüchtigen, Verf.) setzt sich keiner zu seinem Freund ans Sterbebett, keiner bringt es fertig, den Tod seines Vaters anzusehen, der ihm doch so erwünscht kommt (weil er dann dessen Vermögen erbt, Verf.). Kaum einer begleitet die Leiche eines Mitgliedes bis zum Scheiterhaufen.«[66]

Auch im Denken weichen wir der Konfrontation aus, indem wir uns vormachen, Verlust und Ende seien weit entfernt und treffe andere, nicht uns selbst. So hat unser Seelenleben nicht die Möglichkeit, sich an Tod und Vergänglichkeit als etwas Selbstverständliches zu gewöhnen:

»Einen jeden täuscht seine eigene Leichtgläubigkeit und das eigenwillige Hinwegsehen über seine Sterblichkeit, da, wo es sich um Lieblingswünsche für ihn handelt. … Es ist also nicht Unbilligkeit des Schicksals, *sondern die Verkehrtheit der menschlichen Sinnesart,* die nie genug bekommen kann und es sich nicht gefallen lassen will, von dem zu scheiden, worauf sie doch durchaus keinen unwiderruflichen Anspruch hat.«[67]

Wer den Gedanken an Tod und Vergänglichkeit nicht hinreichend tief verinnerlicht, dessen seelische Verfassung bleibt in diesem Punkt anfällig für seelisches Leiden in Form von Angst, Furcht und Sorgen, die unser Wohlbefinden nachhaltig belasten. Diese Gefährdung hat viel mit unserem Wollen, Wünschen und Anhaften zu tun, wie Seneca bemerkt. Tod und Vergänglichkeit zu verinnerlichen, sie als etwas Natürliches anzunehmen und dies zu einer Haltung zu machen, ist ein Lernprozess. Am Ende sind wir imstande, alles jederzeit loslassen zu können. Erst wenn wir diese Gelassenheit und Leichtigkeit gewinnen, haben wir wirklich verstanden, wie tief und unauflöslich unser Leben mit unserem Sterben verbunden ist. Dann verändern sich auch unsere Emotionen und Befindlichkeiten in der Konfrontation mit den Phänomenen der Vergänglichkeit. Angst, Furcht und Sorgen nehmen ab, und gleichzeitig wächst unsere Freude am Leben.

Natur und Vergänglichkeit

Bei Seneca finden wir daher sehr häufig den Gedanken, uns immer wieder die Natürlichkeit und Unausweichlichkeit von Tod und Vergehen bewusst zu machen. Er hält sich an sein eigenes Wort, dass »nie zu oft gesagt wird, was nicht gründlich genug verstanden worden ist«.[68] In zahlreichen Varianten betont er:

»Alles Menschenwerk ist zur Vergänglichkeit verurteilt, wir leben inmitten einer Umgebung, der keine Dauer beschieden ist.«[69]

Alles, was wir haben, ist nur geliehen. Irgendwann müssen wir es zurückgeben, spätestens dann, wenn wir uns selbst der Schöpfung zurückgeben müssen:

»Was es auch sein mag, … das uns äußeren Glanz verleiht, Kinder, Ehrenstellen, Reichtum, geräumige Säle und Vorhöfe, in denen sich die Masse des vergebens um Einlass bittenden Klientels drängt, ein gefeierter Name, eine durch Abkunft und Schönheit glänzende Gattin und alle sonstigen Gaben eines unsicheren und wandelbaren Glückes – *das alles sind von fremder Hand uns geliehene Herrlichkeiten; nichts davon wird uns als dauerndes Geschenk gegeben …*«[70]

Deshalb sollten wir uns an dem Geliehenen erfreuen, solange wir es besitzen, und dafür dankbar sein, anstatt uns zu grämen, wenn es nicht mehr da ist. Polybius, einen hohen Beamten, der seinen geliebten Bruder verloren hat, tröstet Seneca mit folgenden Worten:

»Also dass du einen trefflichen Bruder gehabt hast, das lass dir als hohes Gut gelten! Denke nicht daran, wie lange du ihn hättest haben können, sondern wie lange du ihn gehabt hast. *Die Natur hat ihn dir nur geliehen;* als sie es für gut befand, hat sie ihn wieder zurückgefordert, ohne dabei sich um Befriedigung deiner Wünsche zu kümmern … (wenn die Natur schnell etwas zurückfordert, Verf.) so fällt das nicht ihr zur Last, da ihre Bedingungen ja bekannt waren, sondern den gierigen Ansprüchen der Menschenseele, *die mitunter ganz vergisst, wie es mit der Natur eigentlich bestellt ist, und niemals ihres Loses eingedenk ist,* außer wenn sie daran gemahnt wird. Freue dich also, einen so trefflichen Bruder gehabt zu haben, und rechne dir die Freude an seinem Umgang zum Guten, wenn sie für deinen Wunsch auch viel zu kurz war.«[71]

Das gilt auch im Hinblick auf den eigenen Tod und unsere Gedanken an ihn. Statt zu jammern oder uns zu ängstigen, sollten wir dankbar dafür sein, dass uns das Geschenk des Lebens zuteilwurde. Der Weise spricht zum Leben:

»Dank sei dir für das, was ich besaß und hatte. Ich habe zwar das Deinige nur gegen schweren Zins mir zugutekommen lassen; doch weil du es so befiehlst, so gebe ich es hin, trete es dankbar und willig ab. … Nimm ihn zurück, den Geist, den du gegeben, nimm ihn zurück als ein veredeltes Gut; ich sträube und weigere mich nicht … wer sich dessen bewusst ist, dass gleich bei seiner Empfängnis auch die endgültige Bestimmung über ihn getroffen sei, der wird der Vorschrift gemäß leben und mit derselben Geisteskraft zugleich auch das erreichen, dass ihn nichts von allem, was da kommen mag, unvorbereitet trifft …«[72]

Dass wir uns auf alles, was auf uns zukommt, mental vorbereiten können, fördert unsere Resilienz und Gelassenheit. Wenn wir sterben, erfüllt sich unser Schicksal. Wir kehren dorthin zurück, woher wir gekommen sind:

»Geh mutig, geh glücklich hin! Zaudere nicht! Du wirst der Natur zurückgegeben … Du tust, was du doch einmal tun musst. Bettle nicht, fürchte dich nicht, zucke nicht zurück, als gingst du einem Unheil entgegen! *Es ist die Natur, deine Mutter, die auf dich wartet,* und eine bessere, von Gefahren freiere Heimat.«[73]

»Eine große Seele gehorche der Gottheit und lasse, was das Weltgesetz gebietet, über sich ergehen, ohne zu zögern: sie wird entweder entlassen zu einem besseren Leben, um in göttlicher Umgebung ein lichteres und ruhevolleres Dasein zu führen, oder wenigstens, jedes Ungemachs enthoben, mit der Natur wieder vermischt werden und ins Ganze zurückkehren.«[74]

»*Was nach mir sein wird, ist nichts anderes, als was vor mir war.*«[75]

Was geschieht, wenn wir sterben, das geschieht jedem. Darin ist die Natur gerecht. Gibt es einen größeren Trost, fragt Seneca, als zu wissen, dass der Tod das Schicksal aller ist?

»Alle sind wir auf den Tod aufgespart. Die ganze Menschheit, die du siehst …, wird die Natur in Kürze heimrufen und bestatten, und es geht nicht ums Ob, sondern ums Wann. Früher oder später müssen wir an diesem Ziel ankommen. … Über uns alle ist der Todesspruch verhängt, und zwar nach höchst gerechtem Urteil. Denn es ist immer noch der beste Trost für solche, die sterben müssen, dass alle, die demselben Prozess unterliegen, auch dasselbe Los trifft.«[76]

Auch das Schicksal der unbelebten Natur ist es, sich ständig zu verändern, seine Form zu verlieren und eine andere anzunehmen. Nichts geht verloren, nur die Gestalt wandelt sich:

»Nichts löst sich auf, was in sich selbst zurückkehrt. Alle Elemente befinden sich in wechselndem Austausch; was das eine verliert, geht in ein anderes über, und die Natur hat alle ihre Teile wie mit einer Waage ausgewogen und überprüft sie, damit alle Verhältnisse ausgeglichen bleiben und die Welt ihr Gleichgewicht beibehält. *Alles ist in allem enthalten.*«[77]

Das ist nur ein kleiner Ausschnitt aus Senecas zahlreichen Variationen dieses Gedankens. Manche Leser mag dies ermüden, doch die Wiederholung hat eine wichtige Funktion im System der Lebenslehre Senecas. Ihm war bewusst, dass wir uns meist damit begnügen, die Tatsache der Vergänglichkeit und unseres Todes zur Kenntnis zu nehmen, um sie gleich darauf in eine Kammer unserer Seele einzuschließen. Da ruht sie nun, ohne weiter auf unser Denken und Fühlen zu wirken. Das ist Verdrängung. Der Gedanke muss von der Ebene des intellektuellen Wissens in Fleisch und Blut übergehen, soll verinnerlicht und in emotionale Intelligenz verwandelt werden und damit unser Weltbild, unsere Denk-, Wollens- und Verhaltensmuster prägen. Wie ein Computerprogramm, das im Hintergrund immer mitläuft, ist dieses Wissen dann als innere Haltung stets präsent, wenn wir einen Verlust erleiden. Unsere emotionale Reaktion auf Verluste wird eine andere sein. Zu Stein werden wir dadurch nicht. Gefühle wie Angst, Sorge, Trauer, Frustration und Ärger werden sich jedoch abschwächen und uns weniger belasten. Unser seelisches Gleichgewicht wird nicht ins Wanken geraten, oder wir werden schnell wieder zu ihm zurückfinden. Diese Fähigkeit nennen wir heute Resilienz.

Es ist wichtig, sich bestimmte wesentliche Erkenntnisse immer wieder vor Augen zu führen und bewusst zu machen. Nur so können sie dauerhaft wirken und als stets präsentes Abwehrsystem unsere Seelenverfassung vor negativen Beeinträchtigungen schützen.

Das kontinuierliche Studium lebensphilosophischer Weisheiten schafft ein geistiges Immunsystem, das zwar nicht immer das Entstehen von belastenden Affekten ausschließen wird, aber sie doch schnell überwindet und die Seele wieder in eine ausgeglichene, d. h. gute und wohltuende Verfassung bringt.

Wie intensiv und wie oft sich der Einzelne mit solchen Reflexionen über Tod und Vergänglichkeit beschäftigen sollte, hängt vor allem davon ab, wie anfällig er für ein Unbehagen gegenüber den vielfältigen Formen von Vergänglichkeit ist, und wie stark sein Wohlbefinden unter Verlustängsten leidet. Bei der Anwendung und Einübung jeder Weisheitsregel gibt es ein Zuviel und Zuwenig. Einen allgemein gültigen Maßstab gibt es nicht. Hier ist jeder aufgefordert, das für ihn richtige Maß durch Selbstbeobachtung, Selbsterforschung und Ausprobieren zu finden.

Tägliches Sterben

Nahe verwandt mit den obigen Gedanken ist ein weiterer, den Seneca immer wieder hervorhebt: Der Tod ist streng genommen nichts Einmaliges, sondern geschieht in jedem Augenblick des Lebens:

»… *wir sterben täglich.* Denn täglich wird uns ein Teil des Lebens entzogen, und selbst, wenn wir noch wachsen, nimmt das Leben auch schon wieder ab.«[78]

»*Der Tod vollzieht sein Werk an uns Tag für Tag, rafft uns nicht plötzlich dahin.*«[79]

»… *dein Leben, was ist es anderes als der Tod?*«[80]

Nicht nur unser Körper vollzieht einen ständigen Stoffwechsel. Auch unser Geist ist in ständiger Bewegung und entwickelt sich kontinuierlich weiter, macht neue Erfahrungen, überschreibt alte, lernt hinzu, gibt Irrtümer auf.

»Nichts von allem, was wir sehen, hat dauernden Bestand. *Ich selbst bin ein anderer geworden, noch während ich dies ausspreche …*«[81]

Seneca führt in einem Dialog mit dem Adressaten seines Briefes ein extremes Beispiel an:

»Aber wie der Abfall des Laubes kein schwerer Schaden ist, weil es sich wieder ersetzt, so steht es auch mit denen, welche du liebst und in denen du deines Lebens Wonne siehst: ihr Verlust kann wieder ersetzt werden, auch wenn sie nicht abermals geboren werden. ›Aber es werden nicht dieselben sein.‹ *Auch du wirst nicht derselbe sein. Jeder Tag, jede Stunde wendet dich …*«[82]

Es fällt uns schwer, dieses Argument zu akzeptieren. Dennoch: Wer von uns hat nicht schon mehrfach geliebt, gute Freunde verloren und neue gewonnen? In dem Moment, in dem eine Liebesbeziehung endet, scheint uns etwas Unersetzliches verloren gegangen zu sein. Wir können uns nicht vorstellen, jemals wieder so zu lieben. Verlieben wir uns später erneut, scheinen wir das alles vergessen zu haben. Jede neue Liebe, Beziehung, Erfahrung verdrängt eine andere, jede Bereicherung scheint mit einem Aufgeben, jeder Gewinn mit einem Verlust verbunden zu sein:

»Das Wachsen selbst, bei Lichte betrachtet, ist nichts als ein Abnehmen.«[83]

Die guten Seiten des Todes

Die Vorstellung vom Leben als einem täglichen Sterben führt zu einem weiteren Gedankenkomplex, der es uns nach Seneca möglich macht, dem Tod seinen Schrecken zu nehmen und ein positives Verhältnis zu ihm zu gewinnen. Seneca ist, wie er öfter betont, überzeugt davon, dass der Tod *»zwar wie ein Übel aussieht, tatsächlich aber kein Übel ist«*.[84]

So fremd uns der Gedanke, dass der Tod auch seine guten Seiten hat, erscheinen mag, wenn wir uns dessen stets bewusst sind, verliert der Tod seinen Schrecken und ist nicht mehr bedrückend und bedrohlich.

Was sind nun die guten Seiten des Todes? Bei einer pessimistischen Weltanschauung, wonach das Leben mehr Leid als Freude bereitet, kann der Tod als eine Erlösung vom Leiden verstanden werden, als die große Ruhe nach jahrelanger Mühsal. Wenn wir – wie wohl die meisten von uns – eine solche pessimistische Weltsicht nicht teilen, so kennen wir doch Phasen des Leidens, des Überdrusses, der Verzweiflung, der Melancholie und des Weltschmerzes. Sich daran zu erinnern, kann helfen, wenn die Vorstellung des Todes uns Angst macht. Er ist auch eine Befreiung, wer weiß schon, ob nicht zu etwas Besserem. Seneca, der kein Pessimist war, aber das Leiden der Menschheit am eigenen Leib häufig genug bitter erfahren musste, benutzt diese Argumentation insbesondere in seinen Trostschriften:

»Siehst du nicht, zu welcher Art von Leben uns die Natur berufen hat, nach deren Willen die erste menschliche Äußerung bei der Geburt das Weinen ist? Das ist der Anfang unseres irdischen Erscheinens, und ihm entspricht die ganze Reihe der folgenden Jahre.«[85]

»Wie lange noch immer wieder dasselbe? Erwachen und schlafen, Hunger haben und essen, frieren und schwitzen …«[86]

In der Trostschrift an Polybius beschreibt er den Zusammenhang ausführlicher:

»Alle jene Güter, die einen blendenden und trügerischen Lustreiz auf uns ausüben, Geld, Würden, Macht und was sonst noch das Anstaunen und die blinde Gier der Menschen auf sich lenkt – alles dies ist ein beschwerlicher Besitz, ein Gegenstand des Neides für die Blicke anderer und für die scheinbar Beglückten eine drückende Last, mehr bedrohlich als nützlich, schlüpfrig und unsicher, niemals in festem Gewahrsam; denn gesetzt auch, für die Zukunft wäre nichts zu befürchten, so ist doch schon die bloße Behütung großen Glückes eine sorgenvolle Sache. *Willst du denen glauben, die tiefere Blicke in die Wahrheit tun, so ist das Leben überhaupt eine Strafe.* … Darum missgönne deinem Bruder nicht sein Glück (den Tod, Verf.). … *Uns allen ist dieser Weg beschieden: warum weinen wir über das Verhängnis?* Nicht verlassen hat er uns, er ist nur vorangegangen.«[87]

Über das Verhängnis, also über das Unausweichliche und die Notwendigkeit des Todes, sollen wir weder trauern noch betrübt sein:

»Ohne jede Furcht vor dem, was unabwendbar ist, sei dein Herz, dagegen stets gefasst auf das, was unabwendbar ist.«[88]

Der Gedanke, der Tod befreie uns von einer Reihe Leiden, ist uralt und findet sich in allen Kulturen sowie in allen Erlösungsphilosophien und -religionen. Er ist befremdlich für diejenigen, die das Leben lieben und gelernt haben, sich an ihm zu erfreuen. Aber gerade für solche Menschen kann es hilfreich sein, gelegentlich auch die andere Seite des Lebens zu bedenken, insbesondere dann, wenn sich die Angst vor Tod und Vergänglichkeit meldet und die Stimmung eintrübt. Freude und Leid, Leben und Tod hängen notwendig miteinander zusammen. Die eine Seite auszublenden oder zu ignorieren, hilft nicht.

Seneca geht in diesem Gedanken so weit, dass er sogar den erstaunlichen Satz formuliert:

»Dass ich dich lieb habe, mein Leben, das verdanke ich dem Tod!«[89]

Diese Äußerung fällt in der Trostschrift an Marcia, eine dem Seneca nahestehende Frau. Sie hatte nicht nur ihren angesehenen Mann verloren, sondern kurz darauf auch noch ihren hochbegabten Sohn. Im unmittelbaren Kontext beziehen sich die Worte darauf, dass uns der Tod auch viel Leid ersparen kann, indem es uns immer offensteht, einem unerträglich gewordenen Schicksal durch eigenen Willensentschluss selbst ein Ende zu setzen. Sicher dachte Seneca dabei aber auch daran, dass die Unvorhersehbarkeit des Todes, der jeden Moment eintreten kann, eine Aufforderung an uns sein sollte, das Leben hier und jetzt zu genießen, an seiner Erfüllung zu arbeiten und nichts Wesentliches auf morgen zu verschieben:

»Ich will es dahin bringen, dass jeder einzelne Tag mir wie das

ganze Leben erscheine. ... Ich bin bereit zum Aufbruch, und eben dieser Umstand verhilft mir zum Genusse des Lebens, weil ich kein Gewicht darauf lege, wie lange das noch dauern wird.«[90]

Bereit sein für den Tod verhilft dazu, sich am Leben zu erfreuen. Jeder einzelne Tag wird wichtig und dankbar als ein Geschenk entgegengenommen.

»Darum eile, mein Lucilius, zu leben, und sieh jeden einzelnen Tag so an, als wäre es ein einzelnes Leben. Wer sich so gewappnet hat, wem sein Leben an jedem Tage so gut wie abgeschlossen ist, der ist frei von Sorgen: wer sein Leben von der Hoffnung (auf Zukünftiges, Verf.) abhängig macht, dem entschlüpft immer die ihm zunächst liegende Zeit und es tritt eine Art Heißhunger ein und die unseligste Furcht, die alles zur Hölle macht, die Todesfurcht.«[91]

Zuvor ruft er ihm zu:

»Dulden wir keinen Aufschub! Rechnen wir täglich mit dem Leben ab! Der größte Fehler des Lebens ist der, dass es immer unvollendet ist, dass es immer etwas zu verschieben gibt.«[92]

Wenn wir uns stets bewusst bleiben, dass unser Leben endlich ist und der Zeitpunkt seines Endes unbekannt, dann sind wir weniger geneigt, Wichtiges unerledigt zu lassen. In der Tendenz des Aufschiebens sah Seneca einen allgemeinen Charakterzug, der bei vielen Menschen anzutreffen ist. Die Menschen

»belasten sich mit Geschäften, um besser leben zu können; *auf Kosten des Lebens richten sie sich ihr Leben ein!* Mit ihren Entwürfen greifen sie weit in die Zukunft. Ferner: *der größte Verlust für das Leben ist die Verzögerung: sie entzieht uns immer gleich den ersten Tag, sie raubt uns die Gegenwart, während sie Fernliegendes in Aussicht stellt. Das größte Hemmnis des Lebens ist die Erwartung, die sich an das Morgen hängt und das Heute verloren gibt. ... Jetzt, auf der Stelle, erfasse das Leben! Auf!* Es ruft dir der größte und wie von göttlichem Geist erfüllte Dichter den heilsamen Spruch zu: Immer der beste der Tage im Leben der Menschen, der Armen, fliehet zuerst.«[93]

Wir sollen den gegenwärtigen Tag stets am höchsten schätzen, denn wir leben nur immer im Hier und Jetzt. Das Leben in seiner ganzen Fülle, Freude und Genuss, das Ergreifen der eigensten Möglichkeiten, sind nach Seneca Geschenke auch des Todes und der Vergänglichkeit. Hier erfüllt der Tod eine wichtige Funktion im Leben. Gäbe es ihn nicht, wir müssten ihn erfinden. Die unsterblichen Götter beneiden die Menschen um der Vergänglichkeit willen, denn sie ist die Wurzel aller Freuden und allen menschlichen Glücks.

Den Tod als gleichgültig ansehen

Als weiteres Mittel, die Angst vor dem Tod und vor der Vergänglichkeit zu überwinden, empfahl Seneca, dass wir uns gedanklich angewöhnen, den Tod als gleichgültig anzusehen und ihm keinen Wert beizumessen. Das entsprach der allgemeinen Lehre der Stoiker, wonach das einzig Wertvolle im Leben die Tugend sei. Für Tugend können wir auch sagen: Weisheit, innere Werte, der innere Friede, der gute Wille. Alles Äußere dagegen, seien es Besitz, gesellschaftliches Ansehen, Menschen oder Lebensumstände, sollten wir als indifferent und belanglos für unser inneres Glück betrachten. So auch den Tod. Auf diese Weise befreien wir uns und unser seelisches Wohlbefinden von äußeren Zufälligkeiten, von der Willkür anderer, von dem Geschick, das wir nicht ändern können.

»Vortrefflich erscheint mir daher der Ausspruch des Metrodorus in dem Brief, in dem er seine Schwester tröstet nach dem Verluste eines hochbegabten Sohnes: ›Sterblich ist jegliches Gut der Sterblichen‹. Damit meint er die Güter, denen die Menge nachläuft. Denn jenes wahre Gut, die Weisheit und die Tugend, stirbt nicht, es ist jedem Schwanken, jeder Unbeständigkeit entrückt, es ist das einzige Unsterbliche, das den Sterblichen zuteilwird.«[94]

Damit waren nicht Weltabgewandtheit und Flucht in die bloße Innerlichkeit gemeint. Äußerlich braucht sich an unserem Leben nichts zu ändern. Wir sollen unserer Arbeit nachgehen, gestalten, organisieren, kämpfen, streben, genießen, wünschen und wollen, wozu wir eine Neigung haben und uns bestimmt fühlen. Wir sollten uns aber von der Vorstellung lösen, unser Glück hänge davon ab, dass uns alles gelingt, was wir in der Welt betreiben. Alles Äußere ist im Grunde gleichgültig und zweitrangig; es kommt lediglich auf das Tun und Bemühen an, auf den Weg, den wir beschreiten, auf eine geordnete, friedvolle, ausgeglichene Seelenverfassung. Sie befähigt uns, mit allen äußeren Umständen zurechtzukommen und das Beste daraus zu machen. Im Zuge dieser Relativierung äußerer Werte sollten wir auch den Tod als etwas Unbedeutendes ansehen.

»Sieh den Tod als gleichgültig an, dann stehst du auch über allem, was zum Tod führt, sei es Krieg oder Schiffbruch, der Biss wilder Tiere oder schwere Trümmer, die plötzlich herabstürzen. Was können sie denn mehr tun als Leib und Seele trennen? Davor schützt keine Vorsicht, dagegen hilft kein Glück, darüber siegt keine Macht der Welt. Der Zufall hält die verschiedenen Schrecknisse solcher Wege zum Tod bereit; der Tod selbst ruft alle in gleicher Weise zu sich, und wir müssen sterben, ob die Götter zürnen oder gnädig sind.«[95]

Hier, wie in anderen Übersetzungen, wird die Formulierung »Sieh den Tod als gleichgültig an« häufig mit »Verachte den Tod« wiedergegeben. »Verachten« hat aber etwas Negatives und Ablehnendes, das Seneca nicht gemeint haben dürfte. Das lateinische Wort »contemnere« kann zwar auch »verachten« heißen, hat aber zunächst die Bedeutung, dass etwas unbedeutend, nicht beachtenswert und gleichgültig ist.[96] Die Unterscheidung ist wichtig, da »verachten« eine negative Wertung enthält, die wir eben gegenüber dem Tod wie gegenüber allen äußeren Dingen gerade nicht haben sollten. Für die Stoiker waren sie weder gut noch schlecht, sondern indifferent (griechisch: adiaphora = nicht unterschieden, durch nichts ausgezeichnet). Wir machen sie erst zu guten oder schlechten Dingen, Ereignissen oder Verhältnissen durch unsere subjektiven Wertungen. Wenn wir den Tod verachten, bewerten wir ihn als etwas Negatives, und das löst regelmäßig Angst aus. Um dies zu vermeiden, ist es nach Seneca wichtig, ihn für ebenso unwesentlich und bedeutungslos anzusehen wie äußere Güter:

»Ich aber lege dir ein Heilmittel ans Herz, das nicht nur für diese Krankheit gilt, sondern für das ganze Leben: *Sieh den Tod als gleichgültig an. Haben wir die Furcht vor ihm überwunden, so gibt es nichts Trauriges mehr.*«[97]

Können wir den Tod als gleichgültig ansehen, dann haben wir nach Seneca ein Mittel in der Hand, das uns gegen alles, was Angst machen könnte, besser schützt als jedes andere Heilmittel. Worauf wir unsere Gedanken zu richten haben, fragt Seneca und antwortet:

»Auf das, was uns gegen jede Art Waffen, gegen jede Art Feinde die besten Dienste leistet: *den Tod als gleichgültig anzusehen.* Dass der Tod etwas Furchterregendes an sich hat, bezweifelt niemand; daher die schwere Beängstigung, die er unserem Gemüt, das von Natur zur Selbstliebe neigt, bereitet; denn es bedürfte dafür keiner Vorbereitung und nachdrücklichen Schärfung (zur Überwindung der Angst vor dem Tod, Verf.), wenn wir uns durch einen natürlichen Trieb zu ihm (dem Tod, Verf.) hingezogen fühlten, wie wir uns alle zur Selbsterhaltung hingezogen fühlen.«[98]

Seneca gesteht hier ein, dass die Angst vor dem Tod einer natürlichen Neigung entspringt, denn wie alle Lebewesen haben wir einen eingeborenen Trieb zu leben und uns zu erhalten, den Seneca hier »Selbstliebe« nennt. Wo dieser Trieb uns aber daran hindert, ein gutes, erfülltes, glückliches Leben zu führen, müssen wir diesen Trieb zügeln und begrenzen. Für Seneca ging es nicht darum, bloß zu leben, sondern gut zu leben. Lieber überhaupt nicht leben als schlecht und unglücklich. Doch dieser Kampf mit sich selbst, der im Zweifel von uns fordert, dass wir uns über den Selbsterhaltungstrieb hinwegsetzen, ist gerade deshalb schwierig:

»Die Eigenliebe ist uns eingepflanzt sowie der Trieb nach Dauer und Selbsterhaltung, verbunden mit dem Widerwillen gegen die Auflösung; denn diese Auflösung, glauben viele, beraubt uns vieler Güter und nötigt uns zum Verzicht auf die Fülle von Annehmlichkeiten, an die wir uns gewöhnt haben. … Gehört also der Tod auch zu den gleichgültigen Dingen, so doch nicht zu denen, mit denen man sich leicht abfinden kann. *Es bedarf reichlicher Übung, um der Seele die Festigkeit zu geben, die imstande ist, den Anblick und die unmittelbare Nähe desselben zu ertragen. Mehr, als es gewöhnlich geschieht, müssen wir uns angewöhnen, den Tod als gleichgültig anzusehen.*«[99]

Nahe verwandt mit diesem Gedanken ist eine weitere Überlegung Senecas. Mit unserem Denken können wir uns von dem Hier und Jetzt aufschwingen zu dem, was dauerhafter ist als wir. Mit dem Denken und der Erkenntnis von dem, was Bestand hat und vielleicht ewig währt, erheben wir uns über die Zufälligkeit und Vergänglichkeit unserer Existenz, über unsere täglichen Besorgungen und befreien uns von damit verbundenen Ängsten, auch der Todesangst. Unser Tod und unser Leben kommen uns in solchen Augenblicken klein und unbedeutend vor. Das eigene Leben als gleichgültig anzusehen, mag in vielerlei Hinsicht keine gute Empfehlung sein. Aber im Hinblick auf Tod und Vergänglichkeit kann eine solche gelegentliche Besinnung helfen:

»Diese (Natur, Verf.) zu betrachten, zu erkennen und sich darin zu vertiefen, heißt das nicht, die Grenzen seiner Sterblichkeit zu überspringen und in eine bessere Welt versetzt zu werden? ›Was soll dir‹, fragst du vielleicht, ›all das nützen?‹ Bringt es auch sonst nichts ein, so doch dieses: *Ich werde wissen, dass alles beschränkt ist, wenn ich Gottes Größe ermessen habe.*«[100]

Seneca knüpft hier an eine der ersten und bedeutendsten Weisheiten des Abendlandes an. Der berühmte Ausspruch »Erkenne dich selbst!« war im Heiligtum des Apollon in Delphi eingraviert und bedeutete ursprünglich, dass sich der Mensch seiner Sterblichkeit und Beschränktheit im Verhältnis zu Gott, dem Unendlichen und Ewigen stets bewusst sein sollte. Eine solche Haltung der Demut und der Selbstbeschränkung bewahrt vor Übermut und Hybris, hat Einfluss auf zahlreiche Aspekte einer gelingenden Lebensführung und entfaltet, angemessen bedacht, eine wohltuende Wirkung für das gesamte Seelenleben.

»Winzig nur ist das Leben des Menschen, von erhabener Größe jedoch die Geringschätzung dieses Lebens. Wer es wenig achtet, wird gefasst die Meere toben sehen ...«[101]

Damit meint Seneca, dass eine solche Haltung die Angst vor den Naturgewalten und damit auch die Angst vor dem Tod überwinden hilft. Diese Kraft zur Überwindung der Angst rührt auch daher, dass wir bei dem gedanklichen Erfassen des Ewigen spüren, dass wir in einer solchen Meditation gleichsam teilhaben an dem Unvergänglichen. Wenn etwas in uns das Ewige denken und erfassen kann, haben wir dann nicht etwas in uns, das ewig währt?

Zum Sterben bereit sein

Als Konsequenz aus der philosophischen Geringschätzung des Lebens folgt ein anderer Gedanke Senecas, der dabei helfen kann, dass wir uns über unsere Alltagsprobleme erheben. Das gelingt uns nach Seneca dann am besten, wenn wir uns innerlich bereit machen für den Tod.

»Das Sterben selbst ist nichts Großes. Wenn wir also glücklich sein und nicht von der Furcht vor Menschen, Göttern, Welt gequält sein wollen, wenn wir auf das zufällige Glück mit seinen leeren Versprechungen und hohlem Drohen herabsehen wollen und wenn wir ruhig leben und mit den Göttern selbst an innerem Glück wetteifern wollen, *dann müssen wir unser Leben in Bereitschaft halten* (um es jederzeit zurückzugeben, Verf.).«[102]

Wir können an dem Zitat ermessen, welch hohen Rang Seneca dieser inneren Bereitschaft zum Tod einräumt. Sie ist für ihn der

Weg zum Glück, denn wir überwinden nicht nur die Furcht vor dem Tod, sondern auch die vor den Handlungen und Äußerungen anderer Menschen, vor Gott und der Welt. Damit werden wir unabhängig von äußeren Geschehnissen und Zufällen.

»Bei so unaufhörlichem Auf-und Abschwanken aller menschlichen Dinge musst du alles, was möglicherweise eintreten kann, als dir wirklich bevorstehend ansehen; sonst räumst du dem Unglück eine Macht über dich ein, die derjenige bricht, der beizeiten sich vorsieht.«[103]

Wer sich beizeiten vorsieht, dass er einst sterben wird, macht sich nach Seneca sogar unabhängig von seinen körperlichen Befindlichkeiten. Seneca vertritt hier eine Art Erlösungslehre, die an die buddhistische Lehre von der Befreiung vom Leiden erinnert:

»Willst du dich unabhängig machen von deinem Körper?«, fragt Seneca und antwortet: »Dann bewohne ihn als ein zur Auswanderung Bereiter. Stelle dir vor, dass du einst auf diese Gemeinschaft verzichten musst; dann wirst du mutiger sein, wenn es gilt, ihn zu verlassen.«[104]

Gerne zitierte er einen Ausspruch von König Leonidas, Führer der 300 tapferen Spartaner, die bei den Thermopylen das riesige Heer der Perser aufhalten sollten:

»Genießet jetzt euer Frühmahl, bereit, die Abendmahlzeit in der Unterwelt zu halten.«[105]

Den Tod vor Augen, kämpften die Spartaner so mutig, dass sie ohne Verrat nicht zu überwinden gewesen wären. Die Bereitschaft zum Tod, angemahnt in den angeführten Zitaten, mag uns befremdlich vorkommen. Der zugrunde liegende Gedanke ist jedoch konsequent und kann bei genügender Übung zu einer Leichtigkeit des Seins führen, das sich am Leben erfreut und das Gegenteil von Todesverdrängung ist. Im Bewusstsein halten wir die Tatsache wach und gegenwärtig, dass wir nur leben unter der Bedingung der Vergänglichkeit.

Das Bedürfnis, sich und sein seelisches Wohlbefinden durch die

Bereitschaft zum Tod unabhängig von körperlichen Befindlichkeiten, Zuständen und Leiden zu machen, kann leicht als Körper- und Lustfeindlichkeit missverstanden werden. Klein ist der Schritt zu Melancholie, Weltabgewandtheit und Pessimismus. Es gilt bei dieser Hinwendung zum eigenen Inneren das richtige Maß zu wahren. Denn es geht gerade darum, die Freude am Leben zu erhöhen, innere Ruhe und Ausgeglichenheit zu erreichen, zu stabilisieren und vor beunruhigenden und leidvollen Ängsten zu schützen. Wir sollen der allgegenwärtigen Tatsache von Tod und Vergänglichkeit furchtlos ins Auge sehen, sie als natürliche und notwendige Gegebenheit anerkennen, mit dem Gedanken an den Tod Frieden schließen und uns mit dem Tod befreunden. Dabei kann das gelegentliche Bedenken des Ewigen in seinem Verhältnis zu der Winzigkeit und Flüchtigkeit unseres menschlichen Lebens hilfreich sein. Es ist verständlich, dass sich christliche Denker gerne auf Seneca beriefen.

In dem Ausdruck »beizeiten sich vorsehen«, den Seneca im Hinblick auf Verlust, Vergänglichkeit und Tod empfiehlt, wird deutlich, dass es sich hier um Weisheitsdenken handelt. Weisheit wird im Lateinischen ursprünglich auch mit dem Wort »prudentia« bezeichnet, das sich von »providere« herleitet und vorausschauen bedeutet.[106] Weisheit ist ein Abwägen von kurzfristigen und langfristigen Folgen einer Handlung und einer Entscheidung. Es kann nicht genug betont werden, dass Seneca der Auffassung war, dass wir in der inneren Einstellung zum Tod den Schlüssel zu unserem Lebensglück in der Hand haben, einem Glück, das – wie er sich ausdrückt – mit dem der Götter wetteifern kann, mit anderen Worten: nicht mehr gesteigert oder überboten werden kann. Dieses Glück ist weltliche Glückseligkeit und Erfüllung unserer tiefsten Bedürfnisse.

Übe dich im Sterben

Wir kommen zum Ende dieses wichtigen Kapitels der Lebensschule. Um die innere Bereitschaft für den Tod zu erlangen, die zugleich den Weg zu unserem Glück darstellt, müssen wir nach Seneca das Sterben lernen. »Gedenke des Todes«, sagt Seneca und nimmt damit ausdrücklich die berühmte Formel Epikurs auf: »Übe dich im Sterben«. Wir müssen den Gedanken an den Tod und an das Sterben üben. Nur so wird die Gelassenheit dem Tod und der Vergänglichkeit gegenüber zu einer inneren Haltung. Sie verfestigt sich in einer Weise, dass sie unser Denken, Fühlen, Werten und Handeln prägt. So wird verhindert, dass sich Angst, Sorgen und Erschütterungen einstellen in Situationen, in denen wir sonst unter solchen Gefühlen leiden würden. Seneca beruft sich auf Epikur:

»Epikur sagt: ›Gedenke des Todes‹ … Der Sinn ist klar: … *sterben zu lernen. … Wer so spricht, heißt uns der Freiheit eingedenk zu sein. Wer zu sterben gelernt hat, hat verlernt, Sklave zu sein.* … Nur eine Kette gibt es, die uns gefesselt hält, das ist die Liebe zum Leben. Wir wollen sie nicht von uns weisen, aber wir müssen ihren Druck mindern …«[107]

Seneca spricht hier den bereits erwähnten Antagonismus von Todesbereitschaft und Lebenswillen an. Es gehe nicht darum, den Lebenswillen zu negieren, sondern ihn zu relativieren, damit wir nicht in leidvolles und ängstliches Anklammern verfallen.

Die Übung im Sterben hilft nach Seneca darüber hinaus, uns in unserer gesamten Lebensführung für das richtige Maß zu sensibilisieren. Wer sich seiner Endlichkeit und Beschränktheit bewusst ist, der wird nicht das Unmögliche wollen und anstreben. Er wird sich auf das Erreichbare konzentrieren und mit dem Möglichen begnügen. Da die Frage des richtigen Maßes in allen Lebensbezügen von grundlegender Bedeutung für ein gelingendes Leben ist, gewinnt auch die Übung im Sterben und das Meditieren über den Tod für Seneca einen fundamentalen und universalen Charakter:

»Ist es nicht, mein Lucilius, geradezu Wahnsinn, dass keiner von uns daran denkt, dass er sterblich, und keiner, dass er ein schwaches Menschenkind sei? … *Nichts aber kann dir für die Maßhaltung in allen Dingen so nützlich sein als ein häufiges Denken an die Kürze des Menschenlebens und zugleich an seine Unsicherheit. Was du auch tun magst, bedenke das Ende!*«[108]

Daraus wird verständlich, dass – so Seneca – das Sterben-Lernen unerlässlich ist für das Leben-Lernen.

»Suchen wir also eine derartige Stimmung uns zu eigen zu machen, … dass wir ohne Betrübnis an unser Ende denken. *Wir müssen uns eher auf den Tod als auf das Leben vorbereiten.*«[109]

Das ist eine der vielen Zuspitzungen, auf die wir bei Seneca immer wieder stoßen. In ihnen versucht er, eine Wahrheit eindringlich und einprägsam zu verdichten, sodass sie bei dem Leser als Ermahnung, Aufmunterung und Appell zum Nachdenken ankommt und einen förderlichen Veränderungsprozess anstößt. Die Wahrheit, die Seneca im Auge hat, ist, dass wir uns um das Leben stets, um den Tod praktisch nie kümmern. Unser Lerndefizit im Hinblick auf den Tod ist erheblich größer als im Hinblick auf das Leben.

Das »Übe dich im Sterben« regelmäßig, aber maßvoll praktiziert, macht den Übenden nicht schwermütig oder depressiv, sondern heiter und lebensbejahend. Es nimmt weg oder vermindert, was uns der Lebensfreude beraubt: Ängste, Sorgen, innere Unruhe, übermäßiges Trauern und leidvolles Anhaften:

Die »Philosophie macht ihre Jünger heiter auch angesichts des Todes … Es handelt sich hier … um eine Sache, die lange gelernt sein will …«[110] »Wer nicht sterben will, der hat überhaupt nicht leben wollen. *Denn das Leben ist uns nur mit der Bedingung des Todes gegeben;* dieser ist das Ziel des Lebens. … *heiter empfängt den sich nähernden Tod niemand als der, welcher sich lange schon auf ihn vorbereitet hat.*«[111]

Ob und inwieweit wir den Tod wirklich heiter und gelassen empfangen, wenn die Stunde naht, das wird sich zeigen. Es geht nicht um die eine Stunde, die sein mag, wie sie will. Wir haben unser Möglichstes getan, auch diese Stunde würdig und gefasst zu durchstehen, möglichst mit erfülltem Herzen und dem befriedigenden Gefühl, gut gelebt zu haben. Es geht aber vor allem um die Stunden, Tage, Monate, Jahre und Jahrzehnte davor. Wollen wir unser Leben heiter, gelassen und freudvoll erleben, so hilft es, wenn wir uns frühzeitig mit dem Tod befreunden und die Vergänglichkeit als einen notwendigen Teil des vitalen Lebensprozesses verstehen. Wer lernen will, gut zu leben, muss lernen, gut zu sterben.

Zentrale Lehrsätze

- Wir können unsere Angst vor Tod und Vergänglichkeit überwinden, indem wir uns mit dem Tod anfreunden, denn er ist ein natürlicher Teil des Lebens.
- Wir müssen uns darin üben, den Tod als gleichgültig anzusehen. In der Bereitschaft zum Tod vollendet sich der Mensch.
- Was geschieht, wenn wir sterben, das geschieht jedem.
- Dass alles vergeht, was wir lieben, einschließlich unserer eigenen Person, das ist auch die Voraussetzung dafür, dass wir überhaupt Freude erleben können.

Kernzitate

- *»Nichts von allem, was wir sehen, hat dauernden Bestand.«*
- *»Alles ist nur geliehen und wird uns nicht auf Dauer gegeben.«*
- *»Dass ich dich lieb habe, mein Leben, das verdanke ich dem Tod!«*
- *»Ich will es dahin bringen, dass jeder einzelne Tag mir wie das ganze Leben erscheine.«*

- *»Der führt kein wünschenswertes Leben, der nicht gut zu sterben weiß.«*
- *»Sieh den Tod als gleichgültig an. Haben wir die Furcht vor ihm überwunden, so gibt es nichts Trauriges mehr.«*
- *»Wir müssen unser Leben in Bereitschaft halten, um es jederzeit zurückzugeben.«*
- *»Was du auch tun magst, bedenke das Ende! Bedenke die Kürze des Menschenlebens!«*

Besitz

»Wer sich hat, der kann nichts verlieren. Aber wie wenigen ist es beschieden, sich zu haben!«[112]

Bedeutung des Besitzes für ein gelingendes Leben

Wenn wir lernen wollen, gut mit der Welt und der Wirklichkeit umzugehen, sodass wir ohne Störungen von außen innerlich wachsen, reifen, erblühen und widerstandsfähig gegen Schicksalsschläge werden, dann kommt es wesentlich darauf an, welche Haltung wir zu Besitz, Geld und Vermögen einnehmen. Besonders in den hoch industrialisierten, wirtschaftlich starken Ländern, in denen dem Besitzstand ein hoher, von vielen Menschen der höchste Wert beigemessen wird, kommt auch unserem Umgang mit materiellen Dingen eine Schlüsselfunktion für unser Wohlbefinden zu. Ein Großteil unserer seelischen Probleme und der Schwierigkeit, gut zu leben, ist auf unsere Einstellung zu Besitztum zurückzuführen. Was wir haben, genügt uns nicht, und wir träumen von Dingen, die wir uns häufig nicht leisten können. Für die Verwirklichung unserer Sehnsüchte und Pläne fehlt das notwendige Geld. Unsere Sorgen und Ängste haben oft mit finanziellen Erwartungen und Wünschen zu tun. Viel Ärger und Streit entstehen aus materiellen Verlusten oder aus dem Ausbleiben erhoffter Gewinne. Neid entzündet sich überwiegend am Besitz, seltener an seelischen oder geistigen Werten. Gier ist in aller Regel Habgier. Ansehen und gesellschaftliche Stellung werden oftmals vom Geldbeutel bestimmt. Den Wert eines Menschen bemessen viele nach seinem Vermögen. Welch ein Druck geht von diesen weitverbreiteten und tief sitzenden Mustern im Denken, Bewerten und Wollen auf die Menschen aus!

Das war früher nicht anders. Zu Lebzeiten Senecas hatten Reichtum, Luxus, Prunk und Überfluss in den Villen, Palästen und Landgütern der privilegierten Schichten Roms und der größeren Städte des Römischen Reiches ein unvorstellbares Ausmaß. Unter der Bevölkerung, die diese paradiesischen Verhältnisse täglich vor Augen hatte, herrschte eine ähnliche Faszination für materielle Dinge wie heute. Wie wir täglich von den unermesslichen Vermögen und Besitztümern der Superreichen, von sieben- und achtstelligen Jahresbezügen der Topmanager und Spitzensportler, von den Firmenimperien erfolgreicher Familienclans hören, so waren auch damals grenzenloser Luxus und sündhaft teure Extravaganz das Tagesgespräch in allen gesellschaftlichen Schichten und lösten Wünsche, Neid und Habgier aus.

Um einen Eindruck von den damaligen Verhältnissen in Rom zu geben, sei darauf verwiesen, dass die Reichen in Rom Feste gaben, von denen die aufwendigsten umgerechnet Millionen von Euro kosteten. Exotische Leckerbissen wurden aufgetischt, die schon damals über Tausende von Kilometern aus fernen Ländern herbeigeschafft wurden, ständig mit frischem Eis gekühlt. Das Forum Romanum war ein monumentales Juwel aus Marmor. Für die Bevölkerung der Millionenstadt Rom war das Brot umsonst. Zur Unterhaltung des römischen Volkes wurde ein Stadion gebaut, das 250.000 Menschen fasste; alle hatten freien Zutritt zu öffentlichen Veranstaltungen. In einer solchen Gesellschaft erlangten materielle Werte, Geld und Vermögen die gleiche allgegenwärtige und beherrschende Bedeutung in den Köpfen und Herzen der Menschen wie heutzutage. Und sie riefen die gleichen seelischen Belastungen und Beschwerden hervor, unter denen der moderne Mensch im 21. Jahrhundert leidet. So verwundert es auch nicht, dass Seneca die Habsucht einmal als die »verheerendste Pest der Menschheit« bezeichnete.[113] Er empfahl, ihr »den Abschied zu geben«, dann habe man »vom Ehrgeiz nichts zu fürchten«. Seine Worte offenbaren, dass auch damals viele Menschen unter gesellschaftlichem und materiellem Erfolgsdruck litten.[114]

In den alten Schriften der Inder und Chinesen ist zu lesen, ein geruhsames Leben beginne mit der Verstopfung der Sinne, da die sinnlichen Eindrücke die Begierden wecken. Das war im alten Rom das Problem und ist es noch heute, allerdings heute in weit stärkerem Ausmaß: Unsere Sinne werden durch globale Vernetzung und allgegenwärtige Medien- und Werbepräsenz ständig mit Reizen überflutet. Wie gehen wir mit diesen Problemen um? Wie sollen wir uns zu materiellen Dingen, zu Besitz, Vermögen, Reichtum und Armut verhalten?

Besitz selbst ist weder gut noch schlecht

Seneca hat dazu eine sehr klare Haltung: Auch im Hinblick auf Besitz geht er von der stoischen Grundauffassung aus, dass nicht die Dinge selbst gut oder schlecht sind, sondern es erst werden durch unsere Vorstellungen von ihnen. Gut oder schlecht, förderlich oder schädlich, nährend oder zehrend sind nicht die materiellen Güter selbst, sondern was wir in unserem Denken, Wollen und Bewerten aus ihnen machen. Unsere Vorstellungen und die daraus erwachsenden bewussten oder unbewussten Werte bestimmen unsere Einstellung. Für den gelingenden Umgang mit Besitz, Vermögen, Reichtum oder Armut ist nicht entscheidend, ob wir viel oder wenig haben, sondern wie unsere innere Haltung zu dem Vielen oder Wenigen ist, das wir besitzen. Es kommt darauf an, welchen Wert und welche Bedeutung für unser Leben wir dem Besitz in dem Ganzen unserer Seelenverfassung mit ihren vielfältigen unterschiedlichen Bedürfnissen einräumen.

Demnach betont Seneca zunächst, dass der Besitz[115] an sich wertfrei und für unsere letzten Lebensziele bedeutungslos ist, mag es auch für viele anders scheinen. Von seinem Lehrer Attalus hatte Seneca gelernt, dass wir uns die Bedeutungslosigkeit und Leerheit des Reichtums

»immer wieder durch den Kopf gehen lassen sollen«, damit wir erreichen, »wahrhaft glücklich zu sein, nicht bloß so zu scheinen«.[116]

An anderer Stelle schreibt Seneca:

»*Kein anderer ist würdig des Gottes, als wer den Reichtum als gleichgültig ansieht.*«[117]

»Gleichgültig«, also neutral für Glück und Wohlbefinden heißt nicht, dass Besitz oder Reichtum etwas Schlechtes sind und wir sie zurückweisen sollten, wenn sie uns zufallen oder wir sie uns erarbeiten. Seneca fährt fort:

»Ich will dir Reichtum nicht etwa untersagen; *aber ich will dir dazu verhelfen, dass dir ebendieser Reichtum keine Angst und Sorge mache. Es gibt nur einen Weg, dies zu erreichen: Du musst dich innerlich durchdringen mit der Gewissheit, dass du auch ohne ihn glücklich leben würdest; du musst ihn immer als etwas ansehen, das dir auch verloren gehen kann.*«[118]

Mit großem Besitz, aber auch ohne einen solchen, können wir glücklich leben. Für unser Wohlbefinden ist sein Vorhandensein wie seine Abwesenheit ohne Bedeutung. An einer wichtigen Stelle in seinem Buch »Vom glücklichen Leben« rückt er ab von der strikten Wertneutralität oder Wertlosigkeit des Reichtums und aller äußeren Güter, wie ihn die alte stoische Philosophie vertreten hatte. Dort räumt Seneca dem Reichtum einen relativen Wert ein und argumentiert damit ähnlich wie Aristoteles 400 Jahre zuvor. Er war der Meinung, dass Besitz, der über das Lebensnotwendige hinausgehe, zwar keine Bedingung sei für ein glückliches Leben, zur »Glückseligkeit« aber beitragen könne, insofern er dem Besitzenden die Möglichkeit gebe, mehr Gutes zu tun.[119] So schreibt Seneca:

»Wie kann aber ein Zweifel darüber bestehen, dass dem Weisen der Reichtum mehr Gelegenheit bietet, seinen Geist vielseitig zu entfalten, als die Armut? ... bietet doch der Reichtum einen weiten Spielraum für Bewährung von Unmäßigkeit, Freigebigkeit, Achtsamkeit, ordnenden Überblick und Großzügigkeit.« [120]

Seneca argumentiert, dass der Weise wohl imstande ist, körperliche Schwächen oder Defekte heiter zu ertragen, sich aber wünschen würde, stark und unversehrt zu sein. Und verallgemeinernd:

»Es gibt so manches, was zwar für den Kern der Sache wenig in Betracht kommt und uns ohne Vernichtung des Hauptgutes (Tugend, Verf.) entzogen werden kann, was aber gleichwohl zur dauerhaften Freude beiträgt«, die aus der »Tugend« entspringt, d.h. aus der richtigen inneren Haltung. »Der Reichtum regt den Weisen an und heitert ihn auf, ähnlich wie den Seereisenden ein günstiger, die Segel schwellender Wind, oder wie ein heiterer Tag und sonniger Platz im Winter und bei Frost.«[121]

Für ein gelingendes Leben sind äußere Güter zwar nicht notwendig, können aber bei richtiger Einstellung und richtigem Umgang die eine oder andere angenehme Begleiterscheinung haben oder die Möglichkeiten zum guten Handeln in der Gesellschaft vergrößern. Hier stoßen wir in der Philosophie Senecas auf einen scheinbaren Widerspruch. Löst man einzelne Formulierungen aus dem Kontext und hält sie unkommentiert gegeneinander, so scheinen sie nicht miteinander vereinbar zu sein. So rät Seneca häufig, wir sollten den Reichtum verachten, zurückweisen, verschmähen oder verwerfen.[122] Der Widerspruch löst sich aber auf, wenn wir bedenken, dass Seneca auf verschiedenen Ebenen und in unterschiedlichen Bezugssystemen argumentiert.[123] Liegen Glück und Unglück in der eigenen Seele, im richtigen Umgang mit dem eigenen Seelenleben, in der inneren Ausgeglichenheit, so haben äußere

Dinge keinerlei Bedeutung für unser Streben nach einem guten und erfüllten Leben. Insofern wir aber einen Körper haben und in der Außenwelt existieren, suchen wir ein gutes Verhältnis zu ihr. Auch haben wir existenzielle Bedürfnisse, die wir nur in der Außenwelt befriedigen können. So lebt auch der Weise wie jeder andere Mensch in der Welt. Dabei verfolgt er Ziele und Zwecke, hat Wünsche und Überzeugungen und steht dafür ein. Insofern gewinnen äußere Dinge, Ereignisse und Verhältnisse einen gewissen Wert, bleiben aber für das seelische Gleichgewicht und Innenleben wertneutral.[124] Je nachdem, auf welcher Ebene Seneca gerade spricht, kommt es folglich zu anderen, teilweise voneinander abweichenden Aussagen, ohne dass dies einen Widerspruch darstellen würde.

Deutlich wird dies, wenn wir den Rest des Textes hinzunehmen, aus dem zuvor mehrmals zitiert wurde. Seneca fährt fort:

»Welcher Weise ferner - ich rede von den unsrigen (den Stoikern, Verf.), denen die Tugend als einziges Gut gilt – stellt in Abrede, dass die Dinge, die wir als gleichgültig bezeichnen, gleichwohl einen gewissen Wert haben und eine Abstufung dieser Werte zeigen? Manche von ihnen schätzt man bis zu einem gewissen Grade, auf einige legt man hohen Wert. Lass dich also nicht irre machen: der Reichtum gehört (auf dieser Ebene, Verf.) zu den geschätzten Dingen.«[125]

Er nimmt den Einwand vorweg, dass er damit dem Reichtum einen gleich hohen Wert beimesse wie viele andere, und erwidert darauf, dass dies nicht der Fall sei:

»Willst du wissen, inwiefern dies nicht der Fall ist? Wenn der Reichtum mir entschwindet, so nimmt er mir nichts weg außer sich selbst; du aber wirst in solchem Falle außer dir sein und dir selbst wie verloren vorkommen, wenn er dich verlassen hat; bei mir hat der Reichtum einen beliebigen Rang, bei dir den höchsten; mein Reichtum steht an letzter Stelle, du aber bist Sklave deines Reichtums.«[126]

Auf sein eigentliches Leben, auf seine inneren Werte, hat der Besitz bei Seneca keinen Einfluss.[127] Nichts geht ihm verloren, wenn er ihn verliert. Auf dieser Ebene ist er bedeutungslos. Im äußeren Leben mag ihm dagegen eine relative Bedeutung zukommen.

Diese begrifflichen Spannungsverhältnisse und scheinbaren Widersprüche sind bei Seneca kein Mangel. Er wusste, dass Weisheitssätze oder ethische Leitlinien nicht eins zu eins auf jede Lebenssituation angewendet werden können. Dies auch deshalb, weil häufig nicht nur ein einziger Grundsatz oder Wert auf dem Spiel steht und beachtet werden muss, sondern mehrere gleichzeitig. Wir sollten nach Seneca bei jeder Handlung möglichst unser ganzes Seelenleben mit seinen unterschiedlichen Befindlichkeiten in Betracht ziehen.

»Das ist die Hauptquelle unserer Fehler«, sagte er einmal, »dass wir alle bei unseren Entschließungen das Leben immer nur stückweise in Betracht ziehen, niemals das Ganze.«[128]

So kann es in einer konkreten Situation, in der mehrere Werte gegeneinander abzuwägen sind, dazu kommen, dass wir eine Weisheit nur in modifizierter Form anwenden, um gleichzeitig anderen Grundsätzen gerecht werden zu können. So mag der Besitz für unsere innere Harmonie und unsere Glückseligkeit bedeutungslos sein. Haben wir aber Familie, so ermöglichen ausreichende finanzielle Mittel den Kindern eine angemessene Ausbildung. Sie sind wünschenswert und hilfreich, aber nicht notwendig, denn auch ohne Vermögen können wir die Kinder zu glücklichen Menschen erziehen oder ihnen zumindest die inneren Voraussetzungen dazu mitgeben.

Es ist diese Weichheit und Anpassungsfähigkeit im praktischen Umgang mit ethischen Leitsätzen und Weisheiten, die Senecas Philosophie insgesamt lebbar und reich machen. Sie betreffen den zweiten Teil seiner praktischen Philosophie, der sich mit der Anwendung und Umsetzung philosophischer Einsichten beschäftigt; sie sind keine Inkonsequenz oder Beliebigkeit in den Prinzipien. In der Ethik und Weisheitslehre herrscht ein anderer Grad von Präzision, worauf bereits Aristoteles hingewiesen hat.[129] Die Bezeichnung einer solchen Philosophie als »Lebenskunst« hat in dieser notwendigen Weichheit und begrifflichen Unschärfe ihre sachliche Rechtfertigung. Auch die antike Idee der »schönen Seele« als Ausdruck einer weisen Lebensführung und Nietzsches Vorstellung von einer ästhetischen Lebensgestaltung zeigen die Nähe von praktischer Philosophie und künstlerischer Gestaltung, von Ethik und Ästhetik.

Diese Unbestimmtheit, die aus der Komplexität der zugrunde liegenden Probleme und der Vielfalt der Sachverhalte herrührt, ist der Grund für die Schwierigkeiten im Umgang mit Besitz. Für Seneca beginnen die Probleme dort, wo wir relative Werte für absolut halten und sie zum Maßstab machen für unser eigentliches Leben, unser inneres Wohlbefinden und unseren Seelenfrieden. Das ist es, was er seinem Freund, dem »Epikureer« Lucilius, vorhält, wenn er sagt, dass ihn, Seneca, ein Besitzverlust gar nicht berührt, während Lucilius »außer sich gerät und sich wie verloren vorkommt«.[130] Er hat sich selbst verloren, weil er sich innerlich mit dem Besitz identifiziert hat, ihn in seinem Denken, Wollen und Handeln zu einem Teil seiner selbst gemacht und ihm für sein eigentliches Selbst einen Wert beigemessen hat, anstatt ihn als gleichgültig und wertneutral anzusehen. Dabei hat er diesen Wert bewusst oder unbewusst so hoch veranschlagt, dass er im Falle des Verlustes das Gefühl hat, er habe sich selbst, d.h. seine Seele, seine Identität verloren, obgleich ihm nur Äußerliches abhandengekommen ist. Ebendieser psychische Mechanismus wird bei vielen, wenn nicht sogar bei den meisten Menschen in Gang gesetzt, sobald sie eine Einbuße an Besitz erleiden oder ein erhoffter Gewinn ausbleibt. Negative Auswirkungen auf die Seelenverfassung und der Verlust an Lebensfreude sind die Folge. Deshalb sollten wir nach Seneca alles daransetzen, uns diesem Mechanismus entgegenzustemmen und ihn möglichst gänzlich aufzuheben.

Besitz ist nur geliehen

Der vorhergehende Abschnitt gipfelt in der Aufforderung Senecas, dass wir uns »innerlich mit der Gewissheit durchdringen sollen«, auch ohne größere Besitztümer glücklich leben zu können.[131] Er äußert sich auch dazu, wie dieser Prozess der Verinnerlichung konkret vonstattengehen soll:

»...du musst den Besitz immer als etwas ansehen, das dir auch verloren gehen kann.«

Seneca greift hier einen Gedanken auf, dem wir auch in der griechischen Philosophie schon früh und häufig begegnen. Ihm kommt eine große Bedeutung für unser Verhältnis zu äußeren Dingen zu: Wir sollen uns daran gewöhnen, sie bloß als »geliehen« anzusehen. Wir haben kein unverbrüchliches Anrecht auf sie. Sie kommen und gehen, und wir haben nur einen bedingten Einfluss darauf, wann und wie lange wir sie besitzen. In jedem Moment können wir sie verlieren.

So war es immer und wird es immer bleiben. Jeden Tag verlieren wir etwas, jeden Tag erhalten wir etwas. Je mehr wir den Gedanken des ständigen Kommens und Gehens von Dingen verinnerlichen, umso mehr lösen wir unsere innere Anbindung an materielle Werte, fühlen uns freier und mildern die vielfältigen Belastungen, die von Sorgen und Ängsten um unseren Besitz ausgehen. Denn der einzige Besitz eines Weisen sei seine Weisheit, sagt Seneca, »alles Übrige hat er nur geliehen«.[132] Die rechte Sinnesart wäre es, wenn es in unserem Denken und Sprechen die Worte Verlust und Gewinn gar nicht mehr gäbe, meint Seneca: »Schon lange verliere ich weder etwas, noch gewinne ich etwas.«[133]

Nur das, was wir vollständig in unserer Hand haben, nämlich unser Denken und Wollen, gehört uns wirklich. Alles andere hat uns mehr oder weniger der Zufall in die Hand gegeben und entreißt es uns auch wieder. Seneca weist lobend auf zwei Aussprüche seines Freundes und Briefpartners Lucilius hin:

»Dir gehört nicht, was das Schicksal zum Deinen gemacht hat. Und noch besser hast du es ausgedrückt: *Was gegeben werden kann, kann auch genommen werden.*«[134]

Wer sich jedoch an seinen Besitz gewöhnt und nie ernsthaft mit der Möglichkeit seiner Schmälerung rechnet, der wird sich schwertun, bis er die innere Anhaftung an Besitz und Vermögen gelöst und alte Denk- und Bewertungsgewohnheiten überwunden hat. Häufig haben wir über Jahre und Jahrzehnte eine hohe Wertschätzung für Besitz gepflegt und genährt. Unser Wirtschaftssystem beruht darauf, materiellen Gütern einen überragenden Stellenwert zuzuweisen. Unsummen von Geldern werden täglich in Werbung investiert, die in subtiler und vielfältiger Weise darauf zielt, in uns Begierden wachzurufen, und uns überzeugen will, dass sich Glück erst mit dem Besitz bestimmter Güter einstellt. So wird für uns der Besitzstand immer wichtiger:

»Ihr gebärdet euch, als hätte euch irgendwie jemand den ewigen Besitz desselben (Reichtum, Verf.) zugesagt: *ihr gewöhnt euch an ihn und verwachst mit ihm.* Der Weise dagegen denkt gerade dann besonders an ein Leben ohne größere Besitztümer, wenn er sozusagen im Reichtum schwimmt.«[135]

Gerade wenn es uns also gut geht, sollten wir gelegentlich daran denken, wie schnell sich dieser Zustand ändern kann.

Lob der Armut

Im letzten Zitat klang bereits an, dass der Gedanke, Besitz sei nur geliehen und könne jederzeit verloren gehen, einen weiteren einschließt, nämlich den an ein Leben ohne Besitztümer oder, wie die entsprechenden Stellen bei Seneca meist übersetzt werden, an ein Leben »in Armut«. In der Tat geht Seneca so weit, dass er behauptet, *»wer sich mit der Armut gut zu stellen weiß, ist reich«.*[136]

Der Ausspruch wirkt befremdlich. Aber vielleicht liegt das an dem verwendeten Begriff »Armut«. Wir verbinden damit einen Zustand, der von den Betroffenen als leid- und sorgenvoll empfunden wird, weil es ihnen am Nötigsten mangelt. Wir werden Seneca jedoch eher gerecht, wenn wir das hier verwendete lateinische Wort nicht mit »Armut«, sondern mit »mittellos« übersetzen.[137] Seneca meinte nicht diejenigen Menschen, die nicht genug zum täglichen Leben haben, sondern die darüber hinaus nichts besitzen. Wollten wir die Personen, die Seneca im Auge hat, in unserer heutigen Zeit suchen, so sind es nicht diejenigen, die unterhalb der Armutsgrenze leben, sondern jener Teil unserer Bevölkerung, der kein Vermögen hat. So schreibt Seneca unmittelbar vor dem obigen Zitat:

»Das Überflüssige nur ist es, was uns in Schweiß setzt ... Zur Hand ist, was genug ist.«[138]

Dann folgt die Forderung, sich mit der Armut gut zu stellen, sich also zu begnügen mit dem Ausreichenden. Besitz, von dem wir uns innerlich unabhängig machen sollten, ist nach Seneca das Überflüssige, also das, was wir für die Befriedigung der Grundbedürfnisse nicht benötigen. Deshalb empfiehlt Seneca den Besitzenden, sich hin und wieder ein Leben ohne Besitztümer vorzustellen und zu erkennen, dass ein solcher Zustand keinesfalls bedeutet, unglücklich zu sein.

Seneca geht sogar noch einen Schritt weiter und weist darauf hin, dass nicht wenige Mittellose ihm zufriedener und sorgenfreier vorkommen als die Wohlhabenden:

»Wirf nur einen Blick auf die Masse der Mittellosen; den weitaus größeren Teil derselben wirst du durchaus nicht trauriger und bekümmerter finden als die Reichen ...«[139]

»Nur dem Mittellosen schlägt ein sorgenfreies Herz. Er hält Becher aus Holz der weithin schattenden Buche, doch hält er sie in einer Hand, die nicht zittert; er pflückt leichte und wohlfeile Speise, doch sieht er keine gezückten Schwerter hinter sich: goldene Pokale färbt Blut.«[140]

Und an anderer Stelle heißt es:

»Befreie dich ... von der Furcht vor der Mittellosigkeit. Willst du wissen, wie wenig Bedauernswertes mit ihr verbunden ist, so vergleiche die Mienen der Mittellosen mit denen der Reichen: der Mittellose lacht öfter und aufrichtiger; kein Kummer geht tief; auch wenn eine Sorge ihn befällt, so zieht sie doch vorüber wie eine leichte Wolke. Dagegen ist die Heiterkeit der sogenannten Glückskinder (der Reichen, Verf.) nur eine äußerlich angenommene, tatsächlich aber nichts anderes als ein schwerer Trübsinn, der wie eine Wunde unter der Oberfläche eitert und umso drückender ist, weil sie sich der Welt nicht als unglücklich darstellen dürfen, *sondern inmitten aller Kümmernisse, die an ihren Herzen nagen, die Glücklichen spielen müssen.*«[141]

Was Seneca hier bemerkt, kann auch heute noch beobachtet werden. In umfangreichen statistischen Erhebungen der modernen Glücksforschung, die danach fragten, in welchen Ländern der Welt sich die Menschen am glücklichsten fühlen, finden sich auf den ersten Plätzen keineswegs die wohlhabendsten, sondern auffällig viele arme Länder.

Selbstgenügsamkeit

Ein anderes Wort für jene Armut, von der Seneca redet, ist Selbstgenügsamkeit. Diese ist für ihn in Wirklichkeit keine Armut, sondern größter Reichtum. Ein unbezahlbarer und unverlierbarer Besitz ist für Seneca Friede und Ausgeglichenheit in der eigenen Seele sowie Freude und Erfüllung, die aus dieser Harmonie der inneren Kräfte und Werte entspringen:

»Vielen ist der Reichtum zum Hemmnis geworden für die Beschäftigung mit der Philosophie; ... Willst du dem Geiste freie Bahn schaffen, so musst du entweder arm sein oder dem Armen ähnlich. *Das Streben nach Weisheit kann nur dann zum Heile führen, wenn die Genügsamkeit seine Begleiterin ist.* ... Wie viel höher ist der Lohn, der hier in Aussicht steht: ewige Freiheit, Furchtlosigkeit vor Menschen und Gott.«[142]

Mit Geld können wir uns viele Genüsse leisten, doch was ist das alles gegen Freiheit und Furchtlosigkeit? Wer die wertvollsten Schätze in sich selbst trägt, braucht keine äußeren Güter. Diese dienen nur dem Vergnügen, nicht dem Glück.

»Niemand ist reicher als der, für den das Schicksal sich kein Geschenk ausdenken kann.«[143]

Seneca fragt, was das für ein Genuss sei, der mit Sorgen und Ängsten teuer erkauft wird:

»Niemand aber hat Genuss von einem Gute, das ihm Sorge macht. Immer ist er darauf bedacht noch etwas hinzuzufügen; und über all dem Sinnen und Trachten nach Vermehrung vergisst er die Nutzung. Er nimmt Rechnungen in Empfang, ist fast immer an den Markt gebannt, blättert im Zinsbuch: aus dem Herrn wird er zum Verwalter.«[144]

Diese Selbstgenügsamkeit, die Freude an den inneren Werten und dem, was da ist, müssen wir uns erst erarbeiten. Sie fällt uns nicht von selbst zu, sondern ist das Ergebnis unseres Strebens nach Weisheit. Wenn wir uns selbst kennenlernen, Herr über uns werden, uns selbst besitzen, dann können wir nichts mehr verlieren.

»Wer sich hat, der hat nichts verloren. *Aber wie wenigen ist es beschieden, sich zu haben!*«[145]

Warum ist das so? Weil es schwer ist, antwortet Seneca, sich der verbreiteten Meinung entgegenzustemmen. Von überallher werden uns materielle Werte als höchster Genuss und Glück des Lebens angepriesen. Wer sich dem widersetzen will, wer anders denkt und handelt, der muss eine große innere Stärke und Unabhängigkeit haben. Am besten wäre, er hätte ständig einen Lehrer an seiner Seite, der ihn daran erinnert, wie unbedeutend äußerer Besitz ist und wie wichtig es demgegenüber ist, den Blick nach innen zu richten.

»Wenn wir also mitten in den uns umschwirrenden Lärm der Städte versetzt sind, so tut es not, dass ein Mahner uns zur Seite steht, der gegen die Lobredner überwältigenden Reichtums seine

Stimme erhebt zum Preise dessen, der mit Wenigem reich ist und seinen Besitz nach seinem Bedürfnis misst. Gegen jene, welche Einfluss und Macht erheben, sei er ein begeisterter Anwalt einer den Wissenschaften gewidmeten Muße und von einer Seelenstimmung, die sich von allem Äußeren abgekehrt und ganz in das eigene Innere versenkt hat.«[146]

Der letzte Satz klingt wie indische Weltabgewandtheit, aber davon ist Seneca weit entfernt.[147] Er liebte es, immer wieder extreme und drastische Formulierungen zu wählen, um eine Einsicht so deutlich zu machen, dass sie ein Umdenken und eine Umorientierung bewirken. Er will wachrütteln und appellieren, denn er wusste genau, wie schwer es ist, ein leidvolles Besitzdenken und seine tief verinnerlichten Verhaltensmuster aufzugeben, um zu einem unabhängigen, freien und gelassenen Umgang mit Besitz und Vermögen zu gelangen.

Begierden

Was hindert uns daran, die Freude am Leben vorwiegend in uns selbst zu suchen, statt den äußeren Dingen nachzulaufen? Was hindert uns, in uns selbst die Werte zu kultivieren, die uns Befriedigung und Glück verschaffen? Warum fällt es uns so schwer, selbstgenügsam zu leben? Es sind unsere Begierden, sagt Seneca, die wir und die Gesellschaft ständig nähren und anfeuern, über die wir nicht Herr werden können, weil wir deren Sklaven und Leibeigene sind. Ihnen müssen wir Einhalt gebieten.

»... wen wirst du finden, dem die Sättigung ein Maß ... gesetzt hat ...? Allein der ist weise, dem alles gehört und es zu schützen nicht schwerfällt ...« Der Weise sagt daher: »›Das alles ist mein!‹ *So kommt es, dass er nichts begehrt, weil alles in ihm ist.*«[148] »So besitzt der Weise im Geiste alles ...«[149]

Selbstgenügsamkeit ist der Zustand, in dem wir – vom Lebensnotwendigen abgesehen – nichts von außen zu unserem Glück brauchen und daher auch nichts begehren. In unserem Wissen und unseren Vorstellungen ist alles vorhanden, was zu unserem eigentlichen Sein gehört: die inneren Werte. Äußerlichkeiten sind nur Zugaben, die der Weise wie jeder Mensch willkommen heißt und genießt, wenn sie ihm zufallen, aber nicht vermisst, wenn sie ausbleiben. Deshalb begehrt er sie auch nicht. Hier können wir bei Seneca eine große Nähe zu einem zentralen Gedanken der altindischen Philosophie feststellen, wie er in den Upanishaden, dem philosophischen Teil der Veden, niedergeschrieben ist: »Tat twam asi«. Damit ist gemeint: »Das bist du«, die ganze Welt ist in dir, in deinem Denken und Vorstellen. Die äußere Welt dagegen ist in Wirklichkeit nichts, nämlich leer und bedeutungslos, bloßer Schein, Illusion, Zauberei, »Maya«, wie die Inder es nannten. Dein eigentliches Sein liegt in dir. Deshalb wende dich ab von deinen nach außen gerichteten Begierden und schöpfe die Freude und das Glück aus dir selbst. In der Bhagavadgita, einem Verszyklus, der zahlreiche Gedanken der alten indischen Weisen zusammenfasst, heißt es:

»Doch wer an seinem Selbst sich freut,
An seinem eignen Selbst vergnügt,
Für den bleibt hier nichts mehr zu tun,
Weil ihm sein eignes Selbst genügt.«

Auch hier ist keine Weltabgewandtheit gemeint. Der Welt gegenüber soll man – ähnlich der stoischen Philosophie – seine Pflicht tun. Ein paar Verse weiter heißt es:

»Drum handle ruhig; weise nicht
Die auferlegte Tat zurück;
Wer handelt ohne Leidenschaft (Begierden, Verf.),
Der Mensch erreicht das höchste Glück.«[150]

»Die auferlegte Tat nicht zurückweisen« hätte auch jeder römische Stoiker sagen können. Für ihn war es eine der höchsten Pflichten, seine Aufgabe bestmöglich zu erfüllen, wo immer das Schicksal ihn hin versetzte.

Hinter allen Begierden nach materiellen Dingen sieht Seneca Gier, Habgier, die auf nichts und »Nichtiges« gerichtet ist, »leere Träume der Habsucht«, »freiwillige Übel«, weil wir sie selbst mit unseren ungefilterten Wünschen erschaffen, nähren und großziehen. Sie belasten unser Leben, hängen an uns wie schwere Gewichte, die uns in die Untiefen des Reichtums hinabziehen, wo wir anstelle eines glücklichen ein sorgenvolles Leben führen. Dem von ihm bewunderten Philosophen Demetrius legt Seneca folgende Mahnrede in den Mund:

»Ich aber binde mich nicht an jenes unentrinnbare Gewicht und lasse mich, diesen unbehinderten Menschen, nicht in dem tiefen Kot des Reichtums versinken.[151] … Ich sehe dort Urkunden, Schuldverschreibungen und Bürgschaften: leere Sinnbilder des Besitzens, den Schatten einer Habsucht, die manches herbringt, womit sie den Geist täuscht, indem er sich an dem günstigen Urteil über Nichtiges freut. Denn was sind diese Dinge, was Zinsgewinn, Schuldbuch und Profit, wenn nicht Namen für die Gier des Menschen, außerhalb der Natur gesucht? … Freiwillige Übel, aus unserer seelischen Verfassung herrührend, an denen nichts ist, was man unter die Augen bringen, was man mit den Händen halten kann, Träume einer leeren Habsucht. … Entlass mich und gib mich meinen Reichtümern wieder (seelische Werte, Verf.); ich kenne das Reich der Weisheit, das große, sorgenfreie; ich besitze alles so, dass es allen gehört.«[152]

Geben wir uns unseren Begierden nach Äußerem hin und gehen auf im Konsum und Genuss der weltlichen Dinge, dann entfernen wir uns von unserer Natur, von unserem wahren Selbst, vom Kern unserer Persönlichkeit und unseres Seins. Wir entfremden uns, werden leer, sind haltlos und schwankend. Wir ziehen von einem Vergnügen zum anderen, suchen nur noch »Highlights«, den »Kick« und trocknen innerlich aus. Wir »ersticken an unserem Glück«, an unseren materiellen Gütern und Genüssen. Wir werden zu »wandelnden Leichen«, weil die innere Lebendigkeit verloren gegangen ist. Wir verlieren uns an den Besitz, geraten gänzlich in seine Abhängigkeit und sind nicht mehr Herr unseres Lebens, werden von außen gesteuert, unsere Freiheit zur eigenverantwortlichen Lebensführung geht verloren:

»Niemals wird es ihnen (die sich nie mit der Philosophie beschäftigen, Verf.) möglich, zu sich selbst zu kommen, und tritt zufällig etwa einmal eine Pause ein, dann schwanken sie hin und her wie das tiefe Meer, das auch nach dem Sturm noch in Bewegung ist; kurz, *niemals lassen ihre Begierden sie in Ruhe ... sie ersticken an ihrem Glücke. Wie vielen wird der Reichtum zur Last! ... Wie viele bieten infolge des unaufhörlichen Sinnengenusses den Anblick von wandelnden Leichen!* ... Keiner sichert sich sein Recht über sich selbst ... der eine dient diesem, der andere jenem, keiner sich selbst. ... *Du aber hast dich nie für wert gehalten, einen Blick in dich zu tun, auf dich selbst zu hören.*«[153]

Natur

»Das Recht über sich selbst sichern«, das ist die Freiheit, die Kant im Sinn hatte und die, wie einige der wesentlichen Gedanken seiner praktischen Philosophie, auf antikes Weisheitswissen zurückgeht.[154] Es gibt eine »Freiheit von etwas«, die man Unabhängigkeit nennen könnte, und eine »Freiheit zu etwas«, die die Fähigkeit zu eigenverantwortlicher Lebensgestaltung meint. In den Zitaten Senecas sieht man, wie eng beides zusammenhängt und in der Überwindung, Entsagung und im selbstbeherrschten Steuern der eigenen Begierden zusammenfällt. Freiheit, insbesondere gegenüber unseren eigenen Begehrlichkeiten, ist eines der überragenden Themen der stoischen Philosophie wie der Lebensweisheit Senecas. Im Kampf um die eigene Identität, das eigene Wesen muss sie hart erkämpft werden. Im Verzicht und im Beherrschen der eigenen Begierden befriedigen wir unser tiefstes Bedürfnis und erfüllen unsere eigentliche Bestimmung: ganz wir selbst zu sein.

»Ferner ist der Reichtum zu verachten, er ist das Handgeld zum Ankauf der Knechtschaft. Auf Gold, Silber und was sonst die Paläste beschwert, muss man verzichten: *die Freiheit lässt sich nicht umsonst erwerben. Schätzest du diese hoch, so muss alles andere gering geschätzt werden.*«[155]

Die Freiheit ist etwas Kostbares und nicht umsonst zu haben, im Gegenteil:

»Etwas Großes will bezahlt sein: prüfe, ob du lieber dich oder etwas von dem Deinen aufgeben willst.«[156]

Seneca warnt vor dem Reichtum und dessen Eigendynamik, die in der Seele zur Verwirrung führt. Er fährt fort:

»Oh! Wäre es dir doch vergönnt gewesen, in den bescheidenen Verhältnissen deiner Geburt alt zu werden, oh! hätte doch das Schicksal dich vor diesem Höhenlauf bewahrt! Du hast dich in ein Leben verirrt, das dir niemals von selbst ein Ende deines Elends und deiner Knechtschaft bringen wird.«[157]

Seneca warnt vor dem Teufelskreis, in den wir hineingeraten, je mehr wir den Wünschen und Begierden nach äußeren Gütern in unserem Denken, Wollen und Handeln Raum geben. Von allein wird das Rad nicht stillstehen. Wir selbst müssen es anhalten und den Bann durchbrechen, müssen uns an den eigenen Haaren aus dem Sumpf herausziehen. Gelingt dies, so kehren wir zurück zu unserer Wurzel, zu unserer eigenen Natur. Sie ist so wertvoll wie unsere Identität, ja wesentlich mit ihr identisch:

»Zwei unvergleichliche herrliche Güter begleiten uns, wohin wir auch unsere Schritte wenden: *die überall sich wiederfindende Natur und was wir persönlich Gutes in uns haben.*[158] … Alles, was für die Menschen von höchstem Werte ist, ist der menschlichen Willkür entrückt und kann weder gegeben noch genommen werden. *Diese Welt, das größte und schönste aller Naturgebilde, und der Geist, der Betrachter und Bewunderer der Welt, ihr erhabenster Teil – sie gehören uns und bleiben uns treu und werden solange mit uns dauern als wir selbst dauern.*«[159]

Hier gibt Seneca eine Erklärung, was er mit seiner Aussage meint, dass der Weise »alles im Geiste besitzt«: Er genießt vor allem im Betrachten und Bewundern; er muss die Dinge nicht haben, um sich an ihnen zu erfreuen. Hier klingt die Vorstellung des Aristoteles an, der meinte, ein Wesen erfülle seine Bestimmung und erreiche seine Glückseligkeit, wenn es das verwirkliche, was sein eigenstes Wesen sei. Beim Menschen sei dies die Vernunft. Folglich erlebe er sein höchstes Glück im denkenden Betrachten der menschlichen und göttlichen Dinge.

Für Seneca sind die Natur und ihre Schätze sowie die Fähigkeit, diese zu betrachten und zu erkennen, der eigentliche Reichtum. Er ist stets in uns, fällt uns nicht zu und kann uns auch nicht genommen werden. Daher brauchen wir nicht zu hetzen und nicht zu hasten, es genügt zu genießen. An diesem inneren Reichtum, der nichts mit Besitz und Vermögen zu tun hat, sollten wir uns ausrichten:

»*… der Weise aber richtet sich nach der Natur … und wird in voller Seelenruhe und Heiterkeit lachen über die Geschäftigkeit der Reichen und über das Hasten und Hetzen derer, die zu Reichtum gelangen wollen*, und wird sagen: ›Wozu die Zeitverschwendung, die du mit dir selbst treibst? Wozu wartest du auf den Zinsertrag deines ausgeliehenen Geldes oder auf den Gewinn aus einem Handelsgeschäft oder auf das Vermächtnis eines begüterten Greises? Du kannst ja auf der Stelle reich werden. *Die Weisheit (mit ihren Schätzen, Verf.) ist sofort auf dem Plan: wem sie seine Schätze entbehrlich gemacht hat, dem hat sie ihre Schätze gegeben.*‹«[160]

Weisheit bedeutet für die Stoiker wie auch für Seneca vor allem: ein naturgemäßes Leben. Der Wunsch nach äußerem Reichtum und Vermögen ist aber nichts Naturgemäßes, sondern etwas Künstliches, eine Form der Entfremdung.

Zentrale Lehrsätze

- Besitz ist weder gut noch schlecht, es kommt auf den Gebrauch an, den wir von ihm machen.
- Besitz, der über das Lebensnotwendige hinausgeht, kann das Leben zwar angenehmer machen, er ist aber keine Voraussetzung für ein glückliches Leben. Denn Glück und Unglück liegen in der eigenen Seele.
- Der einzige Besitz eines Weisen ist seine Weisheit. Daher kommt es, dass er weder etwas verlieren noch etwas gewinnen kann.
- Wer innerlich am Besitz haftet, dem wird es schwerfallen, stets gelassen zu bleiben. Wer anhaftet, der leidet.
- Wer sich selbst genügt, naturgemäß lebt, nichts begehrt und nicht anhaftet, der ist der Glücklichste und Freiste.

Kernzitate

- *»Ich will dir Reichtum nicht etwa untersagen; aber ich will dir dazu verhelfen, dass dir eben dieser Reichtum keine Angst und Sorge mache. Es gibt nur einen Weg, dies zu erreichen: du musst dich innerlich durchdringen mit der Gewissheit, dass du auch ohne ihn glücklich leben würdest; du musst ihn immer als etwas ansehen, das dir auch verloren gehen kann.«*
- *»Wer auf Überflüssiges verzichten kann, ist reich.«*
- *»Das Streben nach Weisheit kann nur dann zum Heile führen, wenn die Genügsamkeit seine Begleiterin ist.«*
- *»Niemand ist reicher als der, für den das Schicksal sich kein Geschenk ausdenken kann.«*
- *»Wie vielen wird der Reichtum zur Last! ... Wie viele bieten infolge des unaufhörlichen Sinnengenusses den Anblick von wandelnden Leichen!«*

Freiheit

»Die Freiheit ist es, der der Kampf gilt; um diesen Preis wird gerungen. Und die Freiheit, worin besteht sie? So fragst du. Darin, dass man keinem Zwang, keinem Zufall die Herrschaft über sich einräumt und das Schicksal sich nicht über den Kopf wachsen lässt.«[161]

Wir kommen zum letzten Abschnitt von Senecas Lebenslehre, soweit sie den Umgang mit der Welt betrifft. Das Thema »Freiheit« klang schon mehrfach an, weil es mit den anderen Motiven eines guten Lebens innerlich eng verflochten ist. Das einleitende Zitat macht deutlich, welchen Stellenwert die Freiheit in der Schule des Lebens hat. Um der Freiheit willen ringen wir mit dem Leben, meint Seneca. Warum ist das so? Weil die Freiheit für Seneca die Fähigkeit ist, sich von all dem, was uns widerfährt, innerlich unabhängig zu machen. Mit ihr befreien wir uns aus der Herrschaft des Zufalls. Wir können nicht ändern, was geschieht, aber was das Geschehen mit uns macht, so Seneca, können wir bestimmen. Wo es auf uns wirkt, da wirken wir mit. Wir sind nicht die passive Wachstafel, in die der Griffel des Geschicks seine Zeichen schreibt. Wir formen unser Schicksal selbst oder, wie es der Vorsokratiker Heraklit ausgedrückt hat: »Des Menschen Charakter ist sein Schicksal.«[162] Wie wir unsere Persönlichkeit formen und ausbilden, so wird unser Schicksal sein. Seinen Schlägen sind wir ausgeliefert, aber nicht den Auswirkungen auf unsere seelisch-geistige Verfassung und unser Wohlbefinden, die von diesen Schlägen ausgeht. Auf diese Auswirkungen aber kommt es letztlich an.

Weisheit ist Freiheit

Die innere Freiheit ist für Seneca »das Höchste«. Sie verkörpert für ihn Weisheit und seine Vorstellung von Philosophie, vom menschlichen Glück schlechthin. Von Konfuzius, der rund 500 Jahre vor

Seneca lebte und ihm gewiss unbekannt war, ist der Satz überliefert, der Weise verstehe, Unglück in Glück zu verwandeln. Beide Denker haben dasselbe im Blick. Haben wir durch unser Denken, Vorstellen, Wollen und Verhalten die Möglichkeit, die Wirkungen des Schicksals auf unser Wohlbefinden maßgeblich zu beeinflussen, dann liegt darin der Schlüssel zu unserem Glück. Die geistig-seelische Kraft, die hier wirkt, ist für Seneca ebenso wie für Konfuzius die Vernunft, das philosophische Denken. Dazu Seneca in einer zentralen Passage aus den Briefen an Lucilius:

»Wir treten ins Leben ein ohne jedes andere Recht auf Begnadigung. … Entfliehen kannst du der Notwendigkeit nicht, überwinden aber kannst du sie. … und diesen Weg wird dir die Philosophie weisen. *Mit ihr schließe Freundschaft, wenn du furchtlos, sorgenfrei, wenn du glücklich, wenn du schließlich sein willst, was das Höchste ist – frei*. Anders kannst du dessen nicht teilhaftig werden. Jämmerlich steht es um die Torheit; sie hat etwas Verächtliches, Niedriges, Kriechendes, vielen rasenden Leidenschaften Unterworfenes an sich. Diese so harten, zuweilen abwechselnd, zuweilen gleichzeitig gebietenden Herren loszuwerden, gibt es nur ein Mittel für dich: *das ist die Weisheit: sie allein ist die Freiheit*. Nur ein Weg führt zu ihr und zwar ein gerader: du kannst ihn nicht verfehlen. *Wandle festen Schrittes. Willst du dir alles untertan machen, so mache dich selbst der Vernunft untertan; viele wirst du lenken, wenn die Vernunft dich lenkt.*«[163]

Dass die Weisheit allein Freiheit ist, ist ein Schlüsselsatz im Denken Senecas und der gesamten Stoa wie auch anderer Richtungen der antiken Weisheitstradition im Orient und Okzident. Zwischen den unveränderbaren Lebenstatsachen, dem Hineingeworfen-Sein in die Welt, den konkreten Umständen unserer Sozialisation, dem Geschick – von Seneca »Leben ohne Begnadigung« oder »Notwendigkeit« genannt – und unserer Befindlichkeit liegen Wahrnehmung, Bewertung und Verarbeitung. Sie sind die Filter, die die Tatsachen des äußeren Geschehens durchlaufen müssen, um in uns

Gefühle wie Angst, Enttäuschung, Trauer, Freude, Zufriedenheit hervorzurufen. Diese Filter bestimmen, welches Gefühl durch ein Ereignis ausgelöst wird. Die Philosophie, Weisheit und Vernunft – für Seneca in diesem Zusammenhang ein und dasselbe – formen diese Filter. Sie schulen unsere Persönlichkeit, damit das äußere Geschehen uns nicht negativ beeinflussen kann. Diese Schulung besteht darin, dass wir die Zusammenhänge erkennen, die zwischen dem äußeren Geschehen, unseren Vorstellungen und unseren negativen Gefühlen bestehen. Wir lernen erkennen, welcher innerseelische Mechanismus negative Gefühle auslösen, aber auch verhindern kann. Bei ihrer Entstehung spielen nach Seneca unkontrollierte Begierden eine maßgebliche Rolle.

Kontrollieren und kanalisieren wir hingegen unsere Begierden im Hinblick darauf, was uns wirklich und auf Dauer guttut, und folgen wir festen Schrittes dieser Einsicht, dann gelangen wir nach Seneca in das Land der Freiheit von Sorgen und Furcht, in das Land des Glücks. Diesen Weg zu gehen, heißt für ihn, sich von Begierden frei zu machen und damit über das Schicksal zu »gebieten«. So löst sich das einleitende Paradoxon Senecas auf: Wir können dem Geschick, »der Notwendigkeit«, nicht entfliehen, aber ihre Wirkungen auf uns können wir steuern.

Der Kern der Freiheit, die die Weisheit vermittelt, ist daher nach Seneca – wie bei Sokrates – das *Wissen um das,* was uns dauerhaft glücklich macht und uns befähigt, Beeinträchtigungen unseres Glücks fernzuhalten oder doch schnell zu überwinden. So kann er sagen:

»*Im übrigen gibt es nur eine einzige Wissenschaft, die wirklich frei macht: das ist die der Philosophie, erhaben, stark, hochherzig.* Die übrigen sind dagegen klein und knabenhaft …«[164]

Seneca war kein Verächter der übrigen Wissenschaften, das belegen viele Stellen. Er spitzt hier lediglich zu und deutet die Rangordnung an, denn er war der festen Überzeugung, dass die ethische Ausbildung des Charakters, die Selbstkultivierung und Lebensschulung die mit Abstand wichtigste Wissenschaft sei. Hier steht Seneca ganz in der Tradition von Sokrates, der stets betonte, dass wir uns vorrangig um den Zustand unserer Seele kümmern sollten, bevor wir anderen Wissenschaften nachgehen.

Freiheit von Begierden

Wie bereits erwähnt, müssen wir unsere Freiheit erkämpfen, indem wir Herr und Steuermann unserer Begierden und Gefühle werden. Dies nicht, um ein emotionsloses Wesen zu werden, sondern um Ordnung in unseren Seelen- und Gefühlshaushalt zu bringen und denjenigen Bedürfnissen Priorität einzuräumen, die uns dauerhaft guttun. Welche uns aber Sorgen bereiten, Ängste auslösen, Neid, Zorn und Ärger hervorrufen, müssen wir so lenken, dass sie uns im Innern nicht erschüttern können. Seneca nennt sie Fehler, Charakterschwächen, Krankheiten oder – so eine treffende Übersetzung – chronische Fehlhaltungen. Über die eigenen Begierden zu gebieten, Charakterschwächen abzubauen, Fehler zu erkennen und einzudämmen, all dies ist für Seneca Gesundung der Seele. Wenn wir innerlich frei sind, werden wir seelisch gesund. Eine für diesen Gedanken wichtige Passage findet sich im 75. Brief an Lucilius:

»*Auch jetzt will ich dich darauf hinweisen, Krankheiten sind Fehler, die sich fest und dauernd eingenistet haben, wie Habsucht und Ehrgeiz; sie haben sich tief in die Seele eingesenkt und sind nachgerade zu chronischen Fehlhaltungen geworden. Auf den kürzesten Ausdruck gebracht: Krankheit (der Seele, Verf.) ist die starr festgehaltene irrige Meinung, man müsse mit aller Kraft erstreben, was nur in einem sehr geringen Grade erstrebenswert ist. Oder, wenn du dies vorziehst, wollen wir so definieren: Sein Herz allzusehr hängen an Dinge, die nur in ganz geringem Maße oder überhaupt nicht erstrebenswert sind, oder auf Dinge großen Wert legen, die nur einen bedingten oder gar keinen Wert haben.* Affekte aber sind verwerfliche Seelenregungen, die plötzlich und stürmisch hervorbrechen und bei häufiger Wiederholung und Vernachlässigung zur Krankheit werden. So wie ein einzelner und noch nicht zur Gewohnheit gewordener Katarrh Husten verursacht, wenn er aber anhaltend ist und sich eingenistet hat, Schwindsucht. So sind denn die am weitesten Fortgeschrittenen über die Krankheiten hinaus, den Affekten aber sind sie noch zugänglich, auch wenn sie dem Weisen schon ganz nahe stehen.[165] … ›Ich aber‹, sagst du, ›hoffe, ich kann auch zu einem höheren Rang aufsteigen.‹ Wünschen möchte ich uns das mehr als versprechen: *vorbelastet sind wir, zur sittlichen Vollkommenheit streben wir, in Fehlhaltungen verstrickt.* Man schämt sich zu sagen: das Sittliche verehren wir, soweit wir Zeit dazu haben. Aber welch großartiger Preis wartet, wenn wir unsere Belastungen und hartnäckigen Beeinträchtigungen von uns werfen![166] … Das höchste Gut ist frei von schädlicher Macht. Es erwarten uns, wenn wir einmal aus diesem Schlamm aufsteigen in jene vergeistigte Höhe, Seelenruhe und, da vertrieben die Schrecken, *vollkommene Freiheit. Du fragst, was das ist? Nicht Menschen zu fürchten, nicht Götter; weder Schimpf zu wollen noch Maßloses; über sich selbst vollkommene Gewalt zu haben: unschätzbares Gut ist, Eigentum seiner selbst zu werden. Leb wohl.*«[167]

Für Seneca führt innere Freiheit zu seelischer Gesundung, Glück und Gelassenheit, zur Ruhe der Seele. Es ist ein Freiwerden von inneren Belastungen wie Ängste, Sorgen, Gier, Ehrgeiz und den anderen ungenannten Leiden und Charakterschwächen. Dies geschieht, indem wir unser Leben nach unserem besten Wissen einrichten und tagtäglich praktizieren, indem wir ein durch und durch eigenverantwortliches Leben führen, d. h. wir selbst werden. Seneca nennt dieses unschätzbare Gut: »sich selbst gehören, sich zu seinem Eigentum machen«. Dies befreit uns von der Steuerung durch Begierden, Bedürfnisse, Wünsche, Sehnsüchte, Emotionen, Affekte, Gefühlswallungen und auch durch unsere Prägungen. »Vorbelastet sind wir«[168], schreibt er, »in Fehlhaltungen verstrickt«. Diese Verstrickung bedeutet Unfreiheit.

Wie aber kommt es zu solchen »chronischen Fehlhaltungen«? Es sind Fehler, die wir aufgrund »irriger Meinung« begehen, d.h. ohne vernünftiges Nachdenken. Wenn wir an diesen Irrtümern krampfhaft festhalten, werden sie sich als Muster und Gewohnheiten tief in unserer Seele einnisten und unser Wesen prägen.

Wie entstehen »irrige Meinungen«? Hängen wir unser Herz an die falschen Werte, so binden wir uns selbst, legen uns Fesseln an, die uns bei ständiger Wiederholung immer fester einschnüren und noch unfreier machen. So verlieren wir die Kontrolle über uns und sind nicht mehr Herr im eigenen Hause. Schleichend geht dieser Prozess vor sich. Je weniger wir auf unsere Gefühle und ihre Ursachen achten, umso stärker gewinnen sie Macht über uns. Am Ende wird aus einem Husten eine Schwindsucht, unsere Schwächen, Ängste und Sorgen, unser Ärger und Zorn lösen ernst zu nehmende Konflikte aus. Wir leiden unter innerer Unruhe, unter Nervosität und Erschöpfung – schließlich ist unsere Seele eine Krankenstation, unser Körper der Patient. Aus »chronischen Fehlhaltungen« werden massive psychische und somatische Erkrankungen. Wenn wir den Anfängen nicht wehren, so werden wir krank.

Die letzte Ursache für solch eine Entwicklung sieht Seneca darin, dass wir uns falschen Werten zuwenden, weil wir nicht erkennen, was für uns auf Dauer das Beste ist. Seneca schämt sich geradezu, es auszusprechen: Alle wollen zwar ein gutes Leben, aber niemand nimmt sich Zeit dafür: »Jeder verehrt das Sittliche, soweit er Zeit dafür hat«, also nie oder selten. Haben wir jedoch erkannt, was uns wirklich guttut, und bringen wir die Kraft auf, uns aus dem Gewirr von Prägungen, Irrtümern und schädlichen Denk-, Verhaltens-, Wertungs- und Wollensgewohnheiten herauszuarbeiten, dann lösen wir die Fesseln und sind am Ziel: Wir haben uns von der Fremdsteuerung befreit und sind fähig, uns zu uns selbst zu bekennen und ein selbstbestimmtes Leben zu führen. Wir sind wir selbst geworden.

Die Lebensnähe der Philosophie Senecas zeigt sich in der Bemerkung, dass wir Menschen, selbst wenn wir nach Weisheit streben, zwar hin und wieder noch Opfer von Affekten werden können, nicht aber von chronischen Fehlhaltungen. Auch die Philosophen können einen Husten bekommen, doch keine Schwindsucht, um in Senecas Bild zu bleiben. Mit anderen Worten: Auch die nach Weisheit Strebenden können unter schädlichen Emotionen leiden, jedoch nur für kurze Zeit. Schnell finden sie wieder zu ihrer inneren Ausgeglichenheit zurück. Vollendete Weise sind gegen jegliche Affekte immun. Aber sie gibt es, wie Seneca einmal sagt, nur alle fünfhundert Jahre.[169]

Da es letztlich die Begierden, Wünsche und Leidenschaften sind, die das Erkennen des wahrhaft Guten behindern, ist es unser eigener Körper, der in der Ursachenkette an erster Stelle steht und die Probleme in Gang setzt:

»Niemand ist frei, der dem Körper dient.«[170] »Welche Wonne, seiner Begierden Herr geworden zu sein und ihnen den Laufpass gegeben zu haben!«[171] »Die übertriebene Liebe für ihn (den Körper, Verf.) beunruhigt uns mit Angstgefühlen, beschwert uns mit Kümmernissen und gibt uns Kränkungen preis.«[172]

Wir sollten das Wort »übertriebene« nicht überlesen. Seneca ist kein Körperfeind. Im Gegenteil: Sein ganzes Philosophieren ist darauf ausgerichtet, dass wir uns wohlfühlen. Denn innere Harmonie ist ebenso ein seelischer wie körperlicher Zustand. Hören wir aber zu sehr auf den Körper, so werden seine Genüsse zu »Bleigewichten«, zu Belastungen und »hartnäckigen Beeinträchtigungen« unseres Wohlbefindens und führen schließlich zu Krankheit und Unglück:

»Der Geist ist es, der reich macht … so ist er auch in den rauhesten Einöden überreich mit seinen eigenen Gütern gesegnet und erfreut sich ihres Genusses. … *Alles das, was Einsichtslose und zu sehr an ihre Körper gebundene Geister hochhalten,* Edelsteine, Gold, Silber und große polierte runde Tische, sind Bleigewichte, für die der schlichte und seiner eigenen Natur eingedenke Geist sich nicht erwärmen kann, an sich selbst unbeschwert, leicht beweglich und, wenn er seiner Höhle ledig wird, dazu berufen, sich flugs zu den himmlischen Höhen zu erheben.«[173]

Mit übertriebener Arbeit verhält es sich ebenso wie mit den aufgezählten Gütern. Dem Workaholic schreibt Seneca ins Stammbuch:

»Wenn ich deinen Brief erst so spät beantworte, so liegt der Grund nicht in einer Überhäufung mit Geschäften. Von dieser Entschuldigung musst du völlig absehen: *ich habe Zeit, wie denn jedermann Zeit hat, wenn er nur will. Niemanden läuft die Arbeit nach: Man ist in sie verliebt und sieht in der Geschäftigkeit einen Beweis unseres Glückes.*«[174]

Hier wird der Zusammenhang von einer schlechten Angewohnheit zu einer chronischen Verstrickung und Verblendung deutlich: Am Ende reden wir uns ein, Vielgeschäftigkeit sei Glück.

Senecas gesamten Reflexionen über die Freiheit folgen großenteils der kynischen Philosophenschule, die wie die Stoa und alle hellenischen Schulen auf Sokrates zurückgeführt werden können. So zitiert Seneca den »großen Sokrates«:

»›Nichts‹, sagt der große Sokrates … ›nichts habe ich mir fester zum Grundsatz gemacht, als meine Lebensführung nicht nach euren Vorurteilen zu gestalten. Lasst eure gewohnten Reden von allen Seiten mich umtönen: ich sehe darin keine Schmähungen, sondern nur das Geschrei von Kindern, die sich in elender Lage befinden. … Was eure Meinung über mich anlangt, so bekümmert sie mich nicht um meinetwillen, sondern um euretwillen‹ …«[175]

Wir beenden damit das erste Hauptfach von Senecas Lebenslehre, das den richtigen Umgang mit der Welt zum Gegenstand hatte und wie wir dabei unsere Gelassenheit wahren können. An der Welt können wir wenig ändern, an dem, was sie mit uns macht, alles.

Zentrale Lehrsätze

- Weisheit ist Freiheit, denn sie allein befähigt zu einem selbstbestimmten Leben und zur Überwindung innerer und äußerer Zwänge, Einflüsse, Prägungen und Abhängigkeiten.
- Innere Freiheit, Unabhängigkeit und das Nichtanhaften führen zu seelischer Gesundung, Ruhe der Seele, Glück und Gelassenheit.
- Was uns in Abhängigkeiten verstrickt, ist die falsche Meinung, dass unser Glück von äußeren Dingen und Verhältnissen abhängig ist, die wir deshalb für sehr wertvoll halten. So verfolgen viele Menschen die falschen Werte.
- Manche Menschen halten es für ein Glück, viel beschäftigt zu sein, dabei ist es häufig nur eine Flucht vor sich selbst und dem wahren Glück.

Kernzitate

- *»Mit der Philosophie schließe Freundschaft, wenn du furchtlos, sorgenfrei, glücklich und – was das Höchste ist – frei sein willst.«*
- *»Du fragst, was vollkommene Freiheit ist? Menschen nicht zu fürchten, nicht Götter; weder Schimpf zu wollen noch Maßloses; über sich selbst vollkommene Gewalt zu haben: ein unschätzbares Gut ist, Eigentum seiner selbst zu werden.«*
- *»Ich habe Zeit, wie denn jedermann Zeit hat, wenn er nur will.«*

III.
Vom Umgang mit sich selbst

Wir kommen zum zweiten Hauptfach von Senecas Seelenschulung, dem Umgang mit sich selbst. In gewisser Hinsicht kann man sagen, dass es vielleicht das wichtigste Fach ist. Wie wir zuvor gehört haben, gehen alle Wahrnehmungen, jegliche Welterfahrung, das Verhältnis zu anderen Menschen, ja auch die Selbstwahrnehmung durch die Filter des eigenen Vorstellens, Denkens, Bewertens und Wollens. Seit der Antike haben Philosophen immer wieder betont, dass der Mensch sich sein Weltbild selbst erschafft. Ein Nachfolger von Seneca, der bedeutende römische Philosoph Musonius Rufus, von dem leider nur wenig überliefert ist, hat diese ungemein wichtige Weisheit klar, tief und treffend auf den Punkt gebracht:

»Im Gebrauch unserer Vorstellungen besteht, wenn er (der Gebrauch, Verf.) recht gehandhabt wird, die Freiheit, der schöne Fluss des Lebens, der Seelenfrieden, das Wohlbefinden, ... Selbstbeherrschung und die gesamte Tugend (Weisheit, Verf.).«[1]

Und er fährt fort, indem er von hier aus das ganze Lernprogramm der Lebensschule, die praktische Philosophie und Weisheitslehre, knapp und präzise beschreibt:

»... sollen nun nicht auch wir ... das, was in unsere Hand gegeben ist, uns auf jede Weise anzueignen suchen, dagegen das, was nicht in unserer Hand liegt, der Weltordnung anheimstellen und es willig ihr überlassen, mag es sich nun um unsere Kinder, um unser Vaterland, um unser Leben oder was immer handeln.«[2]

Schon lange gehörte dieser Gedanke zum festen Weisheitswissen der alten Griechen. Epiktet, ein Schüler des Musonius Rufus, beruft sich auf Diogenes von Sinope, der fünfhundert Jahre vor ihm lebte, und sagte:

»Seit Antisthenes (Diogenes' Lehrer, Verf.) mich freiließ, bin ich nicht mehr Sklave. Er lehrte mich, was mein ist und was nicht. Besitz ist nicht mein, Verwandte, Hausgenossen, Freunde, Ruhm, Vertraute, Orte, Aufenthalte – das alles hat nichts mit mir zu tun. – Aber was gehört dir denn? – Der Gebrauch meiner Vorstellungen.«[3]

In uns selbst liegt der Schlüssel zu allem Guten. Die Arbeit an uns selbst macht es möglich, mit anderen Menschen und dem äußeren Geschick einen Umgang zu finden, der Leiden vermeidet und uns erfüllt und glücklich macht. Doch dafür müssen wir zunächst lernen, mit uns selbst richtig umzugehen, »uns auf jede Weise anzueignen suchen«, was in unsere Hände gelegt ist. Hier kommt der in der Antike zentrale Gedanke der Selbstgenügsamkeit ins Spiel, griechisch »autarkeia« von »autos«=selbst und »arkeia«=sich genügen, sich selbst helfen können, stark sein. Wie man dem Sinn des zweiten Wortbestandteils entnehmen kann, umfasst Autarkie im griechischen Sinn neben der Genügsamkeit auch die Selbstmächtigkeit, die Herrschaft über sich selbst im Sinne einer eigenverantwortlichen Lebensgestaltung in den Grenzen unserer naturgegebenen Bedingtheiten.[4]

Wenn wir *zunächst* lernen sollten, mit uns selbst umzugehen, so meint das kein zeitliches Nacheinander. Sich selbst, die Welt, die anderen Menschen sowie die Gesetze des Lebens und der Seele zu erschließen, geschieht immer gleichzeitig und in enger Wechselwirkung und innerer Verbundenheit der Themen und Fragen. Wenn wir denken, denken wir immer auch an die anderen, die Welt und uns selbst. Dem Selbstverhältnis kommt dabei ein gewisses Übergewicht zu, denn in uns selbst, in unseren Vorstellungen liegt das Raster, durch das wir die Welt und die anderen erfahren. Wir müssen daher uns und die Mechanismen unseres Seelenlebens sowie unsere daraus entstehenden Vorstellungen so weit verstehen, dass wir uns selbst in den Griff bekommen. Lernen wir nicht, uns selbst zu verstehen und zu steuern, werden wir auch nicht unser Leben leiten können, sondern wie ein Stück Holz im Fluss des Lebens wahllos umhergetrieben werden. Es ist also gerechtfertigt, vom wichtigsten Hauptfach zu reden.

So verwundert es auch nicht, dass sich die meisten Äußerungen Senecas mit dem Menschen und dessen Seelenleben beschäftigen. Um eine Struktur in die vielen grundlegenden Aussagen Senecas zum Umgang mit sich selbst zu bringen, wurden bestimmte wiederkehrende Themen ausgewählt, um die Dimension unseres Selbst aufzuschlüsseln. Seneca selbst hat diese Struktur nicht ausgearbeitet, er schrieb problemorientiert. Logisch-begrifflichen oder systematischen Ableitungen von Lehrsätzen gegenüber war er skeptisch. Möglicherweise spürte er, dass sich das Leben in all seinem Facettenreichtum nicht vollständig in solchen Begrifflichkeiten darstellen lässt. Zwar beabsichtigte er, seine ethischen Anschauungen in einem einzigen Werk zusammenzufassen. Doch dazu ist es nie gekommen.

Innere Sammlung

»Erstes Anfordernis an eine Geistesverfassung, die als eine wohlgeordnete gelten soll, ist meines Erachtens die Fähigkeit, den Schritt zu hemmen und Einkehr in sich selbst zu halten.«[5]

Wir beginnen mit der wichtigen Forderung Senecas, innezuhalten. Zunächst geht es darum, einen Raum zum Nachdenken und zur Selbstreflexion zu eröffnen. Wir müssen eine sichere Basis schaffen, von der aus wir damit anfangen, Ordnung zu bringen in das Chaos unseres gewachsenen Seelenlebens mit all seinen Prägungen, Erfahrungen, Spannungen, Sehnsüchten und Belastungen.

Häufig mangelt es schon daran, sich eine freie Minute zur stillen Selbstbesinnung zu verschaffen. Wenn wir aber keine Zeit finden, das Rad unserer Aktivitäten anzuhalten und über uns nachzudenken, dann kommen wir nicht weiter. Das war zu Zeiten Senecas nicht anders als heute. Das obige Zitat findet sich in einem der ersten Briefe an seinen Freund Lucilius. Zuvor schreibt Seneca, er habe von Dritten Gutes über ihn gehört: Er haste nicht mehr hin und her und zerstreue sich nicht mehr durch häufigen Ortswechsel.

»Unstetes Hin- und Herflattern« sei nämlich ein »Zeichen eines krankhaften Gemützustands«.[6]

Das Gesunde dagegen kehre immer wieder zu sich zurück, wie es die Natur vormache, denn er sei sich selbst genug. In uns selbst liege der Schlüssel zum Glück:

»Der Weise ist sich selbst genug, um glücklich zu leben, nicht um zu leben. Zu dem letzteren braucht er mancherlei Dinge (Befriedigung der Grundbedürfnisse, Verf.), zu dem ersteren nur gesunde und durch kein Schicksal beugsame Seelenkraft. *Das höchste Gut bedarf keiner Nachhilfe von außen. Es wird im Innern gepflegt, es besteht ganz aus sich selbst. Ähnlich steht es mit dem Weisen: er zieht sich auf sich selbst zurück, ist mit sich allein.*«[7]

Das heiße jedoch nicht, dass er sich von der Gesellschaft absondere:

»Allerdings, solange er seine Verhältnisse ganz nach freiem Ermessen ordnen kann, verheiratet er sich bei aller Selbstgenügsamkeit und bekommt auch Kinder, und trotz aller Selbstgenügsamkeit wird er doch nicht leben wollen, wenn er ohne Menschen leben sollte. Nicht sein Nutzen zieht ihn zur Freundschaft hin, sondern ein natürlicher Reiz …«[8]

Wie für Aristoteles ist auch für Seneca der Mensch ein soziales Wesen, das auf Gemeinschaft und Miteinander angewiesen und ausgerichtet ist. Doch eben darin liegt auch die Gefahr für ein selbstbestimmtes, in sich ruhendes und sich selbst lebendes Wesen:

»Vielfach muss man auch in sich selbst Einkehr halten; denn der Umgang mit anders gearteten Menschen stört das erlangte innere Gleichgewicht und weckt Leidenschaften wieder auf und führt allen Schwächen und bedenklichen Rückständen der Seele neue verderbliche Nahrung zu. *Doch muss man beides verbinden und miteinander abwechseln lassen, Einsamkeit und Geselligkeit. Wie die erstere in uns die Sehnsucht nach Menschen weckt, so die letztere die Sehnsucht nach uns selbst, und beide werden einander hilfreich ergänzen …*«[9]

Die Mitmenschen, nach deren Gesellschaft wir uns sehnen, sind zugleich die größte Gefahr für unser Glück. Sie wecken vielfältige Begehrlichkeiten und Sehnsüchte und neigen dazu, unsere innere Ordnung aus dem Gleichgewicht zu bringen. Sie sind der Elefant im Porzellanladen unserer Seele:

»Du fragst, was du nach meiner Meinung besonders zu meiden habest. Das Menschengedränge, sage ich … Niemals kehre ich ohne eine gewisse sittliche Beeinträchtigung von solchen Ausgängen zurück. Manches von mir Wohlgeordnete sehe ich in Verwirrung, manches von mir Verabschiedete sehe ich wiederkehren. … *Wir befinden uns in einem lang anhaltenden Heilungsprozess unserer Seele. Da übt der Umgang mit der Menge eine feindliche Wirkung aus: keiner, der uns nicht irgendeine Untugend sei es empföhle oder aufdrängte oder unbemerkt beibrächte. … Ich kehre habgieriger zurück, ehrgeiziger, genusssüchtiger, ja auch grausamer und unmenschlicher, weil ich unter Menschen war. … Ziehe dich also in dich selbst zurück soweit wie möglich.* Verkehre nur mit Leuten, die dich besser machen können, und lass solche sich an dich anschließen, die du besser machen kannst. So kommt es zu einer Wechselwirkung; man lernt, indem man lehrt.«[10]

Eine der vielen großartigen Stellen bei Seneca: der Weg der Weisheit, die Lehre des Lebens, die Philosophie als ein »lang anhaltender Heilungsprozess unserer Seele«. Unser Leben trägt häufig krankhafte Züge, deshalb ist das Ziel, ein erfülltes und glückliches

Leben zu führen, gleichbedeutend mit dem Wunsch, an Geist und Seele zu gesunden. Die Gesellschaft und unsere Mitmenschen garantieren keinesfalls die Heilung, sondern stellen nach Seneca eher eine Gefahr für unsere Selbstfindung dar. Unter ihnen herrscht keine Weisheit, sondern die wenig kontrollierten, wenig ausgeglichenen, wenig temperierten Begierden. Hier schwirrt der Virus der Affekte und Torheit. Die Gefahr, dass wir uns mit ihm infizieren, ist größer als die Chance, in der Gesellschaft zu gesunden. Daher ist der regelmäßige Rückzug in sich selbst für Seneca eine Überlebensstrategie. Für unsere seelische Genesung hingegen tun wir dann etwas, wenn wir mit Menschen zusammen sind, von denen wir etwas lernen können. Im gegenseitigen Austausch von Erfahrungen und Einsichten lernen und lehren wir gleichzeitig, wie dies stets unter solchen Menschen geschieht, die im Streben nach Weisheit und guter Lebensführung freundschaftlich verbunden sind.

Wo das aber nicht der Fall ist, sollen wir zum Schutz unserer inneren Überzeugungen, Haltungen und Einsichten eine imaginäre Wand zwischen uns und anderen Menschen errichten. In die innere Burg hinter dieser Wand sollen wir uns regelmäßig zurückziehen, um Kraft zu schöpfen, dem Druck der Gesellschaft standzuhalten und ein Gegengewicht zu schaffen. Nur dort, in unserer Mitte, finden wir unser wahres Selbst und die eigenen Werte, die von weitverbreiteten Irrtümern frei sind:

Es ist nötig, »eine Scheidewand zu errichten zwischen uns und der großen Masse, der wir viel zu sehr trauen, und uns wieder unseren unverfälschten Überzeugungen zurückzugeben. Denn das eben ist die Weisheit, sich der Natur zuzuwenden und sich wieder in den Zustand zu versetzen, aus dem uns der allgemeine Irrtum vertrieben hat. … Die Einsamkeit ist nicht an sich die Lehrerin der Unschuld und das Landleben keine Schule der Genügsamkeit, aber wenn Zeuge und Zuschauer sich entfernt haben, da verliert sich allmählich die Neigung zu den Fehlern, die darauf abzielten, dass man Aufsehen mache und Bewunderung erwecke.«[11]

Im Wunsch nach Anerkennung, Beachtung und Bestätigung neigen wir in der Gesellschaft zur Übernahme allgemeiner Irrtümer und daraus resultierendem Fehlverhalten. Das Gefühl des Beobachtet- und Beurteilt-Werdens droht uns immer wieder zu manipulieren.

Seneca warnt jedoch auch vor zu viel Rückzug. Die Ausgewogenheit von öffentlichem und zurückgezogenem Leben, von aktivem Gestalten (vita activa) und Selbstbesinnung (vita passiva), von der Aufnahme äußerer Eindrücke und deren innerer Verarbeitung ist der Schlüssel zum Finden, Wahren und Verwirklichen des eigenen Selbst. Ebenso macht es die Natur im steten Wechsel von Werden und Vergehen. In einem solchen natürlichen Rhythmus finden und bewahren sich die innere Einheit und Stimmigkeit eines Lebens:

»Die Außenwelt soll er erforschen mit dem durch die Sinnesorgane erregten Verstand, und diese Anregung soll er zum Ausgangspunkt nehmen – denn er hat keinen anderen Anhalt für sein Beginnen und für Befriedigung seines Bedürfnisses, der Wahrheit auf die Spur zu kommen – *aber er soll in sich selbst zurückkehren.* Denn auch die alles umfassende Welt (Natur, Verf.) und ihr Leiter, die Gottheit, hat zwar ein Streben nach außen, kehrt aber von allen Richtungen her in sich selbst zurück. Ebenso soll es unser Geist halten: er sich, der Anregung seiner Sinnesorgane folgend, mit der Außenwelt beschäftigt, *so zeige er sich ihrer wie seiner selbst mächtig.* Auf diese Weise wird sich jene einheitliche Kraft und Macht bilden, *die mit sich in Einklang steht und deren Frucht jene unerschütterliche Einsicht ist, die keinen Zwiespalt kennt* und sich nicht verfängt in bloßen Meinungen, Vorstellungen und Einbildungen. Wenn sie zu ihrer rechten Gliederung und zu allseitigem Zusammenschluss der Teile und, sozusagen, zu harmonischem Zusammenklang gelangt ist, dann hat sie die Schwelle des höchsten Gutes erreicht.«[12]

Ohne Selbstbesinnung, ohne Meditation und ohne Phasen des

Alleinseins gibt es keine Selbststeuerung. Erst in solchen Phasen werden wir der Steuermann unseres Lebens. In ihnen ziehen wir uns in unsere Kajüte zurück, prüfen die Karten, bestimmen den Standort und korrigieren den Kurs. Verweilen wir aber ständig auf Deck, verlieren wir im Tosen der Winde und Strömungen die Orientierung. Die Navigation unseres Lebens findet unter Deck statt. Dort liegen Karten und Kompass, dort finden wir unsere eigentlichen Bedürfnisse, die richtigen Haltungen und Werte, unser Selbst.

Zentrale Lehrsätze

- In uns selbst liegt der Schlüssel zu allem Gutem. Die Selbstkultivierung und die Arbeit an uns selbst machen alles möglich.
- Deshalb ist es nötig, immer wieder zu sich selbst zurückzukehren und über sich und sein Leben nachzudenken. Wer zu sehr im Außen lebt, verliert jegliche innere Orientierung und am Ende sich selbst. Die Zeit, die wir für unser Außenleben, und die Zeit, die wir für unser Innenleben nehmen, müssen in einem ausgewogenen Verhältnis stehen.

Kernzitate

- *»Im Gebrauch unserer Vorstellungen besteht die Freiheit, der schöne Fluss des Lebens, der Seelenfrieden, das Wohlbefinden, Selbstbeherrschung und die gesamte Weisheit.«*
- *»Erstes Erfordernis an eine Geistesverfassung, die als eine wohlgeordnete gelten soll, ist die Fähigkeit, den Schritt zu hemmen und Einkehr in sich selbst zu halten.«*
- *»Das höchste Gut bedarf keiner Nachhilfe von außen. Es wird im Innern gepflegt.«*

Seelenruhe

Worum geht es bei dem richtigen Umgang mit uns selbst? Wozu sollen wir uns sammeln? In Übereinstimmung mit vielen Stimmen der Antike in Ost und West sagt Seneca, dass es um die Seelenruhe gehe, den Seelenfrieden, die innere Ausgeglichenheit, die Harmonie der Seelenkräfte, um ein geordnetes Selbst. Die Sammlung dient dazu, dass wir unsere Wesenszüge zu einer geformten Einheit ausbilden. Diese Einheit schöpft aus sich selbst die Freude, Kraft und Energie und besitzt in sich die Festigkeit, den äußeren Widerständen und Schicksalsschlägen standzuhalten, oder doch immer wieder in angemessener Zeit in jene Seelenverfassung zurückzufinden, in der wir uns geborgen und ganz bei uns selbst fühlen. Treffend erläutert Otto Apelt, der Übersetzer der Werke Senecas, Begriff, Herkunft und Bedeutung der Seelen- oder Gemütsruhe als ein wesentliches Ziel der Persönlichkeitsentwicklung, nicht nur für das griechische Denken und die ältere Stoa, sondern auch für Seneca selbst:

»Was die Römer als Gemüts- oder Seelenruhe bezeichneten, dafür hatte die ausgebildete Schulsprache der Griechen, vor allem die der Stoa, den Ausdruck Ataraxia (Unerschütterlichkeit, Verf.). Derjenige aber, der in einer uns leider verloren gegangenen Schrift diesen Begriff als den für die ethische Ausbildung des Menschen wichtigsten in die Philosophie einführte, nämlich Demokrit, bediente sich dafür eines Wortes von lebhafterer Färbung: Er bezeichnete den Seelenzustand, der die unerlässliche Bedingung für ein glückliches Leben ist, als Wohlgemutheit, als Frohsinn; denn das ist die Bedeutung des griechischen Wortes Euthymia (guter Mut, Frohsinn, Freude, Verf.) … Die Seelenruhe ist die Bedingung für die Erlangung dessen, wonach im tiefsten Grunde jedes Menschenherz sich sehnt: nach Erlangung der Glückseligkeit, der Eudämonie, wie es die Griechen nannten (wörtlich: von einem guten Dämon, Gott, Geist beseelt, Verf.). Diese Seelenruhe aber ist nichts Geringeres als der Sieg des Menschen über seine Leidenschaften und Begierden. Die erfolgreiche Bekämpfung dieser Feinde unseres Seelenfriedens ist also der Preis, den man zahlen muss, um des höchsten Gutes, um der Eudämonie teilhaftig zu werden. Damit erhob sich die griechische Philosophie zu jener Höhe der Anschauung, welche die Glückseligkeit nicht von äußeren Gütern, nicht von den Launen des Schicksals abhängig macht, sondern von der inneren Gestaltung unseres Lebens.«[13]

Diesen Gedanken, den wir in der einen oder anderen Form im gesamten griechischen Weisheitsdenken ebenso im alten China und Indien finden, haben die römische Stoa und Seneca übernommen und zur Grundlage ihrer Überlegungen zum gelingenden Leben gemacht. Die Gemütsruhe ist das Glück, nach dem die Menschen streben, genauer die Voraussetzung oder – wie Apelt es nennt – die Bedingung für die Erlangung von Glück. Sie ist das Gegenteil aller leidvollen Seelenzustände und damit selbst geschaffene Harmonie, in der die inneren Konflikte zwischen den Seelenkräften, Bedürfnissen, Prägungen, Vorstellungen und Wünschen ausgeglichen sind und immer wieder aufs Neue konstruktiv und schöpferisch gelöst werden.

Leben ist ein dynamischer Prozess, der die innere Einheit und die Balance in sich immer wieder neu herstellt. Ständig droht das mühsam hergestellte innere Gleichgewicht durch Veränderungen der Seelenkräfte und noch mehr durch äußere Ereignisse ins Wanken zu geraten. Die Fähigkeit, im reißenden Strom des Lebens nicht unterzugehen, seine Mitte zu wahren oder doch schnell wiederherzustellen, ist die Kunst weiser Seelenführung, Selbststeuerung und Selbstkultivierung. Diese Wahrung und Wiederherstellung des inneren Gleichgewichts – Resilienz – ist der Schutz des eigenen Selbst und der Identität in einer Welt, die viele Anfeindungen, Herausforderungen und Verführungen bereithält, in denen wir uns immer wieder verstricken und verlieren können.

Überall weckt das pulsierende Leben unsere Begierden, steigert sie mitunter zu schwer zu zügelnden Leidenschaften und bringt unseren Seelenhaushalt durcheinander, erschüttert uns und lässt uns wanken. Diese Störung der inneren Ausgeglichenheit erleben wir als seelische Belastung und Leiden. Wir fühlen uns unwohl, ärgern uns, sind unleidlich, ängstlich, besorgt, unruhig, unzufrieden und unglücklich. Je besser es uns gelingt, diese innere Unruhe, Verstörtheit und Unausgeglichenheit abzubauen, umso ruhiger und seelisch wohlgemuter, freudvoller, heiterer, glücklicher werden wir. Das ist der Weg zur Seelenruhe und Gelassenheit. Seneca hat ihr ein eigenes Buch gewidmet (»Von der Gemütsruhe« – De tranquillitate animi) und kommt in allen seinen Schriften immer wieder auf diesen wichtigen Aspekt der Lebensschulung zurück.

Seelenruhe ist Glück

»Was ist ein glückliches Leben? Sorgenfreiheit und dauernde Gemütsruhe. Diese aber ist ein Geschenk der Seelengröße, ein Geschenk der Beharrlichkeit, mit der man festhält an dem für recht Erkannten. Wie gelangt man dazu? Wenn man die volle Wahrheit durchschaut hat … «[14]

Seneca identifiziert Seelenruhe und Gelassenheit mit Glück. Sie gründen in einer philosophischen, weisen, von der Vernunft geleiteten Lebensführung. Kurz davor schreibt er:

»… so stimmen wir folgerichtig auch darin überein, dass die zur vollen Reife gelangte Vernunft die einzige Bedingung für ein glückliches Leben sei. Denn sie allein lässt den Mut nicht sinken, bleibt standhaft im Kampfe wider das Schicksal. Sie allein sichert dem Menschen in jeder Lebenslage die Gemütsruhe.«[15]

In einer anderen Schrift ist zu lesen:

»… aber wer der Stimme der Vernunft folgt, der hat dauernden Frieden.«[16]

Dieser Friede entsteht, wenn wir beharrlich an dem festhalten, was wir für richtig und wahr erkannt haben, und danach leben. Diese innere und äußere Konsequenz gibt uns nach Seneca die Kraft, jedes Hindernis zu überwinden und jeden Schicksalsschlag zu ertragen:

»Und es gibt tausend anderes, worin hartnäckige Ausdauer jedes Hindernis überwunden und gezeigt hat, dass nichts schwer sei, zu dessen Ertragung der menschliche Geist sich selbst nötigt. … und wir sollten uns nicht der Ausdauer befleißigen, wir, denen ein so herrlicher Lohn winkt? *Die unerschütterliche Ruhe der glücklichen Seele?*«[17]

Statt von der glücklichen Seele spricht Seneca auch von der heiteren Seele (lat. »serena«, was auch fröhlich, hell, klar, ruhig bedeutet). Seelenruhe als Ergebnis der zur Weisheit gereiften Seele ist wie klares Wasser. In dem einleitenden Zitat von Apelt können wir eine feine Differenzierung heraushören, die auch in den Formulierungen Senecas gelegentlich angedeutet wird. Danach kann die heitere Gelassenheit entweder mit dem Glück selbst identifiziert werden oder als die unabdingbare Voraussetzung für die Erlangung von Glück angesehen werden. Der Unterschied ist gering, mag aber das Phänomen für jene verständlicher machen, die Glück weniger in einem ausgeglichenen Seelenzustand als vielmehr in den daraus erwachsenden Momenten starker emotionalen Ergriffenheit erblicken. Für Seneca und die Antike sind solche gesteigerten Momente Früchte der Seelen- oder Gemütsruhe, wie Wohlgemutheit oder Heiterkeit Früchte einer vernünftigen, weisen Lebensführung sind. Der vermeintliche Unterschied verflüchtigt sich.

»Froh und heiter zu sein ist eine selbstverständliche und natürliche Beigabe der Tugend (Weisheit) …«[18]

Die Vorstellung von der Seelenruhe als Voraussetzung und Bedingung für das Erleben von Glück und für das gelingende Leben vermeidet das Missverständnis, die Antike habe damit einen statischen, monotonen Zustand gemeint. Diesen Eindruck legen die Sprache und das begriffliche Erfassen der Phänomene nahe, weil sie auf das Bleibende, Gültige und Kommunizierbare in allem Wandel zielen. Dass hier stets dynamische, sich ständig verändernde Prozesse gemeint sind, wird nicht immer ausgesprochen. Wir müssen es hinzudenken, um richtig zu verstehen, was gemeint ist. Das Auf und Ab der Stimmungen und Gefühle war den Alten durchaus bekannt. Wo Seelenruhe herrscht, betreffen diese Schwankungen jedoch nicht den Kern des Selbst, die Mitte der Existenz, Identität und Authentizität der Persönlichkeit. Im bewegten Strom des Lebens ist die Seelenruhe das Bleibende, eine Grundstimmung der Heiterkeit, das unerschütterliche Fundament der Seelenverfassung. Die Buddhisten verwenden das Bild des tiefen Ozeans, auf dessen Oberfläche die Wellen spielen.

»Seelenleid aber befällt einen Weisen nicht; *seine Seele ist heiter, und nichts kann sich ereignen, das sie verdüstert.* … allen Zorn des Schicksals wird er abprallen lassen und ihn brechen, bevor er ihn erreicht; dasselbe Gesicht wird er stets bewahren, freundlich, unerschütterlich …«[19] Seneca spielt hier möglicherweise auf die Episode des griechischen Philosophen Anaxagoras an, der keine Miene verzog, als er erfuhr, dass sein Sohn in einer Schlacht gefallen war. Auf die Frage der Umstehenden, warum er so ruhig bliebe, antwortete er, er wusste, dass er einen Sterblichen erzeugt habe.

Seelenruhe als Folge eines naturgemäßen Lebens

Die Erlangung der Seelenruhe hat viel mit einer Lebensweise zu tun, die für die Stoiker und Seneca eine zentrale Bedeutung hatte und die sie ein »naturgemäßes Leben« nannten. Damit war zum einen gemeint, so weit wie möglich der umfassenden, alles Leben durchwaltenden Natur zu folgen und jene Gesetzmäßigkeiten und Rhythmen in sich zu spüren und aufzunehmen, die wir überall in der Natur erkennen können. Zum anderen war damit gemeint, dass wir unserer individuellen Natur gerecht werden, indem wir unsere besonderen Talente und Veranlagungen entfalten, jedoch auch angemessen mit unseren persönlichen Schwächen und Defiziten umgehen. Dies führe nach Seneca nicht nur zu »Friede und Eintracht der Seele«, sondern auch zu Glück und seelisch-geistiger Gesundheit. In seiner Schrift »Vom glücklichen Leben« findet sich eine bezeichnende Passage:

»Dabei halte ich mich, worin die Stoiker alle übereinstimmen, an die Natur. Von ihr nicht abzuirren, nach ihrem Gesetz und Beispiel sich zu bilden, das ist Weisheit. *Glücklich also ist dasjenige Leben, das mit seiner Natur in vollem Einklang steht.* Dies Ziel zu erreichen, ist aber nicht anders möglich, als wenn zuvörderst der Geist gesund und im dauernden Besitz dieser seiner Gesundheit ist, wenn er ferner tapfer und voll Feuer ist, sodann auch im Leiden ein schönes Muster von Ergebenheit, in die Umstände sich schickend, achtsam auf den Körper und seine Bedürfnisse, doch nicht bis zur Ängstlichkeit, voll bedacht auch für alles, was sonst zum Leben gehört, ohne die mindeste Überschätzung, bereit, des Schicksals Gaben zu nutzen, nicht aber, um sich zu ihrem Sklaven zu machen. Als Folge davon stellt sich … *andauernde Ruhe, verbunden mit dem Gefühl der Freiheit, ein* unter Fernhaltung von allem, was uns reizt oder in Schrecken versetzt. … *Friede und Eintracht der Seele …*«[20]

Die »Eintracht der Seele«, der Ausgleich der verschiedenen Kräfte und Energien in Körper und Seele, verschafft innere Ruhe. In der Natur gleicht sich alles aus. Wo jedes Organ das Seinige tut, herrschen gesunde Verhältnisse. Um diesen ausgewogenen Zustand zu wahren, müssen wir jede Abhängigkeit und Einseitigkeit vermeiden und innerlich frei und unabhängig werden. Wir müssen selbstgenügsam auf Körper und Geist achten, dürfen unsere Leistungsfähigkeit nicht überschätzen und sollten wissen, was wir wirklich brauchen, aber auch nichts vernachlässigen, was essenziell zum Leben gehört.

Seneca hatte am eigenen Leibe erfahren, wie Unausgeglichenheit von Körper und Seele sich in leidvollen psychosomatischen Symptomen ausdrückt. Seine lebenslangen, in der Jugend lebensbedrohlichen Atembeschwerden konnte er mit einer weisen, ausgewogenen Lebensführung lindern:

»Ich will dir sagen … dass eben das, was mir zur inneren Ruhe verhalf, auch wie eine Arznei auf meine (äußere, Verf.) Krankheit wirkte. … *und was das Gemüt aufrichtet, das kommt auch dem Körper zugute.* Unsere wissenschaftlichen Beschäftigungen waren es, die mir zum Heile gereichten. *Der Philosophie danke ich es, dass ich mich aufrichtete, dass ich genas; ihr danke ich mein Leben*, und das ist noch das Allergeringste, was ich ihr danke.«[21]

Das naturgemäße Leben führt uns nach Seneca in unsere Mitte, zentriert uns, indem es eine Balance zwischen unseren Bestrebungen, Bedürfnissen, Seelen- und Körperkräften herstellt. In dieser harmonischen Einheit verdichtet sich der Kern unseres Seins. Wir erleben innere Geborgenheit:

»Denn wer Ruhe sucht oder Muße, hat durch diese sittliche Vollkommenheit den Inbegriff seines Wesens gefunden, das den Frieden sucht und sich selbst beherrscht.«[22]

Seelenruhe als harmonische Einheit

Wer zur eigenen Mitte gelangen möchte, in die Geborgenheit im Inneren, zur Gelassenheit, der muss seelische Kräfte wie Bedürfnisse, Wünsche, Ängste, Abneigungen, die nicht selten gegenläufig sind, in ein friedliches Miteinander bringen. Echte Zielkonflikte und starke Ambivalenzen müssen so ausgeglichen werden, dass der »schöne Fluss des Lebens« nicht ins Stocken gerät und wir missmutig, verstimmt, unausgeglichen, gereizt und aggressiv werden. Wir sind aufgefordert, uns den seelischen Problemen und ungelösten Konflikten bei der Verarbeitung innerer und äußerer Ereignisse zu stellen. Nur so kommen wir zu einer Lösung, mit der wir selbst unter bisweilen schwierigen Gegebenheiten gut leben können. Es geht um Versöhnung mit uns selbst und den Abbau innerer Spannungen. Dies ist ein kontinuierlicher Prozess, in dem wir unsere Mitte und den eigenen Lebensfluss mit den Umständen und dem innerseelischen Kräftespiel konstruktiv und harmonisch einschwingen.

»Unsere Frage geht also dahin, wie man der Seele zu einem gleichmäßigen und heilsamen Gange verhelfen kann, dergestalt, dass sie in bestem Einvernehmen mit sich stehe und ihre Freude an sich selbst habe und diese Freude nicht unterbreche, sondern immer im Zustand friedlicher Ruhe verharre, sich weder überhebend noch sich herabwürdigend: das wird das Wesen der Gemütsruhe ausmachen.«[23]

Wollen wir zur inneren Ruhe kommen, so müssen wir unsere Schwächen und Fehlverhalten – Seneca nennt sie »Laster« – abbauen und dürfen den Sinnengenüssen nicht freien Lauf lassen. Wir dürfen nicht träge in leidvollen Denk-, Wollens- und Verhaltensmustern verharren, sondern sollen uns aufraffen, uns zu Veränderungen entschließen und durch Einüben wohltuender Gewohnheiten an uns arbeiten.

»Denn Trägheit und Unentschlossenheit ist ein Zeichen von innerem Kampf und Unbeständigkeit. Darum kann man kühnlich sagen, das höchste Gut sei Seeleneintracht. Denn da kann es wohl an Tugenden nicht fehlen, wo Übereinstimmung und Einheit sich findet: *Zwietracht hat ihren Sitz bei den Lastern.*«[24]

Die sich nur dem Vergnügen hingeben, ohne in sich aufzuräumen, denen wird nach Seneca *»der Zwiespalt in ihrem Inneren ihren Geist beunruhigen«*.[25]

In der Tat können wir bei kritischer und aufmerksamer Betrachtung häufig feststellen, dass sich hinter der Fassade von Menschen, die von Vergnügen zu Vergnügen eilen, ungelöste seelische Konflikte und verdrängtes Leid, Leere und Orientierungslosigkeit verbergen. Ständig ringen und streiten im Menschen ambivalente Kräfte. Nur wer diesen Streit zu schlichten vermag, der erlangt Gelassenheit, Seelenruhe und Wohlbefinden.

»Mag immerhin draußen alles von Lärm erfüllt sein: wenn nur im Innern kein Aufruhr tobt, wenn nur Begierde und Furcht nicht miteinander ringen, wenn nur Habsucht und üppige Begehrlichkeit nicht miteinander im Streite liegen und eine der anderen übel mitzuspielen trachtet.«[26]

Seneca sieht sehr wohl, dass der Kampf gegen innere Zwietracht und Unruhe eine schwierige Aufgabe ist, die vollständig zu meistern nur wenigen gelingt. Die Mehrzahl der Menschen scheut diese Auseinandersetzung, sie laufen vor sich selbst davon und fliehen in hektische Betriebsamkeit. Stille, Nichtstun und Alleinsein fallen ihnen schwer, denn dies sind die Momente, in denen sich das Innere meldet und man unruhig wird. Wer mit sich selbst nicht zurechtkommt, dem fehlt es an Mut, Entschlossenheit, Einsicht und Kraft, sich seinem Leben mit seinen Ambivalenzen und Spannungen zu stellen. Er fürchtet sich davor, ernsthaft an sich zu arbeiten und die eigene Persönlichkeit weiterzuentwickeln. Leben zu lernen und gut zu leben, macht gerade am Anfang Mühe, kann in schwierigen Situationen anstrengend und bisweilen langwierig sein. Wenn das nicht so wäre, dann würde die Welt seit Langem anders aussehen, als sie das leider tut.

»*Nach dem Trubel der Geschäfte und Menschen sollen die verlangen, die es mit sich nicht aushalten. Du dagegen kommst mit dir selbst am besten aus. Man braucht sich aber nicht zu wundern, dass dies nur wenigen gelingt; wir sind unsere eigenen Despoten und fallen uns selbst zur Last*, wenn wir bald an Eigenliebe leiden, bald uns selbst nicht ausstehen können und die arme Seele bald hochmütig aufblähen, bald mit Begierden plagen, bald durch Genuss erschlaffen, bald mit Sorgen quälen und – das schlimmste Elend! – *nie selbstständige Charaktere sind. So muss es ja in einer so großen Gesellschaft von Lastern andauernd Streit geben.*«[27]

»Selbstständige Charaktere« – so Seneca – sind Menschen, die innerlich unabhängig sind und nach der eigenen besten Einsicht leben, wie es die jeweiligen äußeren Umstände erfordern. Die Unabhängigkeit richtet sich im Allgemeinen gegen äußere Einflüsse, hier aber gegen die Versuchungen in der eigenen Seele. Selbstständigkeit bedeutet in diesem Zusammenhang jedoch auch harmonische Einheit, Identität und Authentizität. Erlangen wir eine solche Selbstbestimmtheit durch eigenverantwortliche Lebensgestaltung und behalten besonnenes Abwägen und Ausgleichen von innerseelischen Kräften und äußeren Herausforderungen die Oberhand, dann stellt sich jene gelöste, nämlich konfliktfreie, heitere Gelassenheit ein, die Seneca als höchstes Gut bezeichnet, als den »Frieden von Körper und Seele«:

»Die Seele ist in vollem Gleichgewicht und in friedlicher Verfassung: was kann zu dieser Ruhe noch hinzu kommen? Wie die Heiterkeit des im reinsten Glanze strahlenden Himmels keiner weiteren Klärung mehr fähig ist, so hat der Zustand des Menschen, der Körper und Geist in richtiger Pflege hält und beide der Gewinnung des höchsten Gutes (Tugend, Weisheit, Glück, Wohlbefinden, Gelassenheit, Verf.) dienstbar macht, seine Vollendung erreicht. … Gesellen sich dem noch andere Annehmlichkeiten bei, so ist das keine Vergrößerung des höchsten Gutes, wohl aber eine Art Würze und erfreuliche Beigabe. Denn jenes vollendete Gut der Menschennatur fordert nichts weiter als *den Frieden von Körper und Seele.*«[28]

Die Arbeit an sich selbst ist Pflege von Körper, Geist und Seele, der innere Friede diejenige Seelenverfassung, die am besten geeignet ist, die Freuden und Geschenke des Lebens zu genießen und zuversichtlich und angstfrei der Zukunft entgegenzusehen. An Lucilius schreibt Seneca:

»Oh, wann wirst du jene Zeit sehen, wo du erkennen wirst, dass die Zeit dir nichts anhat, *wo dir Ruhe und Frieden beschieden sein wird und wo du, völlig zufrieden mit dir selbst, dem nächsten Tag unbekümmert entgegensehen kannst.*«[29]

Seelenruhe als Unerschütterlichkeit

Das Wesentliche, worum es den Stoikern und Seneca bei der Seelenruhe geht, ist die seither berühmt gewordene »Unerschütterlichkeit des Weisen«, die zusammenfassende Beschreibung einer idealen Seelenverfassung, die fest, gelassen und unantastbar in sich ruht. Eine unruhige und aus dem Gleichgewicht gebrachte Seele kann nicht glücklich sein. Was die seelische Unruhe verursacht, sind die alltäglichen größeren und kleineren äußeren Ereignisse, Verhältnisse, Erschütterungen und Veränderungen, die negativ auf unser Seelenleben einwirken. Lebenskunst ist die Fähigkeit, sich dagegen rasch, gezielt und auf die beste Weise zur Wehr zu setzen, um die eigene Mitte zu schützen. Der optimale Zustand ist erreicht, wenn wir eine Seelenverfassung herstellen, deren Kern die äußeren Ereignisse überhaupt nichts anhaben können:

»… so ist des Weisen Seele fest und hat so viel Kraft gesammelt, dass sie vor Unrecht sicher ist … Ja, vielleicht wird die Kraft der Weisheit noch in höherem Maße bezeugt durch die *Seelenruhe inmitten feindlicher Bedrohungen.*«[30]

Für Seneca ist damit ein Punkt in der Persönlichkeitsentwicklung erreicht, den er als Vollendung des Menschen bezeichnet. Was dann auch immer geschieht, wir geraten nicht »außer uns«, wie stark unser Mitgefühl und unsere persönliche Betroffenheit auch sein mögen. Wir bleiben bei uns und in unserer Mitte und können das Geschehene verarbeiten. Wir bleiben offen für das Glück und die Freude, die das Leben für uns genauso bereithält wie das Leiden.

»Lass dir also gesagt sein: erst dann bist du ein Mensch wie er sein soll, wenn du gleichgültig bist gegen jeden Lärm, wenn keine Stimme dich aus der gewohnten Fassung bringt …«[31]

Es ist dieses Sich-selbst-Gleichbleiben, die Wahrung der eigenen Identität, des Selbst, das Authentisch-Sein, um das es Seneca und den Stoikern geht. Vermieden wird ein Selbstverlust, das Herausfallen aus der eigenen Mitte, das von seinen ungezügelten Emotionen Weggerissen-Werden. Das tritt dann ein, wenn wir die äußeren Ereignisse zu dicht an uns heranlassen und uns von ihnen vereinnahmen lassen. Nach Seneca ist wahre »Geistesgröße«, wenn wir uns gleichbleiben und unser Wesen bewahren.

»Nichts ist ein sicherer Beweis von Geistesgröße, als wenn einem nichts begegnen kann, was einen in Aufregung (leidvolle innere Unruhe, Verf.) zu setzen vermöchte. … *Ebenso der erhabene Geist: immer ruhig und in gleichmäßig fester Haltung verharrend, lässt er in seiner Seele nichts aufkommen, was den Zorn wachrufen könnte, maßvoll und Ehrfurcht erweckend und bestens geordnet.*«[32]

Was von dem Wesen des Sokrates überliefert wurde, das war für Seneca und andere das Ideal eines Weisen sowie Vorbild und Leitstern für die eigene Persönlichkeitsentwicklung:

»Bis zum letzten Augenblick bewahrte er jenen bewundernswerten und einzigartigen Vorzug: weder heiterer noch trauriger sah irgendjemand den Sokrates. *Er blieb sich gleich bei aller Ungleichheit seines Schicksals.*«[33]

Das ist weder Gefühlskälte noch emotionales Abgestumpft-Sein, sondern der Ausdruck vollkommenen Ruhens in sich, ein Gesammelt-Sein und eine innere Geborgenheit. Auch Sokrates empfindet Freude und Trauer, aber maßvoll. Alles tritt in den Hintergrund angesichts einer wohltuenden Grundstimmung heiterer Gelassenheit, die tiefere Freude vermittelt als jedes Vergnügen.

»Soll Sokrates nicht mehr im Stande sein mit der nämlichen Miene in sein Haus zurückzukehren, mit der er es verlassen hatte? Soll wirklich der Weise über Schandtaten zürnen und über Verbrechen sich aufregen und betrüben, dann gibt es nichts Bedauernswerteres als den Weisen: sein ganzes Leben wird nichts anderes sein als eine Kette von Anlässen zu Zorn und Trauer.«[34]

Um nachhaltig Glück zu empfinden und erleben zu können, müssen wir lernen, dem Schicksal, sofern wir es nicht ändern können, die Stirn zu bieten und standzuhalten. Seneca sieht das Ideal guter Lebensführung darin, tapfer, kraftvoll, gefasst, achtsam und beharrlich, allen äußeren Anfeindungen zum Trotz, die eigene Identität und positive Grundstimmung zu wahren, um sich die Freude am Leben durch nichts nehmen zu lassen, mag der Sturm der Ereignisse noch so gewaltig sich erheben und die innere Burg umtosen.

»Eine Seelenverfassung, die auf Erkenntnis der Wahrheit bedacht ist, die kundig ist dessen, was man zu meiden und was zu erstreben hat, die den Wert der Dinge nicht nach einem eingebildeten, sondern nach ihrem natürlichen Maßstab bestimmt, die den Geheimnissen des Weltalls nachspüren und alle Seiten der Tätigkeit desselben ihre volle Aufmerksamkeit schenkt, schneidig im Denken und Handeln, ebenso hochherzig wie tatkräftig, gegen jedes Wetter gefeit, sei es Sturm oder Sonnenschein, keiner Schicksalslaune sich beugend, erhaben über alle Zufälligkeiten und Vorkommnisse, von unvergleichlicher Schönheit und einer Selbstbeherrschung, in denen sich Würde und Kraft vereinigen, besonnen und nüchtern, aller Leidenschaft und Furcht enthoben, von keiner Gewalt gebeugt, durch den Wechsel des Schicksals weder übermütig gemacht noch zu Boden gedrückt: eine solche Seelenverfassung heißt Tugend.«[35]

Statt »Tugend« können wir auch Weisheit sagen, d. h. eine philosophische Lebensführung, die zu einer inneren Haltung geworden ist und unsere Persönlichkeit in allen ihren Bezügen maßgeblich prägt. Diesem Ideal können wir uns nur dann annähern, wenn wir uns kontinuierlich weiterentwickeln und wohltuendes Denken, Wollen und Verhalten einüben. Dafür müssen wir – so Seneca – Zeit und Kraft investieren und unsere Energie nicht in übertriebenen Geschäftigkeiten verausgaben, was leider häufig der Fall ist.

»Hier kann uns die heilsame Vorschrift des Demokrit zugute kommen, derzufolge die Gemütsruhe sich darin kundgibt, dass man weder im persönlichen noch in öffentlichen Angelegenheiten vieles oder unsere Kräfte Übersteigendes unternehme. Niemals geht einem Vielbeschäftigten der Tag dahin, ohne dass ihm nicht durch eine Person oder eine Sache ein Strich durch die Rechnung gemacht würde, wodurch sein Zorn geweckt wird. … Unsere Vorsätze nahmen einen anderen Verlauf als wir gedacht. Keinem ist das Glück so gewogen, dass es seinen vielen Versuchen sich durchweg freundlich erwiese. So kommt es denn, dass der, dem manches gegen seinen Plan verläuft, unduldsam wird gegen Menschen und Dinge und aus den geringfügigsten Gründen in Zorn gerät, bald über eine Person, bald über ein Geschäft, bald über einen Ort, bald über das Schicksal, bald über sich selbst. … *Lässt Du dich auf ein Unternehmen ein, so schätze genau die eigene Kraft ab sowie die Bedeutung dessen, was du vorhast und was auf dich selbst bestimmend einwirkt.*«[36]

Die Kraft und innere Stärke, die uns in uns ruhen und den äußeren Anfeindungen standhalten lassen, haben wir nur, wenn wir uns nicht ständig geistig, seelisch oder körperlich überfordern. Die Wahrung innerer Unerschütterlichkeit, Ausgeglichenheit und Ruhe sowie die allgemeine Fähigkeit zu eigenverantwortlicher Selbststeuerung sind beschränkte Ressourcen. Sie können sich wie jede Kraft erschöpfen und brauchen deshalb kontinuierlich Energie. Nicht nur gelegentlich, sondern ständig sollten wir uns daher bemühen, den eingeschlagenen Kurs zu halten und beharrlich zu bleiben in unserem Denken, Wollen und Verhalten. Die praktische Philosophie Senecas, wie die der gesamten Antike, ist kein Wissensfach, sondern eine Lebensform. Zur Lebensschulung gibt es keine Alternative. Verweigern wir hier das Lernen und Einüben, zahlen wir dafür mit Leiden und verpasster Lebensfreude.

Seelenruhe durch Relativierung äußerer Werte

Von besonderem Interesse ist der Schlusssatz des letzten Zitats: »*… so schätze genau die eigene Kraft ab sowie die Bedeutung dessen, was du vorhast und was auf dich selbst bestimmend einwirkt.*« Wir sollen nicht nur unsere Kräfte richtig einschätzen und damit klug haushalten, sondern die Bedeutung dessen abwägen, was wir vorhaben. Beides hängt eng zusammen. Je mehr Bedeutung wir einer Beschäftigung einräumen, umso größer ist der Energieverbrauch, und umso schneller erschöpfen wir uns. Geben wir einer Sache höchste Priorität, so können sich leicht innere Unruhe, Sorgen und Ängste einstellen. Wir geraten in Stress und fühlen uns ausgelaugt, selbst dann, wenn wir unser Tun als positiv und erfüllend erleben.

Dagegen können wir die Bedeutung einer Tätigkeit auch relativieren und sie mit weniger Druck bewältigen. Nehmen wir uns ein Beispiel an Sokrates, der seine Mitbürger dazu aufrief, sich mehr um ihr seelisches Wohlbefinden und die rechte Lebensweise zu kümmern als um ihre Geschäfte und die Vermehrung ihres Vermögens. Folgen wir diesem Rat, so können wir entspannter unserer beruflichen Tätigkeit nachgehen und haben mehr Energie zur Verfügung, um unseren Seelenhaushalt in Ordnung zu bringen und die innere Ausgeglichenheit nicht zu verlieren. Dass wir auf diese Weise in unserem Beruf weniger leisten, ist keineswegs ausgemacht. Vermutlich ist das Gegenteil der Fall. Es geht darum, einen energiezehrenden inneren Druck abzubauen, nicht darum, an Eifer und Entschlossenheit nachzulassen. Um gelassen zu bleiben und das Leben ruhig fließen zu lassen, ist es daher von größter Bedeutung, welchen Stellenwert wir den Dingen, Aufgaben, Tätigkeiten und Verhältnissen geben, die das Beziehungsgefüge unseres Lebens maßgeblich prägen.

Häufig empfiehlt Seneca, die Perspektive zu wechseln und auf Distanz zu gehen zu dem, was wir tun, uns wie ein Vogel in die Lüfte zu schwingen und aus großer Höhe auf uns zu schauen. So relativiert sich vieles, und wir erkennen, dass eine rastlose Betriebsamkeit dazu führt, die angemessene Gewichtung der Dinge aus den Augen zu verlieren. Dadurch gerät unsere innere Werteordnung durcheinander, und ihre Umsetzung ist nicht mehr sicher. Zwischen dem, was wir wirklich brauchen und wollen, und dem, was wir tun und leben, entsteht eine Kluft. Wenn wir aufmerksam und in Ruhe uns und unser Verhalten betrachten, können wir wieder eine Übereinstimmung herstellen zwischen unserem Tun und unseren Werten. Die höchste Maxime ist es, unsere Wertehierarchie zu bewahren und zu leben. Dies zeichnet nach Seneca eine reife Persönlichkeit aus:

»Einer großen Seele aber ist es eigentümlich, gelassen zu sein und ruhig sowie Ungerechtigkeiten und Beleidigungen aus der Höhe zu betrachten.«[37]

»Nun, was mich betrifft, so scheint es mir der beste Rat, sich eine hochwertige Gesinnung anzueignen und sich klarzumachen, wie niedrig, verwerflich und für jeden, der sich höhere geistige Ziele steckt, verächtlich das ist, worum wir uns zanken, hin und her laufen, außer Atem geraten. … *Glaube mir, es sind reine Lappalien, wegen deren wir so heftig aufbrausen, Dinge wie die, um welche sich Knaben zanken und streiten. Nichts von dem, was wir mit so tiefer Ergriffenheit betreiben, ist wirklich ernst und groß.«*[38]

Philosophisch zu leben bedeutet, alles am Wesentlichen zu messen, nie zu vergessen, worauf es ankommt, sich von den Dingen nie so vereinnahmen zu lassen, dass wir ihnen einen anderen als denjenigen Wert geben, der ihnen im Gesamten unseres Lebensentwurfs zukommen soll. Gemessen an den Werten der Lebendigkeit und Ausgeglichenheit, einer authentischen Lebensweise, der Versöhnung im Inneren wie im Äußeren, verliert alles andere schnell an Bedeutung. In dem Maße, wie das geschieht, nehmen Seelenruhe und Gelassenheit zu. Diese inneren Werte sind mit den *»höheren geistigen Zielen«* gemeint, von denen Seneca spricht. Häufig jedoch geraten wir durch unsere Geschäftigkeit außer Atem und lassen uns ganz vereinnahmen von unserer Arbeit, von unseren weltbezogenen Zielen, Wünschen und Plänen. Anstatt das eigentliche Leben zu leben, ergreift uns der leere Schein einer materiellen, konsumorientierten Oberflächlichkeit.

Seelenruhe ist keine Gefühlskälte oder Untätigkeit

Wir dürfen die Seelenruhe als Unerschütterlichkeit und heitere Gelassenheit der Seele nicht verwechseln mit Emotionslosigkeit oder Untätigkeit durch ein fatalistisches Geschehen-Lassen. Wir haben durchaus Emotionen, lassen uns durch sie jedoch nicht in unseren Grundfesten erschüttern.[39] Aus einer Befindlichkeit der Seelenruhe heraus können und sollen wir uns engagieren und an einer Verbesserung der äußeren Umstände arbeiten. Wir haben äußere Ziele und verfolgen sie entschlossen und kraftvoll. Auch in der Welt zu wirken und Spuren zu hinterlassen, ist ein wichtiges Bedürfnis, dessen Befriedigung in uns Freude auslöst. Die wichtigeren Ziele aber liegen in uns, und wir erreichen sie schon dann, wenn wir tun, was in unserer Macht steht. Seneca nennt dies: die Pflicht erfüllen. Entscheidend ist, dass wir mit uns selbst übereinstimmen in dem, was wir denken, wollen und tun. Nicht entscheidend ist, ob wir das, was wir planen, auch tatsächlich erreichen. Denn dies liegt nur zum Teil in unserer Hand. Frustration entsteht für Seneca nicht dann, wenn unsere äußeren Unternehmungen fehlschlagen oder sich anders entwickeln als geplant, sondern wenn wir selbst versagen und nicht tun, was unser Inneres von uns fordert.

»*Bisweilen ist die Ruhe unruhig*. Daher gilt es, uns zu einem tätigen Leben aufzuraffen und uns unverdrossen in die Wissenschaften zu versenken, sooft die sich selbst unausstehliche Trägheit uns in Missstimmung versetzt.«[40]

Die »unruhige Ruhe« ist eine in sich dynamische, wache und achtsame Ruhe. Wir sind aktiv, schöpferisch, entschlossen – zugleich aber auch ausgeglichen, gelassen und innerlich fest.

»Geben wir denn unserer Seele den Frieden, den ihr die beständige innere Beschäftigung mit heilsamen Lehren, *redliches Handeln* und eine stets nur auf Pflicht und Ehre bedachte Sinnesart verschaffen kann! *Das Gewissen sei unser Leitstern, das Gerede der Leute kümmere uns nicht bei unserem Tun …*«[41]

Seelenruhe bedeutet nicht Langeweile, Passivität oder Gefühlsstarre. Wir bleiben mit der Welt verbunden. Die Relativierung äußerer Werte geht nicht so weit, dass diese nichtig werden. Wir bleiben Mensch und kümmern uns um unsere menschlichen Aufgaben und Pflichten. Bei alledem aber schützen wir unsere innere Burg und die Geborgenheit in uns selbst. Zur angeblichen Gefühlskälte sagt Seneca:

Die schwere Not »fühlt der Weise, ich leugne es nicht, denn ich will ihm nicht die Härte von Stein und Eisen zuschreiben. Das ist keine Tugendkraft, was überhaupt kein Gefühl des Leidens kennt.«[42]

Wer gar nichts empfindet, kann sich auch nicht einbringen und als Mensch bewähren. Die Leistungen, die eine reife Persönlichkeit auszeichnen, entspringen einem Ringen mit den inneren Kräften, in dem die weise Vernunft die Oberhand behält. Der innerlich ausgeglichene und in sich ruhende Weise besiegt die maßlosen Leidenschaften, nicht seine Gefühle.

»Ich gebe es zu: er wird eine leichte und gelinde Bewegung in sich verspüren; denn wie Zenon sagt, auch in des Weisen Gemüt bleibt, selbst wenn die Wunde geheilt ist, noch eine Narbe zurück. Er wird also gewisse Ahnungen, einen gewissen Schimmer der Leidenschaften in sich wahrnehmen; von ihnen selbst aber wird er frei sein.«[43]

Zentrale Lehrsätze

- Innere Ausgeglichenheit führt zur Seelenruhe und Gelassenheit. Darin besteht das gelingende Leben.
- Die Störung der inneren Ausgeglichenheit erleben wir als seelisches Leiden. Ziel des Lebens ist es daher, einen unerschütterlichen Charakter zu erlangen.
- Zur Seelenruhe gelangen wir, indem wir beharrlich an dem festhalten, was wir für richtig halten, und demgemäß leben, sodass wir uns stets gleich bleiben.

- Ziel eines gelingenden Lebens ist die Versöhnung mit sich selbst und die Entwicklung der Persönlichkeit zu einer in sich stimmigen Einheit mit einem eigenständigen und gefestigten Charakter.
- Man verliert seine Gelassenheit und Seelenruhe, wenn man sich geistig oder körperlich überfordert. Es ist daher wichtig, die eigenen Kräfte und Fähigkeiten richtig einzuschätzen.
- Bei allem, was man tut, sollte man, so weit wie möglich, Druck herausnehmen. Das meiste, was wir im Außen tun, hat wenig Bedeutung für ein glückliches Leben.
- Gelassenheit darf weder mit Gleichgültigkeit noch mit Gefühlskälte verwechselt werden.

Kernzitate

- *»Glücklich also ist dasjenige Leben, das mit seiner Natur in vollem Einklang steht.«*
- *»Darum kann man kühnlich sagen, das höchste Gut sei Seeleneintracht.«*
- *»Ebenso der erhabene Geist: immer ruhig und in gleichmäßig fester Haltung verharrend, lässt er in seiner Seele nichts aufkommen, was den Zorn wachrufen könnte, maßvoll und Ehrfurcht erweckend und bestens geordnet.«*
- *»Erst dann bist du ein Mensch wie er sein soll, wenn keine Stimme dich aus der gewohnten Fassung bringt …«*
- *»Ja, vielleicht wird die Kraft der Weisheit noch in höherem Maße bezeugt durch die Seelenruhe inmitten feindlicher Bedrohungen.«*
- *»Einer großen Seele aber ist es eigentümlich, gelassen und ruhig zu sein sowie Ungerechtigkeiten und Beleidigungen aus der Höhe zu betrachten.«*

Selbstsorge

»Folge meinem Rat, mein Lucilius, widme dich dir selbst ...«[44]

Es ist bezeichnend, dass mit diesen Worten das umfangreiche Hauptwerk Senecas, die »Briefe an Lucilius«, beginnt. In ihm hat er seine Lebenslehre als unvergängliches Vermächtnis der Nachwelt hinterlassen.[45] Wer lernen will, gut zu leben, hat bei sich selbst anzufangen. Es ist ein Prozess der Selbsterziehung, ein Um-sich-selbst-Kümmern, ein Sorgen um die eigene seelische Verfassung. Dies liegt nicht nur der Bewältigung und Erfüllung des eigenen Lebens zugrunde, sondern jedem gelingenden Miteinander von Menschen, sei es in der Partnerbeziehung, der Familie, in der Ortsgemeinschaft, im Staat und in der Welt. Allem antiken Weisheitsdenken gemeinsam ist die Erkenntnis, dass jede positive Veränderung in der Welt vom Einzelnen und seiner Fürsorge um die eigene Seele ausgeht. Schon Sokrates hatte den Athener Bürgern zugerufen, sich um das eigene Seelenheil zu kümmern. Sein Schüler Platon spricht von der Sorge für die eigene Seele.[46] Alle sokratischen Schulen sind darin dem Meister gefolgt, so auch die stoische, der Seneca zugehört.

In der Stoa finden wir diesen Gedanken in einer ihrer grundlegenden Lehren wieder, wonach der Mensch von Natur aus zuerst von einem Impuls der Selbsterhaltung, Selbstaneignung und Selbstliebe angetrieben wird. Er ist sich selbst überantwortet, seine erste natürliche Pflicht ist es, sich zu erhalten, ferner zu lieben, was diesen Bestand erhält. Diese Auffassung wurde Oikeiosis-Lehre genannt, abgeleitet aus dem griechischen Wort oikos, das Haus oder Hausgemeinschaft bedeutet. Wir sind von Natur aus darauf ausgerichtet, »unser Haus zu bestellen«, also unseren Seelenhaushalt in Ordnung zu bringen. Der Mensch ist das Wesen, das zu sich selbst in Beziehung steht, dem es – mit den Worten Heideggers – »in seinem Sein *um* dieses Sein selbst geht«.[47] Er ist zunächst einmal aufgerufen, bei und in sich selbst für ein gedeihliches Miteinander der unterschiedlichen Seelenkräfte zu sorgen. Auf dem gelingenden Umgang mit sich selbst, auf einer weisen Selbstsorge, beruht sein Wohlbefinden und das seiner Mitmenschen, seiner »Hausgemeinschaft«, seines näheren Umfelds und global betrachtet: der Welt.[48] Wir führen diesen wichtigen Aspekt hier an, um dem Missverständnis vorzubeugen, die stoische Lebensschule fördere einen rücksichtslosen, selbstbezogenen Egoismus.

»Es lebt nur«, sagt Seneca, »wer sich vielen nützlich erweist, es lebt nur, wer von sich selbst den rechten Gebrauch zu machen weiß. Aber wer sich versteckt hält und im Stumpfsinn dahinlebt, für den bedeutet sein Haus soviel wie sein Grab. Gleich auf ihrer Schwelle kannst du ihren Namen in den Marmor schreiben: ihrem Tod sind sie zuvorgekommen.«[49]

Diejenige Selbstsorge, die von sich den rechten Gebrauch macht, nützt auch den Mitmenschen. Nur eine solche richtig verstandene Selbstsorge ist für Seneca wahrhaftes Leben.

Vorrang der Selbstsorge

Die Ordnung des eigenen Seelenhaushalts ist das Erste, um das wir uns kümmern müssen. Von ihr geht alles aus. Wer sich nicht selbst in Ordnung bringt, wer sein Wesen, seine Identität, seine Existenz und Authentizität nicht schützt, pflegt und ausbildet, der dient weder seinem eigenen noch dem Leben der anderen.

»Ein lebendes Wesen ist zunächst für sich selbst eingenommen, denn es muss etwas geben, worauf das andere bezogen werde.«[50]

Seneca argumentiert formal. Wo kein Ich ist, kann es überhaupt keine Art von Beziehung geben, denn jede Beziehung setzt mindestens zwei Bezugspunkte voraus. Er fährt fort:

»Ich hasche nach Vergnügen; für wen? Für mich. *Ich trage also Sorge für mich.* Ich meide den Schmerz; für wen? Für mich. *Ich trage also Sorge für mich.* Wenn ich alles aus Sorge für mich tue, so steht alles andere hinter dieser Sorge für mich zurück. *Diese Sorge wohnt allen Geschöpfen inne,* sie wird ihnen nicht erst beigebracht, sie bringen sie mit auf die Welt. Die Natur geleitet ihre jungen Geschöpfe und stößt sie nicht von sich. Und weil der Schutz aus der Nähe der sicherste ist, *so hat jeder zunächst für sich selbst Sorge zu tragen.*«[51]

Die Selbstsorge ist, ganz im Sinne der Oikeiosis-Lehre, die fundamentale natürliche Eigenschaft aller Lebewesen. Ohne diese Pflege der eigenen Persönlichkeit hinsichtlich seiner existenziellen Grundlagen und der Entfaltung der individuellen Anlagen und Fähigkeiten ist der Fortbestand des Lebens und unserer eigenen Person nicht möglich. So schließt Seneca diesen Gedankengang ab mit der Feststellung der Eigenliebe aller Lebewesen:

»Vor allem dieses Rüstzeug hat die Natur in ihnen angelegt zum Überleben: den Selbsterhaltungstrieb und die Eigenliebe.«[52]

In Bezug auf den Menschen ist Seneca der Auffassung, dass der Sorge um die Seele Vorrang vor dem Körper gebührt:

Kümmere dich um »eine gute Denk- und Sinnesart, um die Gesundheit der Seele und dann erst um die des Körpers«.[53]

Zwar ist die Pflege der körperlichen Funktionen die Voraussetzung dafür, dass wir überhaupt leben. Aber wie Sokrates betont Seneca, dafür sei vonnöten, dass die geistig-seelischen Funktionen intakt sind und gute Arbeit leisten, denn sie besorgen, was der Körper braucht.[54] Sie entscheiden, was wir denken, wollen und tun, was wiederum vielfältige Auswirkungen auf unseren Körper und unser Wohlbefinden hat. Wie viel und was wir essen und trinken, ob wir rauchen oder Sport treiben, wie viel wir uns bewegen, wie viel wir schlafen, wie viele Ängste, Sorgen, Ärger und negative Gefühle wir zulassen und nähren, das alles hat weitreichende Folgen auf unseren Körper. Diese Sorge um den geistig-seelischen Teil des Selbst bezeichnet Seneca auch als »Dienst am Höheren«. Aus diesem Dienst folgt alles andere:

»Machst du den Dienst am Höheren zu deinem Beruf, dann darfst

du rechnen auf eine Fülle von herrlichen Kenntnissen, auf Liebe zur Tugend (Weisheit, Verf.) und auf ihre Betätigung, auf gründliche Abschaffung aller übermäßigen Leidenschaften, auf sichere Kunde über Leben und Sterben, auf tiefe Seelenruhe.«[55]

Diesen Dienst an den höheren eigentlichen Interessen vernachlässigen alle die Menschen, die ihre Zeit ausschließlich anderem Tun zuwenden. Seneca fährt fort:

»Alle Geschäftsleute sind in einer beklagenswerten Lage; am beklagenswertesten aber ist die Lage derjenigen, die sich nicht einmal mit Geschäften für sich selbst abarbeiten: ihr Schlaf richtet sich nach dem Schlaf anderer, ihre Schrittführung nach dem Schritte anderer, ja, selbst in ihrem Lieben und Hassen, diesen freiesten aller Seelenregungen, sind sie ganz an den Befehl eines anderen gebunden.«[56]

Wer nur im Äußeren lebt und sich nicht um sich selbst kümmert, mag er noch so viel Macht, Ansehen und Vermögen ansammeln, hat die Gewalt über sich selbst weitgehend verloren. Ihn steuern, ohne sich dessen bewusst zu sein, Triebe, Gefühle und dunkle Kräfte. Er gestaltet sein Leben nicht von innen heraus, sondern wird in seiner Lebensweise maßgeblich von den äußeren Ereignissen und den dadurch in ihm ausgelösten Affekten bestimmt. Die tiefsten Bedürfnisse werden nicht wahrgenommen und haben keinen Einfluss auf seine Lebensführung. Seneca benutzt ein Bild, um Menschen zu beschreiben, die im Äußeren Erfolg haben, aber bei sich selbst versagen, weil sie die Selbstsorge vernachlässigen:

»Denn was frommt es, ein Pferd in seiner Gewalt zu haben und seinen Lauf durch die Zügel zu regeln, sich selbst aber von den zügellosesten Leidenschaften fortreißen zu lassen? Was frommt es, viele im Ringen oder im Faustkampf zu überwinden, sich aber vom Jähzorn überwinden zu lassen?«[57]

Besser zu sein als andere und berufliche Herausforderungen zu meistern, nützt nichts, wenn man sich selbst dabei vernachlässigt. Erst in der gelingenden Sorge um sich selbst können wir auch die Früchte unseres Tuns ernten und wahrhaft genießen.

Doch schon Seneca muss für seine Zeit beklagen, dass die meisten Menschen keine Zeit für sich selbst haben, sondern ihre so kostbare Zeit mit Unwesentlichem vergeuden.

»... die Zeit aber wird von niemand recht geschätzt, man vergeudet sie, als ob sie nichts wert wäre.«[58]

Anstatt das Leben unmittelbar in uns zu entzünden und zum Erblühen zu bringen und in kontinuierlicher Selbstsorge Belastungen und störende Einflüsse abzubauen, verwenden wir oft unsere ganze Energie darauf, Dinge zu erwerben, von denen wir glauben, dass sie uns ein glückseliges Leben ermöglichen. Zu uns selbst, die wir dieses Glück erleben wollen, kommen wir nicht. Das ist die fatale Dynamik, in die wir geraten, wenn wir uns nicht ausreichend um unser Inneres kümmern.

»Von Plato ... stammt der großartige Satz, es seien lauter Nichtigkeiten, die Menschen um ihr Leben erkaufen. Mehr noch, lieber Lucilius: Wenn du ihre Tollheit – will sagen: unsere, denn auch wir gehören zu diesem Haufen – wenn Du also ihre Tollheit recht erwägst, wirst Du eher lachen bei dem Gedanken, dass die Menschen ihr Leben völlig aufbrauchen beim Erwerb von Dingen, die eben diesem Leben dienen sollen.«[59]

Mit der Lebenszeit ist es nach Seneca wie mit allen anderen Gaben der Natur: Wir gebrauchen sie falsch. Statt sie für uns zu nutzen, wenden wir sie gegen uns und entfernen uns so von uns selbst.

»Wenn wir die Wohltaten der Natur nach ihrem verkehrten Gebrauch beurteilen, erhielten wir alles nur zu unserem Unheil, wem nützt es, dass er sehen und reden kann? Wem wird das Leben nicht zur Qual? Du wirst nichts so offenbar Nützliches finden, dass es nicht durch unsere Schuld ins Gegenteil verkehrt würde!«[60]

Immer wieder warnt Seneca vor der Tendenz, aus der Besorgung des Notwendigen und Angenehmen eine stets anwachsende Geschäftigkeit zu machen, die uns immer mehr beansprucht und schließlich ganz verschlingt. Vielen wird erst am Ende ihres Lebens bewusst, dass sie sich in all ihrer Umtriebigkeit selbst verloren haben oder sich nie wirklich begegnet sind:

»... so werden sich die mit Geschäften Belasteten dieser unaufhaltsamen und rasch verlaufenden Lebensweise, die sie erwachend und schlafend gleichen Schrittes fortsetzen, nicht eher bewusst, als bis sie am Ende sind.«[61]

Als Gegenmittel mit dem Ziel, von den Geschäften Abstand zu bekommen, empfiehlt Seneca das kontinuierliche Studium der Philosophie mit der Betonung der Sorge um sich selbst.

»Nicht erst, wenn du von Geschäften frei bist, sollst du philosophieren, *sondern um zu philosophieren, sollst du dich von Geschäften freimachen. ... Keine Zeit ist völlig ungeeignet für das Studium, das unserem Seelenheil dient; aber viele verabsäumen dies Studium inmitten einer Umgebung, die ihrerseits geradezu dazu auffordern sollte.«*[62]

Die »Umgebung«, die Seneca hier meint, ist die Welt- und Millionenstadt Rom, eine ähnlich konsum- und vergnügungsorientierte, umtriebige Gesellschaft, wie wir sie heute und zu allen Zeiten in den Metropolen und Ballungsräumen finden können: Die Menschen leben zum großen Teil an sich vorbei, weil sie sich um alles Mögliche kümmern, nur nicht um sich selbst.

Selbstsorge als Gebot jeder Stunde

Wer ein selbstbestimmtes verantwortungsvolles Leben führen will, sollte bei allem, was er tut, jederzeit sich selbst, sein Seelenleben und das Ganze seines Lebens im Blick haben. Die Selbstsorge wird so zur umfassenden Achtsamkeit und Besonnenheit und ist vollkommene Präsenz und Wachheit in jedem Augenblick. Nicht so, dass wir die Selbstbeobachtung übertreiben, die Unmittelbarkeit des Erlebnisses verlieren und alles gleichsam nur noch in einer zensierenden oder wertenden Brechung und Selbstspiegelung wahrnehmen und erleben. Wir sollten uns jedoch stets bewusst sein, dass alles, was wir tun, unser Leben ist, wie wir es in den gegebenen Umständen auf die uns bestmögliche Weise mitgestaltet haben. Wir sollen sagen können: Das bin ich. Wir wissen, weshalb wir etwas tun und inwiefern unsere Tätigkeit, mag sie auch beschwerlich, belastend, ja sogar leidvoll sein, etwas mit unserem innersten Kern und Wesen zu tun hat. So schützt Selbstsorge vor Entfremdung, Zerstreuung und dem Verlust unserer Authentizität.

Es sei noch einmal an die wichtige Stelle erinnert, wenn Seneca sagt, es sei die »*Hauptquelle unserer Fehler, dass wir alle bei unseren Entschließungen das Leben immer nur stückweise in Betracht ziehen, niemals das Ganze*«.[63] Selbstsorge ist demnach konzentrierte und umfassende Achtsamkeit für das Ganze unseres Lebens.

In den Schlussworten seines Buches »Von der Gemütsruhe« ermahnt er den Adressaten, dass es nicht ausreiche, nur gelernt und eingesehen zu haben, welch große Bedeutung der Seelenruhe zukomme und wie wir sie erlangen können:

»Denn wisse, dass dies alles nicht stark genug ist für die Hüter eines unbeständigen Etwas, *wenn nicht angestrengte und beständige Achtsamkeit das schwankende Gemüt überwacht.*«[64]

Unser Leben ist nichts Starres und Festes, sondern von Natur eine stets im Wandel befindliche Existenz. Es pulsiert, entwickelt sich, empfängt ständig zahlreiche äußere Eindrücke, die Begierden und Bedürfnisse, Wünsche und Sehnsüchte wachrufen, aber auch Ängste und Sorgen und zuletzt Handlungsimpulse in Gang setzen. Tatsächlich sind wir in ständiger Kommunikation mit uns selbst, unseren Gefühlen und Affekten. Selbstsorge bedeutet hier, diesen Dialog achtsam, ernsthaft und in tiefer Kenntnis unserer Seele zu führen.

Mit einer solchen Achtsamkeit gewinnt jede Minute, jede Stunde, jeder Tag an Wert. Zeit ist eines der wertvollsten Güter. Seneca mahnt, sie zu nutzen und jeden Tag so anzusehen, als sei er der letzte und es gäbe danach keine Gelegenheit mehr, das zu leben und zu realisieren, was uns am tiefsten berührt und am Herzen liegt:

»*Es ist die Art eines bedeutenden … und über die Irrtümer der Menschen hinausragenden Menschen, nichts von seiner Zeit vertröpfeln zu lassen.* Deshalb ist sein Leben am längsten, weil, was immer ihm zur Verfügung stand, ganz für ihn frei blieb. Nichts daher blieb ungenutzt und müßig liegen, nichts befand sich in eines anderen Verfügung …«[65]

»Es überstürzt ein jeder sein Leben, leidet an Sehnsucht nach der Zukunft und an Überdruss an der Gegenwart. Aber der, welcher keinen Augenblick vorübergehen lässt, ohne ihn zu seinem Heil zu verwenden, der jeden Tag so nützlich verwendet, als ob es der letzte wäre, erwartet den morgigen Tag weder mit Verlangen noch mit Furcht.«[66]

Die Selbstsorge, die auf einem achtsamen Umgang mit sich selbst beruht, geht so sehr auf im Hier und Jetzt, dass Ängste und Sorgen, die meist auf die Zukunft gerichtet sind, zurückgedrängt werden oder sogar ganz verschwinden. Wir brauchen nicht mehr zu hoffen, weil wir alles im gegenwärtigen Moment genießen. Seneca schließt mit einem Gedanken, den wir schon kennengelernt haben. Danach sollten wir so leben (auch dies als ein Gebot der Selbstsorge), dass wir die wesentlichen Dinge nicht verschieben, sondern an jedem Tag unser Leben abschließen und das, was noch kommt, als Zugabe dankbar entgegennehmen und uns daran erfreuen.

»Denn was für einen neuen Genuss könnte ihm denn irgendeine Stunde einbringen? Alles ist ihm bekannt, alles gründlich durchgekostet. Was das Übrige anlangt, so mag das Schicksal nach Belieben darüber entscheiden: Sein Leben ist bereits in Sicherheit. Ein Zuwachs ist noch möglich, ein Abzug nicht, und mit dem Zuwachs steht es ähnlich wie bei einem bereits Gesättigten und Befriedigten, der noch einige Bissen dazu nimmt, nach denen er nicht verlangt, die er sich aber gefallen lässt.«[67]

Die Wirklichkeit des Menschen ist allerdings eine andere, was Seneca nicht verkennt:

»Nehme den ersten besten her, sei es Jüngling, Greis oder Mann. Alle wirst du gleich erfüllt finden von Todesfurcht wie von Unkunde des Lebens. Keiner hat etwas wirklich schon hinter sich, *denn wir haben immer alles, was uns not tut, auf die Zukunft verschoben.*«[68]

Selbstsorge und Tod

Die Selbstsorge fließt nach Seneca aus dem Bewusstsein der eigenen Vergänglichkeit und ist eng verbunden mit dem sokratischen »Erkenne dich selbst«. In seiner ursprünglichen Bedeutung war damit die Aufforderung an den Menschen verbunden, sich seiner eigenen Begrenztheit und Endlichkeit bewusst zu werden. Wenn wir den Tod nicht verdrängen, was wir jedoch häufig tun, wissen wir, dass wir nicht unbegrenzte Zeit zur Verfügung haben, um das zu leben und zu verwirklichen, was in unserem Inneren angelegt ist.

»Ihr lebt, als würdet ihr immer leben; niemals werdet ihr euch eurer Gebrechlichkeit bewusst; ihr habt nicht acht darauf, wie viel Zeit bereits vorüber ist … Welche Verspätung, mit dem Leben anzufangen, wenn man aufhören muss! Was für eine Torheit, *was für ein gedankenloses Übersehen der Sterblichkeit,* auf das fünfzigste und sechzigste Jahr alle Heilspläne hinauszuschieben und es sich in den Kopf zu setzen, das Leben zu beginnen an dem Punkte, bis zu dem es nur wenige bringen.«[69]

In dem Wort »Heilspläne« (lat. sana consilia) klingt an, dass es bei der Selbstsorge nicht nur darum geht, unsere natürlichen Anlagen zu verwirklichen. Sie ist auch ein wichtiges Hilfsmittel für unsere seelische Gesundung. Wer lange wesentliche Bedürfnisse unterdrückt, wird krank. Gleiches gilt für seelische Belastungen wie Ängste, Sorgen, Überforderung, Ärger, Zorn, Wut, Neid, Habgier. Alle diese Affekte waren für die Stoiker und Seneca Krankheiten der Seele, die durch die Sorge um sich selbst abgebaut und eingedämmt werden können:

»So hat unsere Seele ihre krankhaften Seiten, die geheilt sein wollen. Und die Muße, was gibt sie mir zu tun? Ich heile, was an mir wund ist. … Ich empfehle dir die Muße, in der du wichtigere und schönere Dinge treiben sollst als die, von denen du dich getrennt hast.«[70]

Der Adressat dieses Briefes, Lucilius, hatte sich gerade von den öffentlichen Geschäften zurückgezogen. Für Seneca ist die Zeit der Muße besonders wichtig zur Selbstbesinnung, Seelenpflege und Selbstsorge. Daher ist sie für ihn keineswegs Nichtstun, sondern im Gegenteil: eine Zeit der sinnvollsten Beschäftigung, die er sich denken kann. Umgekehrt erscheint ihm unsere rastlose Geschäftigkeit eine ständige Flucht vor dem, was wir eigentlich tun sollten.

»Glaube mir, wer scheinbar nichts tut, hat es mit wichtigeren Dingen zu tun: Göttliches und Menschliches im Zusammenhang miteinander ist Gegenstand seiner Beschäftigung.«[71]

Der Ausdruck, sich mit »Göttlichem und Menschlichem« beschäftigen, war eine im Altertum häufig verwendete Definition des Philosophierens.[72] An anderer Stelle schreibt Seneca:

»Zudem ist der Weise nicht außerhalb des Staates, auch wenn er in der Zurückgezogenheit lebt; haben wir ihm doch einen ihm würdigen Staat gegeben, nämlich die Welt. … Lass dir im Vertrauen gesagt sein: niemals hat der Weise mehr zu tun, als wenn sein Blick Himmel und Erde umspannt.«[73]

Philosophieren ist für Seneca Selbstsorge, sich auf sich besinnen. Philosophieren sucht und braucht die Muße, die Auszeit, das Zurückziehen, denn sie ist ein immer wieder aufgenommener Dialog mit sich selbst. Die Selbstsorge hat zwei wesentliche Erscheinungsformen. Die eine ist die konzentrierte Achtsamkeit bei allem, was wir tun. Sie ist wichtig in unserem Alltag, wenn wir unsere Geschäfte betreiben. Die zweite Form ist die Muße, der Rückzug aus dem weltlichen Getriebe zur Erforschung, Befriedung, Ordnung und Heilung unseres vielfältigen, brodelnden, ständig sich verändernden und mit sich ringenden Seelenlebens.

Zentrale Lehrsätze

- Wer lernen will, gut zu leben, hat bei sich selbst anzufangen. Es ist ein Prozess der Selbsterziehung, ein Um-sich-selbst-Kümmern, ein Sorgen um die eigene seelische und körperliche Verfassung. Diese Selbstsorge ist das Beste, was man für sich und seine Mitmenschen tun kann. Denn wer in sich selbst Frieden gefunden hat, gibt diesen Frieden an sein Umfeld weiter.
- Wer nur im Äußeren lebt, ohne zu sich zurückzukehren, der verliert schließlich seine tiefsten Bedürfnisse aus den Augen. Deshalb sollte man sich feste Zeiten reservieren, in denen man sich um sich selbst kümmert und zu sich selbst kommt.
- Selbstsorge ist konzentrierte und umfassende Achtsamkeit für sich selbst, für den jeweiligen Augenblick sowie für das Ganze unseres Lebens.
- Die Selbstsorge heilt, was seelisches Leid verursacht und uns krank macht.

Kernzitate

- *»Folge meinem Rat, mein Lucilius, widme dich dir selbst …«*
- *»Ich heile, was an mir wund ist.«*
- *»Es lebt nur, wer von sich selbst den rechten Gebrauch zu machen weiß und sich vielen nützlich erweist.«*
- *»… die Zeit aber wird von niemand recht geschätzt, man vergeudet sie, als ob sie nichts wert wäre.«*

Selbstkultivierung

»Das ist mir genug, täglich etwas von meinen Schwächen zu entfernen und meine Irrtümer mir vorzuhalten.«[74]

Wenn die Selbstsorge der generelle Appell an jeden ist, sich um sich selbst und um sein Seelenleben zu kümmern, so lehrt die Selbstkultivierung, was dabei inhaltlich und konkret zu tun ist. Sie ist die Fähigkeit, unseren Charakter und unsere Persönlichkeit maßgeblich selbst mitzuprägen und zu bilden. Vor allem Seneca zeigte, wie wir dies mithilfe der Philosophie frei von Glaubensbekenntnissen und Ideologien konkret bewerkstelligen können. Hier wird verstehbar, was Persönlichkeitsbildung ursprünglich bedeutet hat: durch kontinuierliche Arbeit an sich selbst, durch stetes Einüben und Verinnerlichen veränderter Denk- und Verhaltensgewohnheiten und leidvolle Fehlhaltungen abzubauen oder zu reduzieren, positive Anlagen herauszubilden und zu stärken. Ausgehend von der durch philosophische Reflexion erlangten Einsicht in das, was uns guttut und schadet, beschreibt Seneca diesen zweiten Teil seiner Philosophie und Lebensschulung. Er besteht darin, die durch Nachdenken gewonnenen Erkenntnisse vom Kopf in den Körper, in die Sinne, in Fleisch und Blut zu überführen und dort fest zu verankern. Erst wenn dieser Prozess erfolgreich abgeschlossen ist, wird sich unser Denken, Wollen und Handeln zum Besseren hin verändert haben. Wir werden, wie Seneca sich ausdrückt, unseren Charakter veredelt und unser Seelenleben geordnet und schön gemacht haben. Wir werden gelernt haben, uns am Leben tief und anhaltend zu erfreuen.

Selbstkultivierung als Heilung von Fehlhaltungen

Die Selbstbildung war bei Seneca vor allem ein Verfahren, wie wir unsere Fehler und schlechten Gewohnheiten, die uns Probleme bereiten und langfristig zu Leid und Krankheit führen, ablegen oder zumindest reduzieren können. Wenn wir heute im Hinblick auf die Persönlichkeitsentwicklung von Bildung sprechen, denken wir zuerst an die Förderung unserer positiven Anlagen. Die Betonung in der Antike, also auch bei Seneca, lag hingegen auf der Arbeit an den eigenen Schwächen. Das ist im Ergebnis jedoch nichts anderes, als die entgegengesetzten guten Kräfte in uns zu stärken.

»*Tugenden lernen heißt soviel wie Fehler verlernen*«, sagt Seneca.[75]

Es scheint leichter zu sein, bei dem anzusetzen, was uns Leiden verursacht. Wie sich unser Glück erfüllen und realisieren lässt, ist eine viel schwierigere Frage, als zu erkennen, unter welchen Denk- und Verhaltensgewohnheiten wir leiden. Wir wissen meist nicht, was uns glücklich, doch sehr wohl, was uns unglücklich macht.

Unabhängig davon, wo wir ansetzen, baut Seneca auf die Einsicht, dass unser Charakter, unsere Gewohnheiten und unsere Seelenkräfte der von Vernunft geleiteten Einflussnahme zugänglich sind. So beginnt eine wesentliche Überlegung mit der Feststellung:

»*Alle Sinne sind der Kräftigung bedürftig; sie sind von Natur fügsam,* wenn nicht üble Neigung sie verdirbt, die täglich zur Rechenschaft gezogen werden muss.«[76]

Dabei dürften »alle Sinne« hier sehr weit zu verstehen sein. Das lateinische Wort »sensus« bedeutet neben dem Sinnes- und Wahrnehmungsvermögen auch Gefühl und Empfindung, Denken und Verstand, Gesinnung und Bewusstsein. Alle Seelenkräfte, die uns in unserem Wesen und Tun bestimmen und ausmachen, sind formbar, selbst dann, wenn sie von negativen Prägungen und Erlebnissen beeinträchtigt und beschädigt worden sind. Das trifft auch für die sinnliche Wahrnehmung zu, die bereits im Entstehen schon mehr oder weniger von unseren Vorstellungen und Wertungen eingefärbt wird. Wollen wir unsere Seelenkräfte gestalten, so müssen wir beständig an ihnen arbeiten. Seneca empfiehlt dafür eine bis heute oft zitierte Methode; gehört hat er sie von seinem Lehrer Sextius, praktiziert wurde sie jedoch schon vom griechischen Vorsokratiker Pythagoras.[77] Der moderne Begriff dafür wäre persönliches Monitoring, nämlich kontinuierliche Beobachtung und Überprüfung. An der zitierten Stelle heißt es weiter:

»So machte es Sextius. Am Schluss jeden Tages, wenn er sich zur Ruhe begab, fragte er sich: ›*Welchen Mangel in dir hast du heute gut gemacht? Welchen Fehler hast du bekämpft? In welcher Beziehung hast du dich gebessert?*‹ Der Zorn wird nachgeben und maßvoller werden, wenn er weiß, dass er täglich vor den Richter gefordert wird. Was kann es Schöneres geben als die Gewohnheit, den ganzen Tag zur Prüfung an sich vorüberziehen zu lassen? Und was für ein Schlaf folgt auf diese Selbstschau, wie ruhig, wie tief und frei, wenn die Seele entweder ihr Lob oder ihre Mahnung erhalten hat und als ihr eigener geheimer Beobachter und Richter sich Rechenschaft gegeben hat über ihr sittliches Verhalten? Ich mache von dieser Fähigkeit Gebrauch und *verantworte mich täglich vor mir selbst*. Wenn das Licht entfernt und meine Gattin, bekannt mit meiner Gewohnheit, verstummt ist, überschaue ich meinen ganzen Tag und wäge meine Handlungen und Äußerungen ab; nichts bleibt verborgen, nichts übergehe ich. Warum sollte ich denn auch vor meinen Verfehlungen mich fürchten, da ich sagen kann: ›Gib acht, dass du das nicht wieder tust; für diesmal sei es dir verziehen. … Jenen hast du mit deiner Mahnung zu scharf angefasst; daher hast du ihn nicht gebessert, sondern beleidigt. Künftig sieh nicht nur darauf, ob es wahr ist, was du sagst, sondern ob der, dem es gesagt wird, die Wahrheit auch verträgt.‹«[78]

Die Selbstkultivierung nach Seneca beginnt damit, dass wir kritisch auf unsere alltägliche Lebenspraxis schauen und erkennen, was wir falsch machen und wie wir uns verbessern können. So werden wir uns wohler fühlen und seelisch weniger leiden. Haben wir die Schwachstellen gefunden, folgt der Entschluss, an ihnen ab sofort korrigierend zu arbeiten und regelmäßig zu überprüfen, ob Fortschritte feststellbar sind:

»*Prüfe dich bis ins Innerste, erforsche und beobachte dich auf jede*

Weise; achte vor allem darauf, ob du … im Leben selbst Fortschritte gemacht hast.«[79]

Allerdings ist das nicht so einfach. Zwar wissen wir oft, wo der Schuh drückt, tun uns aber schwer, unsere Denk- und Verhaltensweisen zu ändern.

»Nichts aber liegt offener da als das Heilsame, das wir gegen unsere Verkehrtheit und Leidenschaft lernen, die wir zwar verdammen, aber doch nicht ablegen.«[80]

Wie mit anderen Menschen, so sollten wir auch mit uns selbst jederzeit sensibel, nachsichtig, geduldig und verständnisvoll umgehen und uns behutsam in das veränderte Verhalten einleben. Besser ist es, in kleinen, jedoch beharrlichen Schritten voranzugehen als in zu großen, bei denen wir schnell die Lust am Einüben verlieren:

»… wie beim Körper, so müssen bei der Seele Fehlhaltungen feinfühlig behandelt werden. Oft hat, was Beharrlichkeit hätte entwickeln können, die Heftigkeit des Ziehenden zerstört.«[81]

Ein wirksames Mittel, das Seneca empfiehlt, um Fortschritte bei der Eindämmung der eigenen Schwächen zu erzielen, ist das Gespräch mit anderen oder auch mit sich selbst, Letzteres am besten schriftlich. Das zwingt uns, Worte zu finden, Verhalten zu beschreiben und den Gedanken eine Form zu geben. Das schafft Klarheit. Damit verbunden ist ein erneutes Bedenken und Durcharbeiten des Problems. Jede Wiederholung macht uns aufmerksam auf das, was noch zu tun ist, und gibt uns einen Impuls, weiterzumachen. Zum Abschluss eines Briefes an seinen Freund Lucilius mahnt er ihn:

»So sprich zu anderen, damit du, als Sprechender, es selbst hörest, so schreibe, damit du beim Schreiben es selbst auch lesest, beständig auf deine Besserung bedacht und auf Beschwichtigung der stürmischen Affekte. Richte deinen Wissenstrieb nicht auf das ›Mehr‹, sondern auf das ›Besser‹.«[82]

Der letzte Satz ist ein Hinweis darauf, dass wir uns oft vor der

Aufgabe der eigenen Umorientierung und Umprogrammierung drücken und ihr auf die eine oder andere Weise zu entfliehen suchen. Häufig greifen wir zu untauglichen Ersatzhandlungen und reden uns ein, dies bringe uns weiter. Tatsächlich aber weichen wir der eigentlichen Arbeit an uns selbst aus. Unsere seelischen Beharrungskräfte sind zäh und suchen ständig Wege und Mittel, uns von dem abzuhalten, was wirklich nottut.

Selbstkultivierung als Erlangung von Selbstmächtigkeit

Für Seneca bedeutet Selbstkultivierung, zu lernen, »Herr im eigenen Hause« zu werden. Das hat mit Selbstbeherrschung, Selbstmächtigkeit und Selbstdisziplin zu tun. Wir führen ein eigenverantwortliches, selbstbestimmtes Leben, bekommen uns selbst in den Griff, zügeln und leiten – soweit möglich – unsere Seelenkräfte mit all ihren Begierden und Bedürfnissen. An der Fähigkeit zur Selbststeuerung liegt alles, denn wir können uns jeden Rat und jede Belehrung sparen, wenn wir meinen, der Mensch habe nicht die Fähigkeit, sich selbst Regeln zu geben und danach zu leben, d. h. Denken, Wollen und Handeln zu verändern.[83] Daher nimmt die Selbstmächtigkeit bei Seneca einen hohen Rang ein:

»Sich selbst zu beherrschen ist diejenige Herrschaft, mit der sich keine andere an Größe vergleichen kann.«[84] Oder wie es wörtlich heißt, nachdem er zuvor von den Lenkern mächtiger Reiche gesprochen hat: »Sich selbst zu beherrschen ist das bedeutendste Reich.«[85]

Aus der Fähigkeit, sich selbst zu lenken und zu steuern, erwächst eine weitere vorteilhafte Eigenschaft: auf andere zugehen zu können, positiv auf sie zu wirken und sie anzuleiten:

»Niemand aber kann herrschen, der sich nicht dazu verstehen will, sich auch beherrschen zu lassen.«[86]

Diese Wahrheit sollte jeder beherzigen, der in leitender Funktion mit Menschen zu tun hat, sei es in der Wirtschaft, in der Politik, in Organisationen oder im Sport. Je besser wir es verstehen, uns selbst zu lenken, umso besser wird es uns gelingen, andere zu leiten. Der Umkehrschluss gilt freilich nicht: Wer es versteht, andere zu führen, muss nicht zwangsläufig imstande sein, sein eigenes Leben gut zu führen. Demagogen treffen den Nerv der Massen, für ihre eigene Seele jedoch sorgen sie nicht, sondern lassen sich von ungezügeltem Machtstreben und ihren Ideologien beherrschen.

Wer gelernt hat, mit sich selbst gut, vernünftig und achtsam umzugehen, sich zu beherrschen und zu steuern, und wer seinen verschiedenen Bedürfnissen im Leben den Raum gibt, der ihnen angemessen ist, der vollendet seine Bestimmung. Er hat ausgebildet und zur Reife gebracht, was seine Persönlichkeit ausmacht und prägt:

»Das Leben ist lang, wenn es seinen vollen Inhalt hat. Diesen erhält es aber, wenn der Geist das ihm eigene Gut voll herausgebildet und sich zum Herren über sich selbst gemacht hat.«[87]

Das Ziel der Lebenslehre von Seneca können wir auch so zusammenfassen: Herr seiner selbst zu werden, seine Persönlichkeit zu einer geformten, harmonischen Einheit auszubilden, die denkt, sagt und tut, was sie ist und was ihr innerstes Selbst ausmacht. Es ist eine »Veredelung des Geistes«, zu der derjenige nicht gelangen wird, »der mit Geschäften überhäuft ist«.[88] Hier klingt das altgriechische Ideal der Bildung einer Persönlichkeit an, die »Kalokagathia«, wonach das gute, gelingende Leben auch ein schönes Leben, die gute Seele auch eine schöne ist, denn sie ist ein geordnetes, in sich stimmiges, harmonisches Ganzes. Leben ist schöpferische Tätigkeit. Das Leben ist ein Kunstwerk, wir sind die Künstler.

Die Formung einer schönen Seele und das Gute im Sinne weiser Lebensführung sind für Seneca der Königsweg, wahre und immerwährende Freude zu erleben. Die gereifte, ausgebildete, selbstmächtige Persönlichkeit ist wie ein sorgsam bearbeiteter und gepflegter Garten, in dem die Blüten der Freude und des Glücks sprießen. Doch hier – wie bei allem Tun – ist eine reiche Ernte kein

Zufallsprodukt, sondern das Ergebnis ernsthafter, teilweise auch mühsamer Arbeit. Seneca sah einen inneren Zusammenhang zwischen der Ausbildung der Persönlichkeit und einem erfüllten, freudvollen Leben. Deshalb kann er seine Lebenslehre in folgender Empfehlung zusammenfassen:

»*Vor allem, mein Lucilius, empfehle ich dir: lerne dich freuen. … Glaube mir: es ist eine ernste Sache um die Freude.* Oder meinst du, es werde irgend jemand mit unbefangener Miene, oder wie jene Lebemänner sich ausdrücken, heitern Auges den Tod verachten, der Armut die Tür öffnen, der Genusssucht Zügel anlegen und auf Ausharren im Schmerze sich gefasst machen?«[89]

Senecas praktische Philosophie will uns zeigen, wie wir lernen können, uns richtig, unbeschwert, intensiv und ohne Reue am Leben zu erfreuen.

Zentrale Lehrsätze

- Die Selbstkultivierung ist die Fähigkeit, unseren Charakter und unsere Persönlichkeit zu prägen, zu bilden und weiterzuentwickeln.
- Selbstkultivierung ist die kontinuierliche Arbeit an sich selbst, die durch stetiges Einüben und Verinnerlichen von verbesserten Denk- und Verhaltensgewohnheiten leidvolle Verhaltensmuster abbaut und positive Anlagen ausbildet und stärkt.
- Da wir leichter erkennen, worunter wir leiden, als wodurch wir glücklich werden, sollten wir uns darauf konzentrieren, das abzubauen, worunter wir leiden, dabei aber nie aus den Augen verlieren, was uns erfreut.
- Wir sollen uns selbstkritisch prüfen, zugleich aber auch liebe- und verständnisvoll mit uns umgehen. Wir sollten versuchen, jeden Tag ein bisschen besser zu werden.

- Bei der Selbstkultivierung kommt alles darauf an, dass man imstande ist, sich selbst zu steuern und zu lenken, sich Vorsätze und Ziele zu geben und diese konsequent umzusetzen. Selbstdisziplin, Selbstbeherrschung und Selbstmächtigkeit führen zum Ziel.

Kernzitate

- *»Es genügt mir, täglich etwas von meinen Schwächen zu entfernen und meine Irrtümer mir vorzuhalten.«*
- *»Verantworte dich täglich vor dir selbst.«*
- *»Prüfe dich bis ins Innerste, erforsche und beobachte dich auf jede Weise; achte vor allem darauf, ob du ... im Leben selbst Fortschritte gemacht hast.«*
- *»So sprich zu anderen, damit du, als Sprechender, es selbst hörest, so schreibe, damit du beim Schreiben es selbst auch lesest, beständig auf deine Besserung bedacht und auf Beschwichtigung der stürmischen Affekte.«*
- *»Sich selbst zu beherrschen ist diejenige Herrschaft, mit der sich keine andere an Größe vergleichen kann.«*

Selbsterkenntnis

»Ich werde mich fortan beobachten und, was von erheblichstem Nutzen ist, meinen Tag immer noch einmal an meinem Geiste vorüberziehen lassen.«[90]

Die Selbstkultivierung als das Bemühen, Herr über sich zu werden, das einzudämmen, was zu Leiden führt, das auszubilden, was in uns angelegt ist und zu Freude und Wohlbefinden führt – dies alles setzt voraus, dass wir wissen, wer wir sind.[91]

Was alles gehört zu unserem Wesen, was ist der Kern unserer Persönlichkeit? Was stammt von uns, was von außen oder von

Dritten? Was ist uns fremd, will nicht zu uns passen, tut uns nicht gut und belastet uns? Welche tiefen Bedürfnisse haben wir und sind uns wichtig? Was alles gehört zu unserem Selbst? Was sind Prägungen oder Folgen von negativen oder traumatischen Erfahrungen, von unverarbeiteten Konflikten? Was bestimmt unser Denken, Wollen und Handeln?

Ohne fundierte Antworten auf diese Fragen wissen wir nicht, wo wir mit der Selbstbildung ansetzen sollen. Deshalb hat die Selbsterkenntnis Vorrang vor allen Fragen, die mit der Selbstkultivierung zu tun haben:

»*... an erster Stelle durchforsche ich mich selbst*«, sagt Seneca.[92]

Auf die Fragen, was das Selbst ist und wie wir Eigenes von Fremdem unterscheiden, ob es diese Unterscheidung überhaupt gibt, hat Seneca keine klaren Antworten gegeben. Aber für ihn war es eine unumstößliche Tatsache, die jeder aus eigener Erfahrung bestätigen kann, dass es im Seelenleben Kräfte gibt, die uns nachhaltig guttun, und solche, die Leid auslösen. Wir haben Veranlagungen, die uns Freude und Wohlbefinden bereiten, und solche, die uns irritieren und schädigen, wenn wir ihnen nachgehen, Momente und Phasen, in denen wir uns selbst nahe sind, und solche, in denen wir uns fremd bleiben. Nehmen wir diese Feststellung als gegeben. Vielleicht erhellt sie sich im Zuge der nachfolgenden Erörterungen.

Gegenstand der Selbsterkenntnis

Wir haben bereits gehört, dass es eines der Hauptziele der stoischen Ethik und der Lebenslehre Senecas ist, unser seelisches Befinden unabhängig zu machen von dem Weltgeschehen, den zufälligen Umständen und dem Verhalten der Mitmenschen. Damit kommen wir nochmals auf eine bedeutende Stelle im Werk Senecas zurück, die wir teilweise bereits in dem Kapitel über das Schicksal erörtert haben. Sie stellt die Verbindung her zwischen dem Ziel der Unerschütterlichkeit des Weisen und der Selbsterkenntnis. Im 82. Brief an Lucilius schreibt Seneca:

»Die Philosophie muss unsere Schutzwehr bilden, diese uneinnehmbare Mauer, die … jedem Ansturm gewachsen … in ihrer Burg sich zur Wehr setzt.« Das ist *»nur möglich aufgrund der Kenntnis einerseits unseres eigenen Innern andererseits der Natur. Der Mensch soll wissen, wohin er seinen Weg zu richten hat, von wannen er gekommen, was für ihn gut sei, was übel, was zu erstreben, was zu meiden …«*[93]

Woher kommen wir? Wohin gehen wir? Sehr deutlich wird hier die enge Verbindung dieser ewigen Lebensfragen mit dem »Erkenne dich selbst«. »Von wannen er gekommen« ist weit zu verstehen und umfasst nicht nur die metaphysisch-religiöse Frage nach dem Ursprung des Menschen, sondern auch den Lebensweg des Einzelnen, seine Gaben, Anlagen und Prägungen, seine Erfahrungen und Erlebnisse. Sie haben ihn zu dem gemacht, was er vorfindet, wenn er beginnt, über sich nachzudenken.

Ganz in diesem Sinne hatte der altgriechische Dichter Pindar geschrieben, »Werde, der du bist, *aufgrund der Erfahrung*«[94]. Der vom Griechentum stark beeinflusste Goethe brachte es einmal kurz und treffend auf den Punkt, als er schrieb, »wer sich untersteht zu schätzen, was der Mensch ist, der müsste in Anschlag bringen, was er war und wie er's geworden«.[95]

Je besser wir uns selbst verstehen und das erkennen, was in uns ist, umso eher wird es gelingen, uns gegen die Anfeindungen und Verführungen der Welt zur Wehr zu setzen. Dies geschieht, indem wir in uns eine innere Burg errichten, einen Punkt innerster Ruhe und Selbstseins, wohin wir uns stets zurückziehen können, und in der wir Sicherheit und Geborgenheit finden. Je besser wir unser Seelenleben verstehen, umso eher sind wir in der Lage, wie es bei Seneca weiter heißt, »die Raserei der Begierden« zu beschwichtigen und unsere Ängste vor allem Unbekannten und Bedrohlichen zu überwinden. Dieser Prozess der Selbsterkenntnis ist eng verbunden mit der philosophischen Reflexion darüber, was wir erstreben und was wir meiden sollen. Seneca erinnert an die zweifache Aufgabe der Philosophie als theoretische und praktische Schulung. Wie wichtig dieses Zusammenspiel ist, sehen wir an all denen, die meinen, sich selbst zu kennen, und doch bei der geringsten Erschütterung die Fassung verlieren und damit zeigen, wie unbekannt sie sich selbst noch sind, wie wenig sie sich selbst in der Hand haben.

»Manche glauben sich dieser Fehler durch die ihnen eingeborene Kraft auch ohne Philosophie erwehrt zu haben. Aber wenn einer in seiner (eingebildeten, Verf.) Sicherheit sich von unvorhergesehenen Widerwärtigkeiten überrascht sieht, dann bekennt er sich notgedrungen endlich zur Wahrheit.«[96]

Wir hatten schon gehört, dass Seneca bei der Selbsterforschung vornehmlich an unsere Fehler und Schwächen denkt, die es zu zügeln, zu mindern oder möglichst ganz zu überwinden gilt:

»Wir alle sind unbesonnen und unvorsichtig, wir alle sind unzuverlässig, unzufrieden, ehrgeizig – doch wozu mit linderen Worten den allgemeinen Schandfleck verdecken? – *Wir alle sind Sünder. Was also an anderen getadelt wird, das findet ein jeder im eigenen Busen.«*[97]

Dabei sollen wir nicht nur das betrachten, was wir im gegenwärtigen Augenblick in uns wahrnehmen. Manches schlummert in uns und kann jederzeit hervorbrechen oder ist früher schon einmal hervorgebrochen, nur haben wir es vergessen oder verdrängt:

»Achte nicht bloß auf diese Stunde oder auf diesen Tag, gib dir Rechenschaft über deine ganze Seelenverfassung! Auch wenn du nichts Böses getan hast, du kannst es doch tun.«[98]

Homers »Odyssee« nimmt Seneca als Allegorie für die Irrungen im menschlichen Leben und als Spiegelbild des inneren Wesens. Alle Freuden und Nöte, alles Nährende und Zehrende, alle Engel und Ungeheuer finden wir in unserer eigenen Seele:

»… mit uns treiben die Stürme der Seele täglich ihr verwirrendes Spiel, *unsere Verworfenheit lässt uns die ganze Leidensgeschichte des Odysseus an uns selbst erfahren.* Nichts bleibt uns erspart, weder die Schönheitsreize für das Auge, noch der Grimm des Feindes; von hier drohen wilde Ungeheuer, die nach Menschenblut lechzen, von dort ertönen sinnbestrickende Schmeicheltöne, berechnet auf unser Verderben; Schiffbruch und alles mögliche Unheil sucht uns in bunter Folge heim.«[99]

Es gibt also reichlich zu tun und noch manche Wahrheit zu entdecken:

»Wie, sollte ich nicht noch manches an mir haben, was der Sammlung, was der Minderung, was der Steigerung bedarf? Und eben dies ist ein deutliches Zeichen innerer Besserung, dass man die eigenen Fehler, soweit sie einem noch unbekannt waren, erkennt.«[100]

Seneca hat aber bei der Selbsterkenntnis nicht nur unsere Charakterschwächen im Auge. Was der Sammlung und Steigerung bedarf, das sind unsere positiven Kräfte und Veranlagungen, die gelebt und ausgebildet werden wollen. An anderer Stelle fordert er uns auf, den eigenen inneren Talenten zu folgen:

»… du musst dich dem zuwenden, *wohin die Eigenart deiner Begabung dich zieht …*«[101]

Dazu ist es bisweilen unerlässlich, etwas auszuprobieren. Durch Nachdenken allein erfahren wir nicht, wer wir sind und wo unsere Stärken liegen. Ihre Entwicklung und Anwendung erleben wir als glückliche Momente der Erfüllung.

»*Denn zur Kenntnis seiner selbst ist Erprobung unerlässlich.* Was man vermag, kann man nicht anders erkunden als durch eigenen Versuch.«[102]

Ferner ist es eine wichtige Aufgabe der Selbsterkenntnis, dass wir unser Können richtig einschätzen, damit wir uns nicht überfordern und uns zu viel zumuten. Geschieht dies, sind Scheitern und Frustration unausweichlich. Wir scheinen jedoch häufig dazu zu neigen, unsere Kräfte zu überschätzen:

»Das erste, was wir tun müssen, ist, uns selbst genau zu prüfen …

Vor allem ist es nötig, unsere eigenen Kräfte genau abzuschätzen; denn gewöhnlich überschätzen wir unsere Kraft und kommen zu Fall …«[103]

Immer wieder verweist Seneca auf die Begrenztheit und Vergänglichkeit des Lebens:

»*Sterblich bist du geboren, Sterbliche hast du geboren.* … Alles, magst du es lieben oder verehren, oder magst du es verachten, alles wird einander gleichgemacht, wenn es zu Asche geworden. Das ist es ja doch, worauf jener Spruch hinweist: ›Erkenne dich selbst‹. *Was ist der Mensch? Ein schwaches Gefäß, das zu zerbrechen ein bloßes Schütteln und Rütteln genügt …*«[104]

Die Erfahrung der eigenen Schwäche, Begrenztheit und Vergänglichkeit sowie die Erkenntnis, dass der Mensch fehlerhaft ist, stoßen den Prozess der Selbsterforschung an und treiben ihn ständig weiter.

»*Der Anfang der Genesung ist Einsicht in die eigene Unzulänglichkeit.*«[105]

Seneca weist mehrfach auf die vom zufälligen Glück Begünstigten hin, die von den anderen zwar beneidet, am Ende jedoch von der Angst um Verlust des Erlangten beherrscht werden:

»Dann endlich siehst du, wie sie aus Angst zur Philosophie ihre Zuflucht nehmen, *und wie ein krankhaftes Glück zur heilsamen Ratgeberin wird.* Denn fast scheint es, als ob Schicksalsgunst und ehrenwerte Gesinnung miteinander in Widerspruch stehen, *so dass wir erst im Unglück zur Weisheit gelangen: das Glück verblendet uns.*«[106]

Äußeres Glück kann uns leichtsinnig machen und hält uns häufig davon ab, uns selbst zu erforschen und an der Weiterentwicklung unseres Charakters zu arbeiten. Daher können Unglück und Leiden ein besserer Lehrmeister für die Selbsterkenntnis sein. Es sei, meint Seneca an anderer Stelle, umgekehrt wie mit den körperlichen Gebrechen. Während wir bei diesen sogleich nach dem Arzt rufen, scheinen wir unsere seelischen Krankheiten nicht zu bemerken, sogar umso weniger, je stärker sie uns beeinträchtigen:

»Das Gegenteil macht sich bemerkbar bei denjenigen Krankheiten, von denen unsere Seele heimgesucht wird: *je schlechter es in dieser Beziehung mit einem steht, um so weniger merkt man davon.*«[107]

Schließlich sind es die inneren Konflikte und Störungen, der die Selbsterkenntnis nachspüren soll. Auf die Spur bringen können uns bisweilen unsere schlechten Stimmungen oder ein Gefühl der Unzufriedenheit, deren Ursachen wir nicht zuordnen können:

»*... jede Anwandlung einer sich sträubenden, einer klagenden, einer unzufriedenen Stimmung ist Zeichen einer eingetretenen Störung und tiefen inneren Zwietracht.*«[108]

Solche gestörten Befindlichkeiten sind Zeichen für innere Dissonanz und Unausgeglichenheit. Wenn wir sie nicht beachten, sie leugnen, die Spannung nicht reduzieren, dann führen sie zu seelischem Leid und körperlicher Krankheit. Sind Krankheiten bereits eingetreten, so verzögert oder blockiert ihre Missachtung den Heilungsprozess.

Das Ausweichen vor der Selbsterkenntnis

Eines der Hauptprobleme der Selbsterkenntnis sieht Seneca darin, dass wir der Konfrontation mit uns selbst ausweichen, sogar geradezu vor ihr und uns selbst fliehen. Wir wollen unsere Probleme und inneren Konflikte nicht sehen. Wir scheuen die Wahrheit. Lieber reden wir uns wahrheitswidrig ein, es gehe uns gut. Vielleicht haben wir auch Angst davor, in unser ungeschminktes Angesicht zu schauen. Vielleicht ahnen wir, dass wir dabei auf unangenehme Tatsachen und Schwierigkeiten stoßen. Sie bewusst zu machen, ist zunächst einmal leidvoll und bedarf einiger Mühe. Vielleicht fürchten wir den Schmerz, der spürbar wird, wenn wir an empfindliche Stellen oder offene Wunden rühren.

Es ergehe uns, meint Seneca, wie einer Frau, von der er gehört habe. Sie erblindete und verlangte vom Aufseher, man möge doch umziehen, weil das Haus so finster sei:

»Wir lachen darüber; aber täusche dich nicht, uns allen geht es ebenso. Niemand sieht ein, dass er habsüchtig, niemand, dass er von Begierden beherrscht ist. Die Blinden suchen doch wenigstens noch einen Führer, wir irren ohne Führer umher … Was soll dieser Selbstbetrug? *Der Sitz unseres Übels liegt nicht außerhalb von uns; er liegt in uns, unsere Eingeweide sind seine Herberge, und nur deshalb gelangen wir so schwer zur Genesung, weil wir nicht wissen, dass wir krank sind.*«[109]

Wir müssen mit der Selbsterforschung und Aufarbeitung unserer Schwächen beginnen, ehe sie sich durch Gewöhnung so verinnerlicht haben, dass es schwer wird, sich von ihnen zu trennen.

»Wir müssen unsere eigene Kraft dafür einsetzen (um zur vernünftigen Einsicht zu gelangen, Verf.), und, um die Wahrheit zu sagen, dieser Einsatz ist nicht einmal groß, *vorausgesetzt, wie gesagt, dass wir mit der Bildung und Regelung unseres Seelenlebens beginnen, ehe noch die Verkehrtheit sich fest eingewurzelt hat.*«[110]

Dabei löst bereits die bloße Aufdeckung von Charakterschwäche eine heilsame Wirkung aus:

»*Denn alle Fehler verlieren an Kraft, wenn sie offen zu Tage treten.* Auch die Krankheiten zeigen dann schon eine Neigung zur Genesung, wenn sie aus der Verborgenheit hervorbrechen … *auch die … seelischen Gebrechen sind … am gefährlichsten, wenn sie sich hinter geheuchelter Gesundheit verstecken.*«[111]

Häufig sind wir voreingenommen und haben ein selbstverliebtes Bild von uns, das die Realität beschönigt und verzerrt. Ständig manipulieren wir uns selbst und verstellen uns die ungetrübte Sicht auf unser Seelenleben:

»Denn was uns selbst betrifft, *das sehen wir immer mit parteiischem Auge an, und Voreingenommenheit schadet immer dem Urteil. Ich glaube, viele hätten zur Weisheit gelangen können, wenn sie nicht geglaubt hätten, sie hätten sie schon erreicht, und wenn sie sich nicht manche Fehler selbst verhehlt hätten, manche auch mit offenen Augen übersehen hätten.* Denn man glaube ja nicht, es sei mehr fremde Schmeichelei als unsere eigene, die uns zugrunde richtet. *Wer wagt es, sich selbst die Wahrheit zu sagen?*«[112]

Wie Sokrates verurteilt Seneca den Selbstbetrug und das Scheinwissen. Man glaubt, sich zu kennen, und bringt weder Mut noch Entschlossenheit auf, den schönfärberischen und flirrenden Schleier der Maya wegzuziehen, um ohne Illusionen zu sehen, wer wir wirklich sind. Häufig ist unser Urteil über uns selbst verdunkelt von äußeren Dingen und dem Beziehungsgeflecht, in dem wir leben. Erst wenn wir bewusst heraustreten aus dem Alltag und aus dem, was uns umgibt, kann sich der Nebel lichten. Dann kommen die Konturen all unserer inneren Konflikte und Spannungen ans Licht, die wir im alltäglichen Trott der Geschäftigkeit nicht sehen. So lautet eine Empfehlung Senecas:

»Willst du erkennen, was an dir selbst ist, so trenne dich von deinem Geld, deinem Haus, deinem Rang und schaue dich selbst von innen. *Jetzt lässt du dich von anderen über dich täuschen.*«[113]

Ob wir tatsächlich jeglichen Besitz aufgeben müssen, wie es hier anklingt und wie dies indische Yogis, buddhistische und christliche Nonnen und Mönche zu tun pflegen, mag dahinstehen. Seneca selbst hat es nicht getan. Aber den zeitweiligen Verzicht und Rückzug, die Sammlung und Besinnung, das innere Loslassen, die Distanz und Unabhängigkeit von äußeren Gütern hat er stets als den richtigen Weg zu den eigenen inneren Werten und Kräften erkannt und praktiziert.

Zentrale Lehrsätze

- Die notwendige Voraussetzung für jede positive Weiterentwicklung unserer Persönlichkeit ist die Selbsterkenntnis. Durch sie lernen wir unsere Stärken und Schwächen kennen, unsere Talente und Defizite.

- Nur wer sich selbst kennt, kann in sich Klarheit schaffen, sich wirksam gegen die Anfeindungen der Welt schützen und seine Begabungen entfalten.
- Nur wer seine Kräfte und Leistungsfähigkeit richtig einschätzt, der kann geistige und körperliche Überforderung vermeiden.
- Je stärker uns eine Schwäche der Seele beeinträchtigt, umso seltener bemerken wir sie. Häufig verschließen wir die Augen vor unseren Schwächen.

Kernzitate

- *»Ich werde mich fortan beobachten und, was von erheblichstem Nutzen ist, meinen Tag immer noch einmal an meinem Geiste vorüberziehen lassen.«*
- *»Wer wagt es, sich selbst die Wahrheit zu sagen?«*
- *»Und eben dies ist ein deutliches Zeichen innerer Besserung, dass man die eigenen Fehler, soweit sie einem noch unbekannt waren, erkennt.«*
- *»… du musst dich dem zuwenden, wohin die Eigenart deiner Begabung dich zieht.«*
- *»Vor allem ist es nötig, unsere eigenen Kräfte genau abzuschätzen; denn gewöhnlich überschätzen wir unsere Kraft und kommen zu Fall.«*
- *»Der Anfang der Genesung ist Einsicht in die eigene Unzulänglichkeit.«*
- *»Der Sitz unseres Übels liegt nicht außerhalb von uns; er liegt in uns, unsere Eingeweide sind seine Herberge, und nur deshalb gelangen wir so schwer zur Genesung, weil wir nicht wissen, dass wir krank sind.«*

Glück

»Denn stärker als alles Schicksal ist der Geist, ist die Seele. Sie selbst lenkt die Dinge und ist so die Ursache zu einem glücklichen oder unglücklichen Leben.«[114]

In diesem Kapitel wollen wir uns einige zentrale Stellen bei Seneca anschauen, in denen explizit vom Glück die Rede ist. Er hat diesem Thema ein eigenes Buch gewidmet: »Vom glücklichen Leben« (De vita beata). Wir lassen uns aber weniger von dieser Schrift als vielmehr von den Elementen leiten, mit denen Seneca wesensmäßig das menschliche Glück zu bestimmen versucht. Sie finden sich in all seinen Schriften.

Es wird hier Überschneidungen geben. Wie bei Seneca soll die Wiederholung jedoch nicht vermieden, sondern als sein spezifisches Stil- und Lehrmittel beibehalten werden. Sie lässt häufig eine Akzentverschiebung erkennen und betont Aspekte, die in anderen Formulierungen fehlen. So wird das Phänomen Glück, das Seneca zu beschreiben und zu verstehen versucht, immer facettenreicher und gewinnt an Inhalt. In einer abstrakten Definition verflüchtigt sich dieser Inhalt. Weisheit, die für das Leben tauglich sein will, muss Weichheit und Gedankenfülle haben, um auf die unendliche Vielfalt und Einmaligkeit von Lebenssituationen angewendet werden zu können. Die alten Chinesen verglichen die Weisheit mit dem Wasser, das einen Berg herunterfließt und sich jedem Hindernis anpasst.

Das Glück findet sich im Innern

Die wichtigste Bestimmung, die Seneca dem Glück gibt, ist, dass es nur im Inneren der Seele zu finden ist und nur aus ihr erwächst. Seneca lässt die Gottheit sagen:

»Ins Innere habe ich alles Gute gelegt; des äußeren Glückes nicht zu bedürfen, das ist euer Glück.«[115]

Die äußeren Güter, deren Besitz viele Menschen mit »Glück« gleichsetzen, sind dem Zufall unterworfen und unbeständig. Wir können von Glück sagen, dass wir auf äußeres Glück nicht angewiesen sind, um glücklich zu sein! Seneca spielt mit dieser Doppelbedeutung des Wortes »Glück«, die sich im Lateinischen ebenso wie im Griechischen und im Deutschen findet. Für die alten Griechen stand Glück zunächst für äußere Güter wie Wohlstand, Ansehen, Macht, Familie, Kinder, gute Freunde, viele Bedienstete. Erst mit der Entdeckung der Persönlichkeit und der Aufwertung des Individuellen im Zuge philosophischer Reflexion erwachte das Bewusstsein für Glück als seelischer Zustand, als Gefühl des nachhaltigen Wohlbefindens, als Wohlgemutheit. An anderer Stelle spricht Seneca die Zweideutigkeit des Wortes ausdrücklich an:

»Hast du es durchaus darauf angelegt, die Zweideutigkeit der Worte zu klären, so sei Folgendes Gegenstand deiner Lehre: Glücklich ist nicht derjenige, den das Volk so nennt, nämlich dem massenhaftes Geld zuströmt, *sondern der, der sein ganzes Gut in seinem Innern hat,* der aufrechte, hochherzige, was andere bewundern mit Verachtung von sich weisende Mensch … der den Menschen nur nach der Seite schätzt, nach welcher er Mensch ist, der die Natur zur Lehrerin hat, der nach ihren Gesetzen sein Wesen gestaltet, der nach ihren Vorschriften lebt … *der das Schlimme zum Guten wendet* … der … niemals durch sie (äußere Gewalt, Verf.) außer Fassung gebracht, ein Mensch, den das Schicksal, wenn es sein schädlichstes Geschoss auf ihn abschleudert, zwar ritzt, aber nicht verwundet, und selbst dies nur selten …«[116]

Im zweiten Teil wird die bereits behandelte Verbindung von Wohlbefinden und Resilienz angesprochen, die »Unerschütterlichkeit des Weisen«, aber auch die Fähigkeit einer gereiften Persönlichkeit, die aus jedem Schicksal das Beste macht und sogar »das Schlimme zum Guten wendet«. Bis heute wahr dürfte auch die Feststellung sein, dass das Verständnis von Glück als ein inneres Gut keineswegs die allgemeine gängige Meinung wiedergibt. Die meisten Menschen neigen auch heutzutage dazu, Glück mit äußeren Gütern gleichzusetzen. Deshalb beurteilen sie den Menschen regelmäßig nach seinem Äußeren und vernachlässigen seine seelisch-geistigen und charakterlichen Qualitäten.

»*Wir schätzen niemanden nach dem, was er ist, sondern rechnen alles dasjenige mit, womit er geschmückt ist.*«[117]

Seneca bedient sich der berühmten Anekdote, die über den griechischen Philosophen Stilpon von Megara erzählt wurde, um zu verdeutlichen, bis zu welchen befremdlich anmutenden Konsequenzen die These von dem ausschließlich inneren Glück Bestand hat:

»Nach dem Fall seiner (des Stilpon, Verf.) Vaterstadt, dem Verlust seiner Kinder und seiner Gattin verließ er, nur auf sich angewiesen *und gleichwohl glücklich,* seine in Trümmern und Asche liegende Heimat. Auf die Frage des Demetrius, … ob er Verlust erlitten hätte, antwortete er: ›All mein Hab und Gut habe ich bei mir.‹ … Ein Sieger über den Sieg seines Feindes! … Darin liegt das Bekenntnis, dass, was einem entrissen werden kann, unter keinen Umständen ein Gut sei.« Und Seneca zitiert Epikur: »*Wer das Seine nicht für das Herrlichste hält, der ist unglücklich, mag er auch Herr der ganzen Welt sein.*«

Mit dem Seinigen sind die Seelen- und Geisteskräfte gemeint, wie aus dem Satz hervorgeht, mit dem Seneca seinen Gedanken abschließt:

»*Nur der Weise findet wirklich Wohlgefallen an dem Seinigen. Alle Torheit wird sich selber zu Verdruss.*«[118]

Der entscheidende Vorteil unseres inneren Glücks ist, dass es uns von keinem Menschen genommen, dass es von keinem Schicksalsschlag in Mitleidenschaft gezogen werden kann. Es macht uns frei und unabhängig.

»*Bilde dir nicht ein, dass je einer glücklich sei, der vom Glück abhängt. Auf brüchigem Grunde steht, wer den Quell seiner Freude in dem hat, was von außen kommt; die Freude wird dahinschwinden, die von außen stammt. Aber was dem Inneren entquollen, das ist treu und fest und nimmt zu und verlässt uns nicht bis ans Ende.* Alles Übrige, woran der bewundernde Blick der Menge hängt, verliert seinen Wert mit dem Tage. … Alles, was durch den glücklichen Zufall uns beschieden wird, ist nur dann fruchtbringend und erfreulich, *wenn derjenige, der es hat, auch sich selbst hat und nicht in der Gewalt seines Zubehörs ist.*«[119]

Je mehr wir auf Äußeres Wert legen, umso mehr entfremden und entfernen wir uns von uns selbst. Je mehr wir das Glück aus uns selbst schöpfen, desto authentischer, wahrer und selbstständiger leben wir. So enden Senecas »Briefe an Lucilius«, soweit sie uns überliefert sind, mit einem eindringlichen Appell, sich auf das Eigene und Eigentliche zu konzentrieren:

»Fühlst du dich nicht getrieben, dasjenige aufzugeben, worin du als nach Fremdartigem strebend besiegt werden musst, und zu deinem Gute zurückzukehren? Welches ist das? Eine fleckenlose und lautere Seele, die den Spuren der Gottheit folgt, sich über Menschliches erhebt *und alles Ihrige in sich selbst trägt.* Du bist ein vernünftiges Wesen. Was ist also Gutes in dir? Die vollkommene Vernunft. Diese rufe zu ihrem Ziele, verhilf ihr zum möglichsten Wachstum! *Erst dann halte dich für glücklich, wenn dir aus ihr jede Freude erwächst,* wenn du unter dem, was die Menschen erraffen, wünschen, behüten, nichts findest, was du, ich sage nicht, lieber wolltest, sondern überhaupt wolltest. Ich will dir eine kurze Formel sagen, nach welcher du dich messest, nach welcher du beurteilen kannst, ob du bereits zur Vollkommenheit gelangt bist: *Dann wirst du dein Ziel erreicht haben, wenn du erkennst, dass die am meisten Unglücklichen glücklich sind. Leb wohl.*«[120]

Am Ende dieses Zitats spielt Seneca wieder mit der Doppelbedeutung des Wortes Glück. Die Menschen meinen, unglücklich müsse sein, wer wenig Besitz, Ansehen oder Ruhm hat. Nach Seneca finden wir jedoch gerade unter ihnen nicht selten die wahrhaft Glücklichen. »Den Spuren der Gottheit« folgen bedeutet, das

Gute, Geistige, Vernünftige, Weise, Natürliche in uns wahrnehmen und kultivieren. Diesen Qualitäten nachzustreben, lässt uns der Gottheit, die nach Seneca unser tiefstes Wesen ausmacht, ähnlich werden.

Schließlich ist es nicht nur das Äußere, das uns über das wahre Glück täuschen und von ihm ablenken kann. Genau genommen ist es der eigene Körper, der Wünsche und Begierden erzeugt und uns ständig verleiten will, uns an Äußerliches zu hängen und uns in ihm zu verlieren.

»Was ist dieser Quell (aus dem die Freude entspringt, Verf.)? Du selbst bist es, du mit deinem besten Teil. Auch den armseligen Körper, mag er auch notwendig sein für all unser Tun, halte eher für etwas Unentbehrliches als für etwas Großes. *Er gewährt nur nichtige, kurze und zur Reue führende Genüsse, die, wenn man ihnen nicht Mäßigung auferlegt, sich in ihr Gegenteil umwandeln. Lass dir's gesagt sein: die Lust neigt sich in jäher Beschleunigung dem Schmerze zu, wenn sie nicht Maß hält.* Maß zu halten ist aber schwer bei dem, was man für gut hält. … Wenige nur wissen mit sich selbst sowie mit dem Ihrigen streng planmäßig zu verfahren; die übrigen gleichen dem, was auf den Flüssen dahinschwimmt … *Daher gilt es festzustellen, was wir im Grunde wollen, und dabei zu beharren.*«[121]

Nachhaltige Freude und Glück finden wir nur, wenn wir unseren tiefsten und eigentlichen Bedürfnissen nachgehen und sinnliche Begierden auf ein Maß reduzieren, dass wir Lust nicht mit Leiden und Schmerzen bezahlen müssen.[122] Dies setzt eine einsichtige, disziplinierte und konsequente Lebensführung voraus, zu der nach Seneca nicht viele Menschen fähig sind.

Das Glück beruht auf einem vernunftgemäßen Leben

Zum wahren Glück gehört nach Seneca, dass wir unser Leben nach der bestmöglichen Einsicht gestalten, zu der wir gelangen können. Mithilfe unserer Vernunft sollen wir bestimmen, was uns dauerhaft guttut und was uns schädigt, welche Werte und Ziele wir verfolgen und welche wir besser meiden. Das alles lässt sich erkennen, wenn wir unser eigenes Seelenleben kennen und verstehen, nach welchen Gesetzmäßigkeiten Freude oder Leid entstehen. Alles hängt davon ab, ob wir in diesen Fragen zu den richtigen Einsichten gelangen, in den Worten Senecas und der Stoa: zu den richtigen Urteilen.

»Das glückliche Leben gründet sich also auf ein richtiges und sicheres und keinen Schwankungen unterliegendes Urteil. *Ohne gesunde Vernunft kann niemand glücklich sein.* Geistig gesund ist niemand, der das Schädliche erstrebt statt des Besten. *Glücklich ist also nur, wer im Besitz eines gesunden Urteils ist; glücklich ist nur, wer mit seiner Lage, welcher Art sie auch sein mag, zufrieden ist und in Eintracht mit seinen Verhältnissen lebt; glücklich ist nur der, dessen ganze Lebenslage sich der Billigung der Vernunft erfreut.*«[123]

Wer zufrieden ist mit seiner Lage, der findet sich mit dem Unveränderbaren ab und bemüht sich, das Veränderbare zum Guten hin zu wenden. Der letzte Satz des Zitats bedeutet, dass wir glücklich sind, wenn wir ein harmonisches Leben führen, bei dem Denken und Wollen, Handeln und Sprechen übereinstimmen. Alle unsere Lebensäußerungen entsprechen unseren Lebenszielen und Anschauungen. Wir wissen in jedem Moment, weshalb wir etwas tun oder unterlassen. In dieser Weise bestimmte bereits der Gründer der Stoa, Zenon von Kition, das Ziel des Menschen und bezeichnete es mit den griechischen Worten »homologoumenos zen«, wörtlich: ein Leben nach der Vernunft oder ein in sich stimmiges Leben ohne leidvollen inneren Zwiespalt. Zenon mag seinen Gedanken an Platons Hauptwerk, dem »Staat«, angelehnt haben, in dem die Harmonie der Seelenkräfte unter Führung der Vernunft mit Gesundheit, Schönheit und dem besten Zustand der Seele gleichgesetzt wird.[124]

Auch an einen anderen großen Denker der griechischen Philosophie wird Seneca gedacht haben: Aristoteles hatte die Meinung vertreten, dass alle Lebewesen danach streben, die in ihnen vorgegebenen eigensten Möglichkeiten zu verwirklichen und zur Vollendung zu bringen. Worin der Mensch sich aber von Tieren unterscheide, sei die Vernunft. So vollende sich der Mensch und erreiche sein höchstes Glück, wenn er ein Leben nach der Vernunft führe, und das hieß für Aristoteles, sein Leben ganz der Philosophie und Wissenschaft zu widmen. Bei Seneca lesen wir:

»Was ist des Menschen besondere Eigentümlichkeit? Die Vernunft. Ist diese in Ordnung und voll ausgebildet, so liegt in ihr das volle Glück des Menschen beschlossen. … *wenn nun des Menschen besonderes Gut die Vernunft ist, so ist er, wenn er diese zur Vollkommenheit gebracht hat … am Ziel seiner natürlichen Bestimmung angelangt.* Diese ist zu ihrer Vollkommenheit erhoben. Vernunft heißt Tugend … Gut aber ist er, wenn seine Vernunft ihre volle Entfaltung erreicht … und mit ihrem naturgemäßen Wollen in Einklang gebracht ist.«[125]

Vernünftiges Leben ist zugleich naturgemäßes Leben. Falsch wäre jedoch – so Seneca –, eine »natürliche« Lebensweise mit dem ungebremsten Ausleben der Triebe gleichzusetzen. Ohne vernünftige Lenkung wird der Mensch nie eine Balance in seinem Triebleben finden können, er zerstört sich letztlich selbst und wird unglücklich. Das ungeregelte Ausleben der Begierden führt zwangsläufig zu innerer und äußerer Zerrissenheit. Nur dann, wenn Vernunft herrscht, entsteht ein in sich stimmiges Ganzes, das bewegt und pulsierend sich in der Zeit immer wieder ausgleicht. Nur dann lebt der Mensch sich selbst und ist glücklich. Seneca zitiert einen bekannten stoischen Gedankengang:

»Wer volle Einsicht besitzt, beherrscht sich selbst; wer sich selbst beherrscht, bleibt sich gleich; wer sich gleich bleibt, lässt sich nicht aus der Ruhe bringen; wer sich nicht aus der Ruhe bringen lässt, ist frei von Betrübnis; wer frei von Betrübnis ist, ist glücklich: also ist der Einsichtige glücklich, und die Einsicht genügt zum glücklichen Leben.«[126]

Zwar hält Seneca nicht viel von der scheinbar logischen Zwangsläufigkeit solcher begrifflichen Ableitungen. Die Richtigkeit des Ergebnisses aber bezweifelt er nur insoweit, als er neben der vernünftigen Einsicht auch noch diejenigen Mittel für erforderlich hält, die bewirken, dass die Einsicht auch praktisch gelebt wird. Sein Fazit: Ein glückliches Leben ist ein von Vernunft bestimmtes naturgemäßes Leben, das zur Seelenruhe und zur Gelassenheit führt.

»Glücklich leben und naturgemäß leben kommt also auf dasselbe hinaus.«[127]

Wir wissen bereits, dass mit Natur zum einen die uns umgebende Natur gemeint ist, also die Summe der Erscheinungen und Gesetzmäßigkeiten, nach denen alles Leben und alle Dinge entstehen, sich wandeln und vergehen. Zum anderen ist aber auch die spezifische Natur des einzelnen Menschen gemeint, seine individuellen Fähigkeiten, Eigenheiten, Prägungen und Begabungen.[128] Sich selbst gerecht werden heißt demnach, ein der eigenen Persönlichkeit entsprechendes Leben zu führen, dabei aber zugleich den Rhythmen und Gesetzmäßigkeiten der äußeren Natur zu folgen. Das setzt voraus, dass wir unser wahres Selbst erkennen und von äußeren Zwängen und Einflüssen abgrenzen, die nicht zu uns passen. Zudem sollen wir uns einfügen in den natürlichen Gang der Dinge, etwa uns das notwendige Maß an Schlaf und Ruhe, aber auch an Bewegung und kreativer Tätigkeit gönnen. Nur dann können die körperlichen und geistig-seelischen Funktionen ihre Aufgaben bestmöglich erfüllen. Die Stoiker nannten dies den »schönen Fluss des Lebens«.[129]

Glück ist Freiheit von Angst und Sorgen

Das Glück ist für Seneca nicht nur Folge eines vernunft- und naturgemäßen Lebens, sondern auch Freiheit von Angst und Sorgen als Ausdruck von Seelenruhe und heiterer Gelassenheit. In seinem

Buch »Vom glücklichen Leben« fasst Seneca diesen Gedanken zusammen:

»Also gilt es sich loszuringen, um den Weg zur Freiheit zu gewinnen. Sie zu erlangen gelingt nur durch die Gleichgültigkeit gegen das Schicksal: dann wird sich jenes unschätzbare Gut einstellen, jene fest in sich gegründete Seelenruhe und Geisteshoheit, *jene erhabene und unerschütterliche Freude*, die nach Austreibung des Irrtums aus der Erkenntnis der Wahrheit entspringt, *jene Herzlichkeit und Gemütsheiterkeit, an der er seine Freude hat … Glücklich kann derjenige genannt werden, der weder von Begierden, noch von Furcht erregt wird – wohlverstanden dank seiner vernünftigen Einsicht.*«[130]

»Denn es gibt kein Glück, das nicht die Furchtlosigkeit zur Voraussetzung hätte …«[131]

Furcht und Sorgen lasten auf der Seele und bedrücken sie. Häufig entstehen sie durch das Festhalten an Äußerlichkeiten und der Vernachlässigung innerer Werte, was bis zu innerer Leere führen kann.

»Erst musst du den Druck loswerden, der auf deiner Seele lastet; vorher wirst du dich an keinem einzigen Platze wohl fühlen.«[132]

»Freiheit von Sorge aber macht gerade das besondere Gut des Weisen aus.«[133]

»Was ist schimpflicher, als gerade auf der Schwelle gesicherter Ruhe voller Sorge und Unruhe zu sein? Ihren Grund hat diese Erscheinung darin, dass wir, leer an allen wirklichen Gütern, den ganzen Inhalt unseres Lebens als nichtig empfinden. Denn kein Teil desselben hat festen Halt gewonnen: es ist dahin, es ist entschwunden.«[134]

Wenn man vorrangig auf Äußerliches Wert legt, dann »legt man es förmlich darauf an, die Gründe zur Bekümmernis zu sammeln …«.[135]

An äußeren Gütern finden wir keinen Halt, entwickeln folglich auch keine Haltungen, die uns dauerhaft Sinn, Erfüllung und Glück vermitteln könnten. Betäuben oder zerstreuen wir uns im Äußeren, so führt dies zu Langeweile und Leerheit. Wir werden melancholisch und traurig. Zu nachhaltigem Glück führt uns dieser Weg nicht, sondern in die Abhängigkeit und damit zum Verlust unserer Mitte und einer eigenverantwortlichen Lebensführung.

»Der ist der Glücklichste und der unbedingt sichere Herr seiner selbst, der dem morgenden Tag ohne Bangen entgegensieht. Wer sagen kann: ›Ich habe gelebt‹, der erhebt sich täglich zu neuem Gewinn.«[136]

Seneca empfindet es als absurd, dass sich die Menschen so vielen Mühen und Schwierigkeiten unterwerfen, um äußere Güter zu erlangen, während es doch viel einfacher ist, die Seele auf direktem Weg gut und zufrieden zu machen.

»Die (seelischen, Verf.) Krankheiten, an denen wir leiden, sind heilbar … *Leicht ist der Weg zum glücklichen Leben … Euer ganzes Treiben ist weit schwieriger.* … die Tugenden zu hüten ist leicht, die Laster zu nähren erfordert nicht geringen Aufwand.«[137]

Für Seneca fehlt den Menschen, die sich das Glück von äußeren Gütern erhoffen, etwas sehr Wesentliches: das Vertrauen in sich und die Gewissheit, alles in sich zu finden, was ein glückliches Leben ermöglicht.

»… es gibt nur ein Gut als festen Untergrund eines glücklichen Lebens; das ist das Selbstvertrauen.«[138]

Das Glück entspringt aus der Selbstgenügsamkeit

Für Seneca entsteht das Glück aus dem Genügen an sich selbst, aus der Reduzierung der äußeren Bedürfnisse, aus Bescheidenheit und Verzicht auf Luxus und Prunksucht.

Schreibtäfelchen und Feigen, die Fleisch und Brot ersetzen, »machen mir jeden Tag zu einem Neujahrstag, *der mir zu einem gesegneten und glücklichen wird durch die heilsame Richtung meiner Gedanken und durch den Aufschwung der Seele, die auf der Höhe ihrer Leistungsfähigkeit steht, wenn sie alles Fremdartige von sich ausgeschieden und nicht nur Frieden mit sich geschlossen hat durch Beseitigung jeder Furcht, sondern sich auch reich gemacht hat durch Beseitigung jeder Begehrlichkeit.*«[139]

Gier und das Festhalten an vielfältigen Arten des Lustgewinns sind die Feinde wahren und dauerhaften Glücks. Deshalb sollten wir auf alle Begierden verzichten. Nichts spricht dagegen, dasjenige zu genießen, was das Leben oder der Zufall von sich aus anbietet. Nur sollten wir nicht danach streben.[140] Genuss und Vergnügen sind angenehme Begleiterscheinungen eines glücklichen Lebens, nicht dieses selbst.

»Vor allem treibe die Lustbegierden hinaus und sieh in ihnen deine ärgsten Feinde. Denn wie jene Wegelagerer, welche die Ägypter Phileten (Banditen, Verf.) nennen, *umarmen sie uns, um uns zu erwürgen.*«[141]

Seneca verteidigt Epikur, den angeblichen Philosophen »epikureischer« Ausschweifungen und Feindbild der Stoiker, weil dieser mit seiner Philosophie der »Lust« (griechisch: hedone) in Wahrheit dasselbe Glück der Genügsamkeit anstrebe wie er selbst und die Stoa:

»Trittst du in seinen Garten ein (Epikur philosophierte in einem Garten, Verf.) und liest die Inschrift am Eingang: ›Fremdling, hier ist gut weilen, hier ist die Lust das höchste Gut‹, so wird der gastfreie und freundliche Hüter dieses Hauswesens dir ganz zu Diensten stehen, wird dich mit Gerstengraupen bewirten, wird dir auch reichlich Wasser reichen und sagen: ›Bist du auch zufrieden mit deiner Aufnahme? Dieser Garten ist da, den Hunger nicht zu reizen sondern zu stillen, und er steigert nicht den Durst durch das Trinken, sondern stillt ihn durch das natürliche und kostenlose Mittel. *Bei solcher Lust bin ich alt geworden.*‹«[142]

Wie bei den alten Chinesen steht hier das hohe Alter für körperliche und seelische Gesundheit und ein glückliches Leben. Solches erreichen wir nicht, wenn wir unsere Begierden immer wieder neu reizen, um in der jeweiligen Befriedigung unser vermeintliches Glück zu finden. Dieses Glück ist für Seneca weder von Dauer noch sinnstiftend, wird schnell fade und kippt um in Leiden. Wir schöpfen das Glück nicht »mit durchlöcherter Seele«, meint Seneca. Wir sollten besser damit zufrieden sein, was wir bereits erhalten haben.

»Man setzt dem Genuss der Dinge eine zu enge Grenze, wenn man nur an dem Gegenwärtigen seine Freude hat: *sowohl Zukunft wie Vergangenheit sind ein Quell der Freude ... Seien wir zufrieden mit dem, was wir bereits geschöpft haben,* sofern wir es nur nicht mit durchlöcherter Seele schöpften, so dass sie durchließ, was sie aufgenommen hatte.«[143]

Wir würden Senecas Selbstgenügsamkeit missverstehen, wenn wir sie mit einer körper- oder sinnesfeindlichen Einstellung gleichsetzen. Seine Lebenslehre war ebenso wenig genussfeindlich wie diejenige Epikurs ausschweifend. Wir sollen das Glück in uns suchen und ihm ein sicheres und stabiles Fundament geben. Weder soll es vom Zufall noch von der Willkür anderer Menschen abhängen, sondern ganz in unserer Hand liegen. Es soll zu innerer Freiheit und Freude führen, möglichst wenig Schmerz und Leid, kein maßloses Wollen und keine schmachtende Sehnsucht auslösen, nicht mit mühseligen, nervenaufreibenden Anstrengungen und zehrenden Sorgen verbunden sein. Der Weg, die Freude aus uns selbst zu schöpfen, besteht darin, unsere Seele so zu stärken, dass wir die großen und kleinen täglichen Freuden des Lebens unbeschwert und in heiterer Gelassenheit genießen können. Wer sein Seelenleben achtsam und entschlossen kultiviert hat, besonnen und weise lebt, dem fällt das Glück von selbst zu. Er genießt freudig, was das Leben ihm gewährt.

»Nur der Weise findet wirklich Wohlgefallen an dem Seinigen. Alle Torheit wird sich selber zu Verdruss.«[144]

Beständigkeit und Wanken des Glücks

Die beste Art, das Leben zu genießen, ist, die Freude im Hier und Jetzt zu finden. Aber häufig verlegen wir die Freude in eine zukünftige Wunscherfüllung, richten uns innerlich ganz auf das Morgen aus und versäumen, das Erfreuliche des gegenwärtigen Augenblicks zu genießen. So verschieben wir unser Leben auf die Zukunft.

»*Sieh dir die einzelnen an, überschau die Gesamtheit: keiner, dessen Leben nicht auf morgen berechnet wäre.* ›Was ist denn dabei Schlimmes?‹ fragst du. Unendlich viel. Denn man lebt nicht, man ist nur immer auf dem Sprunge zu leben. Man verschiebt alles. Selbst wenn wir recht hätten, würde das Leben doch immer uns voraus sein; so aber, mit unserem Säumen, lassen wir es wie ein fremdes an uns vorübergehen, und am letzten Tage wird es nur beendet, *verloren geht es uns an jedem Tag.*«[145]

Das äußere Glück ist kein Ruhekissen, es treibt uns von einem Lustgewinn zum nächsten, und jede Lust will am Ende teuer bezahlt sein. Es lohnt daher nicht, die vom äußeren Glück scheinbar Begünstigten zu beneiden.

»Menschen, die man beneidet, werden nie aufhören, ihre Bahn zu durchlaufen: teils werden sie zerdrückt, teils stürzen sie. *Das äußere Glück ist alles andere, nur kein Ruhezustand* … Den einen macht es lüstern auf dieses, den anderen auf jenes Ziel, den einen auf Macht, den anderen auf Schlemmerei; die einen macht es aufgeblasen, die anderen weichlich … Lass dir also nicht einreden, derjenige sei glücklich, der von vielen belagert wird: er gleicht einem Teiche, den die von allen Seiten Zulaufenden trübe machen und ausschöpfen.«[146]

Von dem Äußeren hat nichts Bestand. Ständig wechselt es in beiden Richtungen. Deshalb muss man das Glück anderswo suchen:

»Da befriedigt es vielmehr, danach zu forschen, was geschehen soll, als was geschehen ist, und die Menschen, die ihre Sache auf das äußere Glück gestellt haben, zu belehren, dass dieses nichts gibt, was Bestand hat, und alle seine Gaben flüchtiger sind als ein Hauch. Das äußere Glück denkt nicht an Ruhe, es hat seine Lust daran, Freude mit Trauer zu vertauschen und durchaus zu mischen. Deshalb traue keiner dem Glück und verliere den Mut im Unglück. Im Leben geht es immer auf und ab. Was jubelst du? Du weißt ja nicht, wann dich das verlässt, was dich jetzt so hoch erhebt. Glücksgüter haben ihr eigenes Ende, das mit deinem nicht zusammenfällt. *Und was liegst du so bedrückt darnieder? Du bist nun ganz unten, doch ist hier der Punkt, sich aufzuraffen. Das Unglück wendet sich zum Besseren, während es vom Gipfel deiner Wünsche nur abwärts gehen kann. Auf diesen Wechsel muss man gefasst sein …«*[147]

Daher kommt Seneca zum Ergebnis, dass nur ein

»allmählich sich entwickelndes Glück dauerhaft bis ans Ende ist«.[148]

Das ist das Glück, das wir nach beharrlicher Selbsterforschung und -erziehung in uns selbst finden und hervorbringen. Es stellt sich ein, wenn wir unseren Seelengarten gepflegt, wenn wir unsere Schwächen und Fehler geheilt haben, soweit wir dazu imstande sind, wenn unser Seelenleben gesundet ist und nun mit all seinem inneren Reichtum aufblüht:

»Die Heilung der Seele aber, einmal vollführt, gilt für immer. Vernimm, was ich unter einer gesunden Seele verstehe: Sie ist mit sich selbst zufrieden, sie hat volles Vertrauen zu sich, sie weiß, dass alle Wünsche der Menschen, dass alle gewährten und erbetenen Wohltaten für das glückliche Leben keine Bedeutung haben. Denn was einen Zuwachs erfahren kann, das ist noch nicht vollkommen, was eine Minderung erfahren kann, ist nicht von beständiger Dauer: *wessen Freude dauernd sein soll, dessen Frohsein kann nur dem gelten, was sein eigen ist. Alles dagegen, worauf die Gier der großen Menge gerichtet ist, wogt hin und her. Nichts gibt das Schicksal zu festem Besitz.* Indes auch seine zufälligen Gaben sind erfreulicher Art, vorausgesetzt, dass die Vernunft allem Übermaß und aller

Verwirrung dabei vorgebeugt hat. Die Vernunft ist es, die auch denjenigen äußeren Gaben Wert verleiht, die in der Hand der Gierigen keine rechte Freude stiften können.«[149]

Das Glück in sich zu finden bedeutet, mit dem Zauberstab einer weisen Lebensphilosophie und einer geordneten Seelenverfassung, mit fundierten Wertvorstellungen und heiterer Gelassenheit das Äußere berühren und es freudvoll erleben, wenn es seine Sonnenseite zeigt, es jedoch duldsam ertragen, wenn Schatten fällt. Was ist groß, fragt Seneca, und antwortet:

»Alles andere, was Menschen so hoch schätzen, brächte es auch der Zufall ins Haus, so anzusehen, als werde es ebenso fortgehen, wie es hereinkam. Was ist Größe? *Den Geist hoch über den Zufall erheben, bedenken, dass man ein Mensch ist, um im äußeren Glück zu wissen, dass es nicht lange andauern wird, im Unglück aber, dass du nur unglücklich bist, wenn du dich dafür hältst.*«[150]

In dem Maße, wie wir mit unseren inneren Einstellungen und Haltungen dem Schicksal die Stirn bieten und eine innere Burg errichten können, die den Kern und das Wesen unserer Persönlichkeit festigt und unerschütterlich macht, können wir bei allem Wechsel des äußeren Glücks das Gefühl tiefer Zufriedenheit und Gelassenheit in uns aufrechterhalten. Das ist es, was Seneca uns im Hinblick auf Glück und Freude lehren will. Zu Baumeistern unseres Glücks will er uns machen und zeigen, dass es nur an uns liegt, ob unser Leben gelingt, wie schwierig die Umstände auch sein mögen:

»*Was ist groß? … ein Geist, der auf das Glück nicht wartet, sondern es gestaltet* und gegen Glück und Unheil unverzagt und festen Herzens antritt, betroffen weder vom Sturm des einen noch vom Glanz des anderen.«[151]

Und so, wie wir unser eigenes Glück selbst gestalten, sind es letztlich auch wir selbst, die für das Unglücklich-Sein verantwortlich sind. Für Seneca ist dies tröstlich:

»Es ist ein Trost für uns Menschen, dass niemand unglücklich ist außer durch eigene Schuld.«[152]

Seneca lehrt uns demnach, dass wir »Schlechtes zum Guten wenden«[153], Unglück in Glück verwandeln können. Dies ist wahre Lebenskunst. Sie scheint eine Zauberei zu sein, aber eine, die jeder erlernen kann, wenn er die notwendige Einsicht, Entschlossenheit und Beharrlichkeit aufbringt und die richtigen Haltungen verinnerlicht.

Zentrale Lehrsätze

- Das nachhaltige Glück, nach dem wir uns sehnen, finden wir nicht in äußeren Gütern, sondern in der eigenen Seele.
- Machen wir unser Glück von äußeren Dingen abhängig, hängt es vom Zufall ab und ist brüchig wie dünnes Eis.
- Nachhaltige Freude und Glück finden wir nur, wenn wir unseren tiefsten und eigentlichen Bedürfnissen nachgehen.
- Unsere Vernunft sagt uns, was uns dauerhaft guttut und was uns schädigt. Wir müssen ihr nur folgen.
- Glücklich leben bedeutet, frei von Sorgen und Ängsten, heiter und gelassen zu leben.
- Wesentlicher Bestandteil des Glücks ist die Selbstgenügsamkeit, die Reduzierung der äußeren Bedürfnisse, Bescheidenheit und Verzicht auf maßlosen Luxus und Prunksucht.
- Da alles Äußere sich ständig wandelt und nichts sicher ist, kommt alles darauf an, dass man sich an dem erfreut, was da ist, und sich angewöhnt, die Freuden und sein Glück im Hier und Jetzt zu finden.

Kernzitate

- *»Denn stärker als alles Schicksal ist der Geist, ist die Seele. Sie selbst lenkt die Dinge und ist so die Ursache zu einem glücklichen oder unglücklichen Leben.«*
- *»Ins Innere habe ich alles Gute gelegt; des äußeren Glückes nicht zu bedürfen, das ist euer Glück.«*
- *»Glücklich ist der, der das Schlimme zum Guten wenden kann und niemals aus der Fassung gebracht wird.«*
- *»Bilde dir nicht ein, dass je einer glücklich sei, der vom Glück abhängt. Auf brüchigem Grunde steht, wer den Quell seiner Freude in dem hat, was von außen kommt; die Freude wird dahinschwinden, die von außen stammt. Aber was dem Inneren entquollen, das ist treu und fest und nimmt zu und verlässt uns nicht bis ans Ende.«*
- *»Glücklich ist also nur, … wer zufrieden ist und in Eintracht mit seinen Verhältnissen lebt.«*
- *»Wer volle Einsicht besitzt, beherrscht sich selbst; wer sich selbst beherrscht, bleibt sich gleich; wer sich gleich bleibt, lässt sich nicht aus der Ruhe bringen; wer sich nicht aus der Ruhe bringen lässt, ist frei von Betrübnis; wer frei von Betrübnis ist, ist glücklich: also ist der Einsichtige glücklich, und die Einsicht genügt zum glücklichen Leben.«*
- *»Erst musst du den Druck loswerden, der auf deiner Seele lastet; vorher wirst du dich an keinem einzigen Platze wohl fühlen.«*
- *»… es gibt nur ein Gut als festen Untergrund eines glücklichen Lebens; das ist das Selbstvertrauen.«*
- *»Nur ein allmählich sich entwickelndes Glück ist dauerhaft bis ans Ende.«*
- *»Die Heilung der Seele aber, einmal vollführt, gilt für immer. Vernimm, was ich unter einer gesunden Seele verste-*

he: Sie ist mit sich selbst zufrieden, sie hat volles Vertrauen zu sich, sie weiß, dass alle Wünsche der Menschen, dass alle gewährten und erbetenen Wohltaten für das glückliche Leben keine Bedeutung haben.«

- *»Was ist groß? … ein Geist, der auf das Glück nicht wartet, sondern es gestaltet und gegen Unheil unverzagt und festen Herzens antritt.*
- *»Es ist ein Trost für uns Menschen, dass niemand unglücklich ist außer durch eigene Schuld.«*

Authentizität

»Wo ich auch bin, da gehöre ich mir selbst.«[154]

Wir hatten bereits im vorhergehenden Kapitel gehört, dass es für ein glückliches Leben wichtig ist, ein in sich stimmiges Leben zu führen. Denken, Sprechen, Wollen und Handeln sollen übereinstimmen und eine Einheit bilden. Alles Fremdartige, das durch Erziehung, Prägung und Beeinflussung von außen in unsere Seele gekommen ist und unser Verhalten mitbestimmt, soll nach Möglichkeit abgelegt oder doch in seinem Einfluss auf unser Leben eingedämmt werden. Wir sollen uns selbst leben und uns treu bleiben, wo immer wir sind, was immer wir tun, wie immer die Umstände und äußeren Zwänge sind, was immer die Leute denken und von uns erwarten:

»Jedenfalls muss man die Seele von allen Äußerlichkeiten *auf sich selbst konzentrieren: auf sich selbst verlasse sie sich, an sich selbst erfreue sie sich, das Eigene achte sie, zurückziehen sollte sie sich, soweit möglich, von Fremden, und mit sich selbst sei sie einig*; Verluste empfinde sie nicht, auch Widriges deute sie mit Wohlwollen.«[155]

Diese Einigkeit mit sich selbst macht die Authentizität einer Persönlichkeit oder eines Lebens aus. Für Seneca hat sie viel damit zu tun, dass wir »das Eigene« in uns erkennen, ausbilden und leben. Darin vollendet sich der Mensch und kommt in seine Mitte und sein Wesen. Als er einmal seinen Briefpartner Lucilius bittet, ihn zu besuchen, schreibt er:

»Beeile dich, komme zu mir, *aber zuvor erst zu dir selbst. Schreite fort in deiner Vervollkommnung und sei vor allem darauf bedacht, dir selbst treu zu bleiben.*«[156]

Hier klingt wieder die Aristotelische Teleologie an, die Lehre von der Verwirklichung der wesensmäßigen Bestimmung, der Zweckursache allen Lebens. Noch deutlicher wird dies, wenn Seneca die Vernunft als jene Eigenschaft mit ins Spiel bringt, die das spezifische Wesen des Menschen auszeichnet:

»*Denn der Mensch ist ein vernünftiges Geschöpf. Sein Vorzug erreicht also seine Vollendung, wenn er seine Bestimmung erfüllt.* Was ist es aber, was eben diese Vernunft von ihm fordert? Eine Sache, an sich leichter als jede andere: *seiner Natur gemäß zu leben.*«[157]

Nach Seneca lehrt die Philosophie, sich selbst zu gehören und Denken, Handeln, Sprechen und Wollen in Übereinstimmung zu bringen:

»… die Philosophie lehrt handeln, nicht reden, sie fordert, *dass jeder getreu seinem inneren Gesetze lebe,* dass das Leben nicht mit der Rede in Widerspruch stehe … Das ist die höchste Forderung an die Weisheit und zugleich ihr Kennzeichen, *dass die Taten mit den Worten in Einklang stehen, dass der Mensch also durchweg sich selbst gleiche und der nämliche sei.* ›Wer wird das leisten?‹ Wenige, aber doch einige. Denn schwer ist es allerdings; doch sage ich nicht, dass der Weise immer denselben Schritt einhalten werde, wohl aber denselben Weg. … *Was ist Weisheit? Immer dasselbe wollen und dasselbe nicht wollen.*«[158]

Unser Wesen und unsere Identität finden wir in dem »Gesetz«, nach dem wir angetreten sind.[159] Sich selbst treu bleiben heißt, den Werten, die wir als maßgebend und bestimmend für unser Wesen erkannt haben, zu folgen in allem, was wir tun. Nicht unsere Triebe, wohl aber unser bewusstes Wollen, das die Triebe filtert, soll sich nach unseren inneren Werten richten. Leicht ist es nicht, authentisch zu leben. Unsere tiefsten Bedürfnisse zu erkennen, kann schwierig sein. Ebenso kann es Probleme bereiten, die davon unabhängigen objektiven Werte zu finden, auf denen nachhaltiges Glück aufbaut und deren Verwirklichung seelisches Leid vermeidet. Schließlich wird der Prozess der Entscheidung und Willensbildung von zahlreichen gegenläufigen seelischen Kräften gestört und behindert, die ein klares und zutreffendes Urteil erschweren. Diese Störungen, die von unterschiedlichen, vor allem frühkindlichen Prägungen und erworbenen Begierden ausgehen, bewirken, gemeinsam mit alten Denk- und Verhaltensmustern, dass wir häufig entgegen besserer Einsicht handeln. Wir wissen, was uns guttut, und tun es doch nicht. Wir wissen, was uns nicht guttut, und tun es dennoch.

Nicht zu übersehen ist, dass Seneca im Zitat Philosophie und Weisheit gleichsetzt und es als Aufgabe der Philosophie ansieht, richtiges Handeln und Leben zu lehren. Sein Philosophieren verknüpft theoretische Überlegung mit Anleitungen zur praktischen Umsetzung, und ist in einem Maße praxisbezogen, wie es der akademischen Philosophie der Neuzeit weitgehend fremd ist.

Dass es schwierig, jedoch wichtig ist, authentisch zu leben, darauf hat Seneca mehrfach hingewiesen. Viele Menschen werden von ihren Begierden in die eine oder andere Richtung gezogen, die alle letztlich vom eigenen inneren Kern wegführen. Für solche Menschen ist – Seneca zitiert die Worte eines unbekannten Tragikers –

»nur ein kleiner Teil des Lebens wahres Leben«, und fährt fort: »Niemals wird es ihnen möglich, zu sich selbst zu kommen …«[160]

Sie werden nicht nur fehlgeleitet, sie verfehlen sich selbst. Sie fliehen vor sich selbst, sind ständig unterwegs oder zerstreuen sich in endlosen Vergnügungen:

»Eine Reise folgt auf die andere, ein Schauspiel auf das andere, wie Lucrez sagt: ›So sucht jeder die Flucht vor sich selbst.‹ Aber was hilft es, wenn er sich nicht selber entfliehen kann? *Er folgt sich selbst und ist sein eigener lästiger Begleiter.*«[161]

Der Versuch, vor sich selbst zu fliehen, ist vergeblich, denn er reißt eine Kluft in uns auf zwischen dem, wie wir eigentlich leben wollen, und dem, wie wir tatsächlich leben. So leben wir mit einem inneren Zwiespalt. Das sind nicht wirklich wir, die da reden und handeln, sondern Masken und Rollen, die wir angenommen haben. Wir haben uns von unserer Mitte entfernt. Gewiss sind auch die Masken ein Teil von uns, aber nicht unser bester und schon gar nicht unser eigentlicher. Von dem, was uns am nächsten ist, bleibt vieles ungelebt. Auf Dauer hält der Mensch solch ein Maskenspiel nicht aus: So kommt es zu tiefgreifenden Konflikten und Krisen bis hin zu körperlichen Gebrechen und Krankheiten. Ein Leben in Unwahrheit rächt sich immer eines Tages.

»*… denn niemand kann dauernd eine Maske tragen.* Verstellung fällt rasch in ihr eigentliches Wesen zurück; worin Wahrheit wirkt und was, sozusagen, auf sicherem Grund erwächst, das kann schon allein im Laufe der Zeit bedeutender und besser werden.«[162]

Seneca meint, bei den Menschen eine wahre Sucht zur Verstellung, zum gekünstelten Benehmen, zur Maskierung und zu glänzender Scheinhaftigkeit festzustellen. Dies könne auf Dauer weder ein unbekümmertes noch ein erfreuliches Leben sein:

»Eine weitere, ergiebige Quelle von Ärgernissen ist die krankhafte Sucht, dir ein erkünsteltes Aussehen zu geben und dich niemandem in deiner natürlichen Gestalt zu zeigen, eine nicht vereinzelte Erscheinung; denn die Zahl derer ist nicht gering, die ein Leben führen voller Verstellung und auf den prunkenden Schein berechnet … *so ist es doch kein angenehmes und sorgenfreies Leben, wenn man immer eine bestimmte Maske trägt. Dagegen die schlichte und jeden Aufputz verachtende Natürlichkeit, die keine Verschleierung des wahren Wesens kennt, wie viel Erfreuliches führt sie doch mit sich!*«[163]

Seneca lästert über jene, die ihre Arbeit vorschieben und behaupten, sie hätten keine Zeit, Philosophie zu betreiben und sich selbst zu erforschen, um ein ihrer Natur gemäßes Leben zu führen. Das seien Lügen. Ihm selbst sei es trotz höchster Inanspruchnahme stets gelungen, die Nähe zu sich zu bewahren. Das könne jeder leisten, wenn er nur wolle:

»Diejenigen lügen, die sich den Schein geben wollen, als hindere sie die Geschäftslast an philosophischen Studien. Sie stellen sich, als wären sie wer weiß wie beschäftigt, übertreiben die Sache und bringen sich selbst um ihre Zeit. Ich, mein Lucilius, habe Muße, ja ich habe Muße, *und wo ich auch bin, da gehöre ich mir selbst.* Was die gewöhnlichen Tagesanforderungen anlangt, so gehe ich nicht an sie verloren, sondern leihe mich ihnen nur und suche die Anlässe zur Zeitvergeudung nicht auf. Und gleichviel, *wo ich stehe, ich hänge meinen Gedanken nach und lasse mir irgendwelche nützliche Betrachtung durch den Kopf gehen. Auch wenn ich mich meinen Freunden widme, werde ich doch mir selbst nie untreu,* und was den Verkehr mit Leuten betrifft, mit denen mich irgendwelche besonderen Umstände oder ein pflichtmäßig bürgerliches Geschäft zusammengeführt, so mache ich die Sache kurz ab.«[164]

Letztlich ist die Fähigkeit, ein authentisches Leben zu führen, auch für den Vielbeschäftigten lediglich eine Frage des klugen und konzentrierten Zeitmanagements. Wer aber seine freie Zeit in Zerstreuungen und oberflächlichen Unterhaltungen vergeudet, die ihn persönlich nicht weiterbringen, darf sich nicht wundern, wenn ihm irgendwann zu Bewusstsein kommt, wie weit er sich von seinem wahren Selbst entfremdet hat. Authentizität bedeutet schließlich Ehrlichkeit sich selbst und den anderen gegenüber, und sie kann nach Seneca überall und bei jeder Gelegenheit praktiziert werden.

Häufig ist es der Druck der Allgemeinheit, dem wir nicht standhalten. Wir werden verführt und manipuliert und passen unsere Denk-, Verhaltens- und Lebensmuster an, obwohl die übernommenen Muster bei kritischer Prüfung und eigenständigem Nachdenken nicht unserem Naturell entsprechen. Wir wollen Anerkennung und Einflussnahme auf andere oder auch Macht gewinnen über sie. Deshalb verbrüdern wir uns mit ihnen und ihren Ansichten, machen uns ihnen gleich, um ihre Sympathie und Zustimmung zu erringen. Dabei verlieren wir unsere Mitte und unsere Authentizität:

»Es sind verwerfliche Mittel, durch die man des Volkes Gunst gewinnt. *Man muss sich ihm ähnlich machen.* Sie loben nur das, worin sie sich selbst wiedererkennen … Was wird also jene vielgepriesene und alle anderen Künste und Bestrebungen vorzuziehende Philosophie leisten? Dies, dass du lieber anderen gefallen willst als dem Volke, dass du die Stimmen wägest, nicht zählest, dass du ohne Furcht vor Göttern und Menschen lebest, dass du das Übel entweder überwindest oder ihm ein Ende machest. Wenn ich dich dagegen sehe hochgehoben von den Wogen der Volksgunst, wenn dich bei deinem Eintritt Jubel und Beifall umrauscht wie den Mimen auf der Bühne, wenn die ganze Bürgerschaft, wenn alle Weiber und Kinder deines Lobes voll sind, wie sollte ich dann nicht Mitleid mit dir haben, da ich den Weg kenne, der zu solchem Beifall führt?«[165]

Macht, Erfolg und Reichtum sind die größten Verführer, sich an scheinbar angenehme Masken zu gewöhnen und das Eigene zu vernachlässigen.

»Ach! Mit welcher Finsternis schlägt großes Glück des Menschen Geist!«, ruft Seneca einmal aus.[166]

Vielleicht ist es mit Macht und Ruhm wie mit großem Besitztum und viel Geld: Es fällt schwerer, den Weg zur eigenen Mitte zu finden und zu wahren und tiefen Frieden im Leben zu erlangen, wenn äußere Güter im Überfluss vorhanden sind oder die Menge uns bewundert, als wenn wir mit bescheidenen Mitteln »im Verborgenen leben«.[167]. Deshalb meidet der Weise äußere Versuchungen, achtet nicht auf die Meinung anderer und schlägt bewusst die Gegenrichtung ein:

»Ihn kümmert's nicht, was die Menschen für Schimpf halten oder für ein Unglück, er bewegt sich nicht auf der allgemeinen Straße, sondern wie die Gestirne eine der Welt entgegengesetzte Bahn einhalten, so wandelt er seinen Weg in eine dem allgemeinen Wahn entgegengesetzte Richtung.«[168]

Vielleicht kannte Seneca jene Episode, die von dem griechischen Philosophen Diogenes von Sinope erzählt wird, der zeitweise in einer Tonne oder einem alten Weinfass lebte. Als dieser einmal gefragt wurde, warum er das Theater stets gegen die Richtung der Herausströmenden betrete, soll er geantwortet haben:

»In meinem ganzen Leben bemühe ich mich, das zu tun.«[169]

Abschließend sei noch dem Missverständnis vorgebeugt, es gäbe nur ein authentisches oder ein nicht authentisches Leben. Streng genommen gibt es in Reinform weder das eine noch das andere. Wie bei der Weisheit, dem guten, erfüllten oder glücklichen Leben, den Tugenden und Untugenden, leben wir stets ein Mehr oder Weniger. Nie werden wir uns in allen Einzelheiten vollkommen erkennen und verwirklichen, nie werden wir uns so vollständig verfehlen, dass in unserem Denken und Verhalten nichts mehr von unserer eigenen Natur zu finden wäre. Das wusste auch Seneca. Es ist häufig nur einer vereinfachten Redeweise geschuldet, wenn von einem wahren oder entfremdeten Leben die Rede ist. In der Lebensschule geht es um Annäherungen, nicht um die Erlangung eines Idealzustandes. Wir drehen an kleinen Stellschrauben und können uns glücklich schätzen, überhaupt Fortschritte zu machen. Jeder noch so kleine Schritt mindert Leiden und erhöht die Lebensfreude.

IV. Vom Umgang mit anderen

»Was also an anderen getadelt wird, das findet ein jeder im eigenen Busen.«[1]

Wir kommen zum dritten und letzten Hauptfach der Lebensschule von Seneca. Es betrifft den Umgang mit anderen Menschen, seien es Lebenspartner, Angehörige, Arbeitskollegen, Vorgesetzte, Freunde, Bekannte, Menschen, denen wir zufällig begegnen, oder auch solche, die wir nie persönlich getroffen haben, wie Politiker, Künstler, Geistesgrößen, Heilige oder auch Weise wie Sokrates, Konfuzius oder eben Seneca. Sie alle können eine Bedeutung für unser Leben haben. Wenn wir uns in irgendeiner Weise mit ihnen beschäftigen, entwickeln wir ein Verhältnis zu ihnen. Es kann nährend, zehrend oder belanglos sein, kann uns auf unserem Lebensweg fördern oder behindern, kann Freude bereiten oder Leiden verursachen.

Die anderen

Ohne menschliche Beziehungen kann der Mensch nicht leben. Bindungen sind von existenzieller Bedeutung. Allerdings können wir an diesen Verhältnissen auch verzweifeln: Sie können uns Ärger bereiten, uns zornig, wütend oder traurig machen und, wenn diese Gefühle nicht abgebaut werden, auch Krankheiten verursachen. Für jede praktische Philosophie ist es deshalb wichtig, Orientierungen und Lebensregeln zu finden, mit deren Hilfe wir unsere zwischenmenschlichen Verhältnisse so gestalten können, dass sie uns guttun, dass wir an ihnen wachsen und unter ihnen so wenig wie möglich leiden.

Das ist nicht einfach. Viele Menschen haben damit große Probleme. So ist es kein Wunder, dass Streit, Zorn, Hass, Feindschaft und ihre kollektiven Formen wie Krieg und Terror nach wie vor unvermindert unser Zusammenleben prägen. Große Philosophen sind darüber zu radikalen Skeptikern oder Pessimisten geworden, wie etwa Schopenhauer oder Thomas Hobbes, der das Wesen des Menschen auf die berühmte Formel brachte: »Der Mensch ist dem Menschen ein Wolf.«[2]

Auch Seneca hat sich immer wieder mit diesem Thema beschäftigt. Er hat ihm eine längere Schrift gewidmet mit dem Titel »Vom Zorn« (De ira). Auch die Bücher »Über die Milde« (De clementia) und »Über die Wohltaten« (De beneficiis) sind demselben Themenkreis zuzurechnen. Schließlich kommt er in seinen Briefen an Lucilius immer wieder auf das richtige Verhalten gegenüber den Mitmenschen zurück. Seneca hatte in seinem Erdendasein alle zwischenmenschlichen Verhältnisse durchlebt und durchlitten. Er hatte genügend Gelegenheit, Menschen zu lieben und zu bewundern oder sie zu hassen und zu verurteilen. Aber nur das Erstere war für ihn ein Gebot der Weisheit, das Letztere eine charakterliche Schwäche, die es zu überwinden gelte, wenn das Leben und jede Form des menschlichen Miteinanders gelingen und Freude machen soll.

In der Beschäftigung mit diesen Fragen und bei der Suche nach Wegen, wie wir negative Gefühle gegenüber anderen Menschen neutralisieren oder in positive verwandeln können, hat Seneca seine Vorstellung von Humanität entwickelt. Sie ist nach wie vor von hohem praktischen Wert für die Gesellschaft und den Einzelnen. Er hat sie nicht selbst erfunden. Alles Wesentliche war schon von griechischen Philosophen gedacht und beschrieben worden und gehörte zum festen Bestand der stoischen Ethik. Doch auch hier hat Seneca den Gedanken und Einsichten eine Form, Prägnanz und erfrischende Lebensnähe gegeben, wie sie zuvor bei keinem abendländischen Denker zu finden sind. Er hat die überlieferte Philosophie lebbar gemacht und damit seinen bis heute anhaltenden Ruf begründet und gerechtfertigt.[3]

Menschliche Unvollkommenheit

»Alle Fehler wohnen allen inne.«[4]

Der Umgang mit den anderen wird besonders dort schwierig, wo sich Charakterschwächen und Defizite zeigen. Seneca weist oft auf die menschliche Unvollkommenheit hin, die ausnahmslos jedem von uns zukomme. Das ist der Ausgangspunkt all seiner Überlegungen zum richtigen Umgang mit unseren Mitmenschen.

»So oft muss ich daran erinnern, ich spreche nicht über Philosophen, die alles, was unausweichlich ist, auch erfreut, die ihr Gemüt in der Gewalt haben und sich dasjenige Gesetz geben, das sie wollen, das sie einhalten und sich gegeben haben, *sondern über unvollkommene Menschen und ihren Willen, einen guten Weg zu gehen, deren Gefühle jedoch oft eigensinnig sind.«*[5]

An anderen Stellen nimmt Seneca sich selbst und seine philosophischen Mitstreiter von den allgemeinen Schwächen der Menschen nicht aus:

»… im übrigen müssen wir stets dasselbe über uns vermelden: böse sind wir, böse waren wir und – ungern füge ich es hinzu – werden es sein.«[6]

Hier klingen bereits der Pessimismus und die Verzweiflung Senecas an, die zwar nicht sein Gesamtwerk und sein Menschenbild charakterisieren, aber doch gelegentlich hervorbrechen. Wie wir es auch bei anderen großen Denkern der Geschichte feststellen können, kommen Zweifel zum Ausdruck, ob der Mensch überhaupt fähig und willens ist, sich von seinen Schwächen zu befreien.

Gibt es unter ethischen Gesichtspunkten eine Evolution des Menschen zum Besseren, oder verläuft die Geschichte eher kreisförmig? Erleben wir eine ewige Wiederkehr des Gleichen? Manche Stellen deuten darauf hin, dass Seneca nicht daran glaubte, die Menschheit könne sich von ihren Mängeln befreien. Im Zusammenhang mit dem vorigen Zitat heißt es:

»Das haben unsere Vorfahren beklagt, das beklagen wir, das werden unsere Nachkommen beklagen: *zu Grunde gerichtet sind die Sitten, es herrscht die Schlechtigkeit,* ins Negative gleiten die menschlichen Dinge ab, ja in alles Unrecht; doch das steht an derselben Stelle (hat sich nicht geändert, Verf.) und wird dort (in Zukunft, Verf.) stehen, höchstens ein wenig hin und her bewegt …«[7]

Dass das keine vereinzelte Äußerung Senecas war, belegt die Tatsache, dass wir ähnliche Bemerkungen auch an anderen Stellen seines Werkes finden, etwa in seinem Buch vom Zorn:

»… glaube mir: *so viele Menschen da sind, so viele Laster.* Was du da von Bürgern siehst, das liegt alles in Unfrieden miteinander: eines winzigen Vorteils wegen geht der eine auf das Verderben des anderen aus; jeder sucht seinen Gewinn durch die Schädigung des anderen; … *Es ist eine Ansammlung von wilden Tieren …*«[8]

Es klingt wie bei Schopenhauer, wenn Seneca detailliert aufzählt, welche Schwächen und Laster er im Sinn hat, die er für den Unfrieden unter den Menschen verantwortlich macht:

»Einer ist vor Geschlechtslust wahnsinnig, ein anderer seinem Bauch versklavt; einer ist ganz und gar Eigentum des Gewinns, auf dessen Summe, nicht Wege er schaut (nämlich unredlicher Erwerb, Verf.); ein anderer müht sich mit Missgunst ab, ein anderer mit blindem und sich in Schwerter stürzendem Ehrgeiz. Füg hinzu Erstarrung der Seele und Trägheit sowie als Gegenstück dazu eines unruhigen Herzens Unrast und ständige Verwirrungen; füg hinzu die allzu hohe Einschätzung der eigenen Person und die unverschämte Aufgeblasenheit, Eigenschaften, derentwegen er verachtet werden muss. … Den Starrsinn der zum Verkehrten sich Anstrengenden … die Leichtfertigkeit der stets anderswohin Springenden. Hinzukommen kann halsbrecherische Unbesonnenheit und – die niemals eine verlässliche Entscheidung gestattet – Furcht *und tausend Irrtümer, in die wir uns verstricken:* Kühnheit der besonders Furchtsamen, Streit der eng Vertrauten …

Wenn dir unseres Lebens wahres Bild in die Gedanken kommt, wirst du meinen, den Anblick einer eroberten Stadt vor dir zu haben, in der ohne Rücksicht auf die Scham und das Rechte pure Gewalt sich ein Stelldichein gibt … frei von Gesetzen sind die Verbrechen; nicht einmal die Gottesfurcht, die inmitten von feindlichen Waffen die Kniefälligen geschützt hat, ist irgendein Hindernis, loszustürzen auf die Beute.«[9]

Vergegenwärtigen wir uns die Bilder von Krieg und Katastrophen in den heutigen Medien, dann wissen wir, wovon Seneca sprach. Ihren traurigen Höhepunkt erreichten solche Schrecken, wenn im Zuge kriegerischer Auseinandersetzungen der gegenseitige Hass ständig zunahm und sich nach der Eroberung einer lange belagerten Stadt hemmungslos und barbarisch entlud, nachdem der Feldherr sie zur Plünderung freigegeben hatte. Mit solchen Zuständen verglich Seneca das alltägliche Leben der Menschen, wobei er jedoch die Ausschweifungen und Missstände in der Metropole Rom im Auge gehabt haben dürfte.

Aber es ist das »wir« in den Sätzen, das hervorsticht und die eigentliche Grundlage von Senecas Argumentation bildet. Der Kern der Aussage ist: Wir alle haben diese Dämonen in uns. Nur glücklichen Umständen ist es zu verdanken, wenn sie nicht ihre grausamen Häupter erheben und uns zu Verbrechern oder bösartigen Menschen machen, die verletzen, beleidigen und Zorn, Ärger oder Leid auslösen:

»Der Geizhals, der Verführer, der Grausame, der Betrüger, die dir viel geschadet hätten, wenn sie in deiner Nähe gewesen wären – *sie sind in dir.*«[10]

Wir kommen zu Senecas Schlussfolgerung und verstehen, weshalb er ein so schonungslos negatives Menschenbild zeichnet. Weiter heißt es im Text:

»Warum hältst du dich über die Blässe des einen, über die Magerkeit des anderen auf? Herrscht doch die Pest im Lande! *Seien wir also verträglicher miteinander: wir leben als Böse unter Bösen. Ich wüsste nichts, was uns Ruhe bringen könnte, als eine Übereinkunft über gegenseitige Nachsicht.*«[11]

Seneca fordert uns auf zu wohlwollendem, verständnisvollem Umgang miteinander. Damit meint er nicht, dass wir alles hinnehmen und verzeihen, dass wir uns jeglicher Kritik und Reaktion enthalten sollen. Er spricht vielmehr unsere innere Einstellung an, unsere grundsätzliche Haltung anderen Menschen gegenüber. Sie soll uns versöhnen mit der Welt und den Menschen, wie sie sind. An der allgemeinen menschlichen Natur werden wir nichts ändern. Das sollten wir stets bedenken:

»Ferner muss man auch auf die Natur des Menschenlebens Rücksicht nehmen, um über alle Vorfälle richtig zu urteilen; ein unbilliger Richter darüber ist der, welcher den einzelnen zum Vorwurf macht, was allgemeiner Fehler ist.«[12]

Der Gedanke, Unrecht als Ausdruck menschlicher Schwäche zu begreifen, liegt vielen Menschen fern. In diesem Zusammenhang ist es hilfreich, an die zwei Ebenen zu denken, in denen sich menschliches Leben entfaltet und die wir zum Verständnis der praktischen Philosophie Senecas und der Stoa streng unterscheiden sollten, auch wenn sie in ständiger Wechselwirkung stehen. Die eine Ebene bildet die innere Burg und ist der Kern unseres Selbst und unserer Persönlichkeit; die andere umfasst unsere Außenbeziehungen, unser physisches Leben, unser Verhalten in der Welt.[13] In der inneren Burg sollen Weisheit und Einsicht in die menschliche Natur herrschen, damit verbunden Verstehen, gegenseitige Rücksicht, und – wenn möglich – auch Verzeihen. Eine solche Haltung ist ein wesentlicher Bestandteil des Bollwerks, das Angriffe und Anfeindungen anderer Menschen abwehrt und vom inneren Kern der eigenen Existenz fernhält. Aus dieser Haltung heraus und aus der gesicherten Geborgenheit im Inneren erfolgt die Reaktion nach außen, die zweite Ebene. Wir verteidigen unseren Leib, wehren uns gegen Unrecht, wenden Angriffe ab, die allesamt Ausdruck und Folge von Irrtümern, falschen Anschauungen, Schwächen, Defekten, Krankheiten der anderen sind. Wir versuchen, den Konflikt zu lösen und negative Emotionen abzubauen oder in positive umzuwandeln.

»*Weit besser ist es, sich klarzumachen, dass man über Verirrungen nicht zürnen darf.* Denn was soll es, wenn man einem zürnt, der in der Dunkelheit unsicher umhertappt? … Was soll es, wenn man seinen Leuten zürnt, weil sie krank, weil sie alt oder schwach werden? Zu den übrigen Mängeln der Sterblichen gehört auch dieser, diese Umnebelung des Verstandes, die sich im Irrtum kundgibt, gehört die Notwendigkeit des Irrtums nicht nur, sondern auch die Tatsache, dass wir ihn lieb haben (wir hängen an unseren falschen Vorstellungen, Verf.). *Um sich des Zornes gegen einzelne zu erwehren, ist es ratsam, von vornherein alles zu verzeihen; dem ganzen Menschengeschlecht ist man Nachsicht schuldig.* … Weit mehr besagen will doch und gerechter ist doch die Entschuldigung, dass man Mensch sei, als dass man Knabe sei. Das ist nun einmal unser Los von Geburt ab: *wir sind Geschöpfe, die ebenso zahlreichen geistigen wie körperlichen Krankheiten ausgesetzt sind*, zwar nicht stumpf und dumpf, aber schlechte Ausnutzer unseres Scharfsinns, *einer dem anderen ein Beispiel von Fehlern.*«[14]

Der letzte Satz deutet darauf hin, dass wir zwar alle fähig sind, zu philosophieren und zu Einsichten zu gelangen, die uns helfen, nachsichtige, verständnis- und friedvolle Menschen zu werden. Aber wir nutzen diese Fähigkeit nicht, weil – so könnte man ergänzen – wir sie nicht gelernt haben. Das allgemeine Schulwesen sieht keine Lebensschulung vor. Philosophieren, d.h. über sein Leben nachdenken, kann zwar jeder und tut es auch. Doch die wenigsten haben eine Ausbildung in diesem Fach genossen, die sie in den

Stand setzen würde, durch Nachdenken ihre Haltung gegenüber den Mitmenschen grundlegend zu ändern und jede Form von Aggression und Feindseligkeit wie etwa erniedrigende Schimpfworte aus ihrem Fühlen, Denken und Sprechen zu verbannen. Diese Verbannung erfolgt von selbst, wenn wir eingesehen haben, dass wir alle fehlbar sind, gezeichnete, geprägte, traumatisierte Menschen, die sich nicht selbst gemacht haben. Denn keiner hat sich seine Eltern und die Umstände seiner frühkindlichen Sozialisation selbst ausgesucht.[15]

Erst wenn wir imstande sind, tief in unserem Innern, von dem Richterstuhl unserer inneren Burg aus »von vornherein alles zu verzeihen«, haben wir jene Haltung gewonnen, die Seneca vor Augen hat. Immer wieder muss betont werden, dass dies lediglich die innere Ebene unseres Seins betrifft. Es bleibt die Frage, wie wir uns im physischen Leben dem Unrecht und den Menschen gegenüber verhalten sollen, von denen Angriffe, Bedrohungen und Gewalt ausgehen. Wie immer unsere Reaktion ausfällt, sie sollte in einer verinnerlichten Haltung der Mitmenschlichkeit wurzeln und von ihr getragen werden. Das ist der Kern der Humanität Senecas.

Schuld

Vor diesem Hintergrund ist es verständlich, dass Seneca äußerst zurückhaltend ist, im ethisch-moralischen Sinne von Schuld zu sprechen. Nicht nur hier weist er eine große Nähe zu Gedanken bei Jesus Christus auf:

»*Wie viele Ankläger sind frei von Schuld? ... Gefehlt haben wir alle, die einen schwerer, die anderen geringer, andere aus Vorsatz, wieder andere aus Zufall und von fremder Schlechtigkeit mitgerissen ... Und nicht nur haben wir gefehlt, sondern wir werden bis ans Lebensende fehlen.* Auch wenn einer seine Seele schon so gut gereinigt hat, dass nichts ihn weiter verwirren und täuschen kann, zur Schuldlosigkeit ist er dennoch durch Verfehlungen gekommen.«[16]

Wir sind alle verstrickt in Schuld. Wenn wir uns schon zu Richtern aufschwingen, so sollen wir gerecht sein, auf das Ganze schauen und nicht die Augen davor verschließen, dass auch wir auf die Anklagebank gehören:

»Wollen wir billige Richter der Dinge im Ganzen sein, so müssen wir uns zunächst sagen, dass niemand von uns Menschen ohne Schuld ist ... Wer kann sagen, er habe sich keine einzige Gesetzwidrigkeit zuschulden kommen lassen?«[17]

Wer sich diesen Sachverhalt immer wieder vor Augen führt, dem wird der Zorn und Hass gegen andere vergehen. Ihm wird es schwerfallen oder unmöglich werden, Menschen zu verurteilen. Er wird eher daran denken, wie er ihnen helfen kann, aus ihrer Verirrung herauszufinden und bessere Menschen zu werden. Seneca argumentiert gegen den griechischen Philosophen Theophrastus, Nachfolger von Aristoteles in der Leitung der Schule. Dieser hatte behauptet, es könne nicht anders sein, als dass ein tugendhafter Mensch über einen schlechten in Zorn gerät:

»Das hätte zur Folge, dass je tugendhafter einer ist, umso zornsüchtiger wird er sein. Nein, umgekehrt ist es richtig: umso friedfertiger wird er sein, frei von Leidenschaften und von jedem Hass gegen andere ... Wer einsichtig ist, der hasst nicht den Irrenden; sonst wird sich sein Hass auch gegen ihn selbst richten. Niemand, behaupte ich, wird sich finden, der sich selbst von jeder Schuld freispricht; ... *Wie viel menschlicher ist es, den Fehlenden gegenüber eine milde und väterliche Gesinnung zu zeigen und ihnen nicht auf dem Nacken zu sitzen, sondern sie auf bessere Wege zu bringen!* Wenn einer aus Unkunde des Weges auf deinem Grundstück umherirrt, dann ist es besser, ihm den richtigen Weg zu zeigen als ihn fortzujagen.«[18]

Die Einsicht in die Gleichheit und Fehlbarkeit der Menschen führt auf Dauer dazu, dass sich negative Gefühle gegenüber anderen Menschen erst gar nicht entwickeln. Im ersten Moment mögen sie noch aufwallen. Aber eine verinnerlichte Einsicht, die die Entwicklung der eigenen Gefühle maßgeblich beeinflusst, indem sie zu Änderungen der neuronalen Verschaltungen im Gehirn führt, bewirkt, dass dieser Impuls schnell wieder verpufft. Das ist keine Verdrängung oder Verleugnung tatsächlich vorhandener Gefühle. Das wäre Unaufrichtigkeit und Selbstbetrug und würde in der eigenen Seele einen Zwiespalt hervorrufen und Leid verursachen. Vielmehr lösen sich die negativen Affekte, wenn sie überhaupt entstehen, selbst auf, verschwinden und machen anderen Gefühlen Platz. Diese sind nicht aggressiv oder feindselig. Sie richten sich nicht gegen den anderen als Mensch. Sie beschränken sich auf eine Kritik an seinem Verhalten und auf ein Bedauern über das schwache Wesen des Menschen und den Zustand der Welt. Wer das Wesen des menschlichen Lebens kennt, weiß, dass das, »was Schaden verübt, ebenso schwach ist wie das, dem der Schaden zugefügt wird …«,[19] und dass der Täter sich selbst mehr schädigt als das Opfer, um es mit den Worten seines Lehrers Attalus zu sagen, die Seneca an anderer Stelle zitiert:

»Die Bosheit trinkt den größten Teil ihres Giftes selbst.«[20]

Gleichheit

Wir sind alle gleich. Deshalb, meinte Seneca, soll sich niemand über einen anderen erheben:

»Weshalb sollen wir uns selbst bewundern, nur weil wir nicht sind wie die allerschlimmsten? *Ich sehe nicht, weshalb der sich etwas einbilden soll, der im Krankenhaus der Stärkste ist.*«[21]

Die Unterschiede zwischen den Menschen, an denen wir unsere Urteile, Meinungen und Abgrenzungen festmachen und aus denen sich Feindschaft und Antipathien entwickeln, verlieren sich, sieht man auf das Ganze.

Für die Philosophie, die in allem Sein das Wesentliche, Bleibende und Allgemeine sucht, die Distanz schafft zu dem Besonderen und Zufälligen, sich wie ein Vogel in den Himmel erhebt und aus möglichst großer Höhe ihren Blick auf die Welt richtet, verflüchtigen sich die vermeintlichen Unterschiede zwischen den »Guten« und den »Schlechten«. Aus der Nähe springen sie uns ins Auge, in Wirklichkeit sind sie gering. Aus der Distanz betrachtet erscheinen die Menschen wie Ameisen, die das menschliche Auge nicht voneinander unterscheiden kann:

»Dabei ist es (das auf der Erde lebende Heer von Menschen, Verf.) nur das Gewimmel von Ameisen, die auf engem Raum kämpfen. Welcher Unterschied ist zwischen diesen und uns außer ihrem winzigen Körper?«[22]

Seneca stimmt der metaphysischen Begründung der Stoa für die wesensmäßige Gleichheit aller Menschen und Geschöpfe zu, die sich aus ihren kosmologischen Vorstellungen entwickelt hat: Wir alle sind Teil desselben Seins, Glieder desselben Körpers. Daher sind Brüderlichkeit und Mitmenschlichkeit sowie die Liebe zum Nächsten das Gebot der Natur. Das Gegenüber ist ein Teil von uns selbst. Wir begegnen uns im anderen:

»Alles dies, was du siehst, was Göttliches und Menschliches in sich schließt, ist Eines: wir sind Glieder eines großen Körpers. Die Natur hat uns als Verwandte geschaffen, indem sie uns aus den nämlichen Stoffen und zu der nämlichen Bestimmung erzeugte. *Sie hat uns die gegenseitige Liebe eingepflanzt und uns zu geselligen Wesen gemacht.* Sie hat Recht und Billigkeit eingeführt. Ihrer Anordnung zufolge ist es unheilvoller zu schaden als durch Gewalttätigkeit geschädigt zu werden. *Nach ihrem Gebot sollen unsere Hände bereit sein zur Hilfe für die, welche derselben bedürftig sind. Es soll das bekannte Dichterwort uns im Herzen und auf der Zunge sein: Ich bin ein Mensch, was menschlich ist, ist mir nicht fremd.*«[23]

Das Dichterwort wird dem römischen Komödienschreiber Terenz zugeschrieben, dürfte jedoch auf eine verloren gegangene Komödie des griechischen Dichters Menander zurückgehen.[24] Damit gemeint ist nicht ein oberflächliches Verständnis für die Fehler und Schwächen der Menschen, sondern eine Haltung echter Anteilnahme am Leben und Leiden der Mitmenschen.[25] Auf der höchsten Stufe weiser Einsicht und Lebensführung verdichtet sich für Seneca dieses Interesse am Schicksal der anderen zu Menschenliebe. Sie ist Teil des höchsten Gutes, zu dem der Mensch sich und seine Seelenkräfte kultivieren kann:

»Das höchste Gut ist … eine unbeugsame Seelenkraft, kundig der Dinge, bedächtig und ruhig im Handeln, *voll Menschenliebe und fürsorgender Teilnahme für die Umgebung.*«[26]

Nächstenliebe ist der Weg zur Befriedung unserer Verhältnisse zu anderen Menschen, zur Lösung von zwischenmenschlichen Konflikten und Spannungen, zum Aufbau gelingender Gemeinschaften. Sie ist gelebte Zugewandtheit und Hingabe, die das Gegenüber einlädt, dasselbe zu tun.

»Ich will dir einen Liebestrank verraten ohne Arznei, ohne Heilkräuter, ohne den Zauber irgendeiner Giftmischerin: *wenn du geliebt werden willst, so liebe!*«[27]

Insbesondere die weitverbreitete Angewohnheit des neidvollen Sich-Vergleichens mit anderen Menschen führt nach Seneca vom rechten Pfad ab und bringt lediglich Leid und negative Gefühle hervor. Deshalb sollten wir gänzlich darauf verzichten:

»*… niemals wird glücklich sein, der sich über einen Glücklicheren nicht beruhigen kann. …*

Wer nach Fremdem hinschielt, dem gefällt das Seinige nicht: da zürnt mancher auch den Göttern, dass ein anderer vor uns den Vorrang hat, und vergisst, wie viele er noch hinter sich hat und welcher ungeheure Schwall von Neid sich hinterwärts an ihn anhängt, an ihn, der nur wenige Beneidete vor sich hat.«[28]

Verhalten gegenüber anderen

Seneca bleibt bei diesen Feststellungen nicht stehen, sondern zieht daraus Schlussfolgerungen für einen besseren Umgang mit unseren Mitmenschen. Er wendet die Grundsätze auf alltägliche Praxis weiser Lebensführung an und beschreibt konkret, was wir tun können, um uns von negativen Gefühlen gegenüber anderen zu befreien. So sollten wir beim ersten Aufkommen von Ärger über das Fehlverhalten eines anderen unsere Gedanken auf uns selbst richten und prüfen, ob uns nicht dieselben Fehler vorgeworfen werden können:

»*Vielleicht findest du die Fehlhaltung, über die du dich beklagst, wenn du dich sorgfältig prüfst, in deiner Brust.* Ungerecht zürnst du einem allgemeinen Verbrechen, weil du es bei dir selbst ignorierst: *um freigesprochen zu werden, verzeih. Bessern wirst du ihn, indem du ihn erträgst, jedenfalls schlechter machen mit Vorwürfen.*«[29]

Vorwürfe gegen den anderen führen weder zur Einsicht noch zur Änderung seines Verhaltens. In aller Regel belasten sie das gegenseitige Verhältnis nur noch mehr. Die Selbstprüfung ist der erste Schritt zur Verbesserung der Situation, weil wir dadurch in uns selbst die negativen Gefühle gegen den anderen abbauen können. Kommen wir bei der Selbstprüfung zu dem Ergebnis, dass wir frei sind von solchem Fehlverhalten, sollten wir weiter fragen, ob es nicht in der Vergangenheit zu solchem Fehlverhalten gekommen ist:

»Blicken wir doch zurück auf unser eigenes Leben: wie oft sind wir in unserer Jugend lässig gewesen in der Pflichterfüllung, wie oft unbescheiden im Gespräch, maßlos beim Wein.«[30]

Häufig müssen wir in unserer Biografie nicht weit zurückgehen. Viele Fehler und Schwächen teilen wir mit unseren Zeitgenossen.

»Sagt man dir, dass sich jemand ungünstig über dich geäußert habe, so besinne dich, ob du nicht selbst früher einmal dir so etwas gegen ihn erlaubt hast … Für fremde Fehler haben wir ein scharfes Auge, unsere eigenen sehen wir nicht. *Wir werden uns größere Mäßigung auferlegen, wenn wir den Blick auf uns selbst gerichtet halten und uns fragen: ›Haben wir nicht auch selbst schon etwas Derartiges begangen? Ist uns nicht schon ein ähnlicher Irrtum unterlaufen?‹*«[31]

Ein solcher Wechsel der Perspektive verhindert unmittelbare

heftige Reaktionen auf das Fehlverhalten des anderen. Wird dieser Perspektivwechsel zur inneren Gewohnheit und zu einem Denkmuster, das sich in entsprechenden Situationen von selbst einstellt, dann werden sich unheilsame Gefühle irgendwann nicht mehr entwickeln. Wir werden zwar die Fehler erkennen, jedoch sogleich daran denken, wie sie entstanden sein könnten, und dass wir alle dazu fähig sind, solche oder ähnliche zu begehen. Aufkeimender Ärger wird auf diese Weise sogleich gedämpft, Zorn, Wut oder Hass kommen erst gar nicht auf.

Der Weise weiß, »dass niemand von Geburt ein Weiser ist, sondern es erst wird. Weiß er doch, dass im ganzen Verlauf der Zeit nur verschwindend wenige weise werden; denn er weiß genau Bescheid über die Beschränktheit des Menschenlebens; *kein Vernünftiger aber zürnt der Natur … Also friedlich gestimmt und nachsichtig gegen Verirrungen, kein Feind der Fehlenden, sondern als Führer zum Besseren verlässt der Weise täglich sein Haus mit dem Gedanken: ›Es wird mir gar mancher Trunkenbold begegnen, gar mancher Wollüstling, gar mancher Undankbare, gar mancher Geizhals, gar mancher von den Furien des Ehrgeizes Verfolgte.‹ Alles dies wird er so gelassen und freundlich ansehen wie der Arzt seine Kranken.*«[32]

Seneca hält es für empfehlenswert, bei einem Verhalten, das uns missfällt, auf den anderen zu schauen wie ein Arzt auf seinen Patienten. Weder grollt noch urteilt er über den Patienten, sondern versucht, ihm zu helfen. Eine solche Haltung beeinflusst unmittelbar unsere Gefühle. Wir denken trotz unserer Betroffenheit nicht an die erlittene Beleidigung, Verletzung oder Missachtung durch den anderen, sondern daran, dass dem anderen, aus welchen Gründen auch immer, selten bewusst ist, dass er einen Fehler gemacht hat und von welch falschen Vorstellungen und Affekten er gelenkt wird:

»Wie kommt's denn, dass du dir das Ungestüm eines Kranken und die Reden eines Wahnsinnigen und die Ungezogenheiten von Knaben gefallen lässt? Doch wohl, weil du der Meinung bist, sie wissen nicht, was sie tun. Was liegt denn daran, wodurch der Unverstand verschuldet ist? *Unverstand liegt überall zu Grunde und dient zur Entschuldigung.*«[33]

Wir sollen nicht glauben, wir seien besser. Ein guter Arzt glaubt nicht, dass er ein besserer Mensch ist. Wie jeder seine besonderen Fähigkeiten und Kenntnisse hat, so hat auch der Arzt die seinen, die medizinischen. Mehr nicht. Er sieht, dass der andere leidet und Hilfe braucht, mag das dem Leidenden bewusst sein oder nicht.[34] Der Arzt folgt damit seinem hippokratischen Eid. Nach Seneca gibt es auch im Verhältnis von Mensch zu Mensch solch einen Eid. Er lautet: »Unsere Hände sollen bereit sein zur Hilfe für die, welche derselben bedürftig sind.« Eine solche Einstellung entspricht der Haltung eines Weisen:

»... es schont nämlich der Weise, berät und verbessert.«[35]

Unsere Lebenszeit ist zu kurz, um sie mit negativen oder aggressiven Gefühlen gegen andere zu belasten, zumal dadurch nichts besser wird. Wir machen damit alles nur schlimmer und mehren die Feindseligkeit in der Welt. Aggression ruft immer neue Aggression hervor. Wir müssen umdenken und eine grundsätzlich andere innere Haltung gegenüber unseren Mitmenschen entwickeln, in der Zugewandtheit, Verstehen, Nachsicht, Mitgefühl, Nächstenliebe, also echte Menschlichkeit die vorherrschende Grundstimmung ist. Senecas umfangreiches Buch »Vom Zorn«, das im Grunde alle Formen negativer Gefühle gegenüber anderen Menschen behandelt, endet mit folgenden Worten:

»Warum hältst du nicht lieber das kurze Leben zusammen und machst es zu einer Quelle der Freude und Zufriedenheit für dich und die anderen? Warum lebst du nicht lieber so, dass dich alle lieb haben und nach deinem Heimgang dich wieder zurückwünschen? ... Was zürnst du deinem Sklaven oder deinem Herrn oder deinem König oder deinem Klienten? Lass dir's nur eine Weile gefallen, siehe, da kommt der Tod, der euch gleichmacht ... *Wollten wir doch lieber in Ruhe und Frieden die kleine Spanne der uns noch vergönnten Zeit zubringen! … Wie bald werden wir den letzten Atemzug tun. So lange wir aber noch atmen, so lange wir noch unter Menschen sind, wollen wir auch Menschlichkeit üben: niemandem soll Furcht vor uns, niemandem Gefahr von uns drohen; Beeinträchtigungen, Beleidigungen, Schmähungen, Sticheleien wollen wir verachten und frohen Mutes die kurzen Widerwärtigkeiten ertragen.* Im Handumdrehen, so zu sagen, werden wir der Sterblichkeit unseren Tribut zahlen.«[36]

Das mag idealistisch und lebensfremd klingen. Aber warum hätte Seneca seine Bücher schreiben sollen, wenn nicht deshalb, weil die Menschen nicht so sind, wie sie sein sollten. Im Innern soll Verstehen und Menschenliebe herrschen ohne Groll, Schmerz und Kränkung. Im Äußeren mag man dann kritisieren, zurechtweisen, Unrecht benennen oder mit Gelassenheit reagieren. Wenn wir im Innern unverletzt bleiben, weil das Fehlverhalten des anderen nicht bis in unsere innere Burg vordringen kann, wird die äußere Reaktion nie aggressiv, feindlich, ungerecht oder verletzend sein. Dies wird der andere bewusst oder unbewusst wahrnehmen. Der Mensch hat sehr sensible Empfindungen dafür, ob das Verhalten oder die Worte seines Gegenübers feindselig sind oder aus einer wahrhaft wohlwollenden und zugewandten Einstellung hervorgehen. Nur im letzten Fall haben wir eine Chance, gehört zu werden und etwas zu bewirken, und so zumindest die Aggression oder das Fehlverhalten des anderen nicht noch zu befeuern:

»*… der Streit schöpft aus sich selbst immer neue Nahrung, und wer sich einmal zu tief darein eingelassen hat, der kommt nicht wieder los.* Es ist leichter, sich des Streites ganz zu enthalten, als sich davon loszumachen.«[37]

Eine wohlmeinende Haltung gegenüber unseren Mitmenschen so zu verinnerlichen, dass sich keine unguten Gefühle mehr entwickeln, ist schwer und gelingt nur wenigen. Seneca wusste das, weshalb seine Schrift über den Zorn zu seinen längsten gehört und er auf diese Überlegungen immer wieder zurückkommt. Wie in allen

Fächern der Lebensschule gilt auch hier, dass es nicht entscheidend ist, das Ideal zu erreichen; wichtig ist, dass wir überhaupt Fortschritte machen. Dazu ist jeder fähig, der mehr Freude am Leben haben möchte und bereit ist, dafür etwas zu tun.

Wesen und Abbau negativer Gefühle gegen andere

Das Vorstehende soll im Hinblick auf Senecas Beschäftigung mit dem Zorn, vor allem in seiner gleichnamigen Schrift, noch etwas vertieft werden. Darin zeigt er besonders klar, was seine Zweiteilung der praktischen Philosophie in Theorie und Anleitung bedeutet. Er gibt sehr konkrete Ratschläge und Ermahnungen, was wir tun können, um im Denken, Wollen und Verhalten Fähigkeiten zu erlangen, die zum Abbau von negativen Gefühlen führen. Vielleicht war gerade dieser starke Bezug zur alltäglichen Lebenspraxis der Grund, dass diese Schrift schon bei ihrem Erscheinen höchste Aufmerksamkeit erregte und viel zu Senecas Ruhm als Schriftsteller und Philosoph beitrug.[38]

Als Schlussfolgerung aus seinen Betrachtungen über das Wesen der Menschen, ihrer Gleichheit und allgemeinen Fehlbarkeit, aus der Forderung nach Mitmenschlichkeit, Milde und Nachsicht gegenüber dem Fehlverhalten anderer steht für Seneca fest:

»Zank und Streit muss man meiden.«[39]

Mit Zank und Streit meint er jede Art von negativen Gefühlen gegenüber Menschen. Davon zu unterscheiden ist die Beurteilung ihres Verhaltens. Nicht gemeint sind demnach die inhaltliche Auseinandersetzung, Gegnerschaft, das Ringen und Argumentieren in der Sache. Was wir meiden sollen, ist die Ablehnung der Person des anderen in Verbindung mit aggressiven, feindseligen Gefühlen wie etwa Wut, Hass, Zorn oder Verachtung:[40]

»Drei Dinge sind es ferner, die zu vermeiden man nach einer alten Regel beflissen sein muss: Hass, Neid, Verachtung. Wie das zu erreichen sei, kann allein die Weisheit lehren …«[41]

Für Seneca wurzeln negative Gefühle gegenüber anderen Menschen in der Unkenntnis der Natur des Menschen, in einer mangelnden Verinnerlichung des Humanitätsgedankens oder in Unbeherrschtheit. Wer von der Gleichheit der Menschen überzeugt ist und sich dennoch von negativen Gefühlen hinreißen lässt, der habe noch keine Seelengröße erlangt:

»Der Zorn hat keinen festen Stützpunkt. Er hat seinen Ursprung nicht in etwas Festem und Bleibendem, sondern ist windig und leer und steht von der Seelengröße ebenso weit ab wie die Trägheit von der Tapferkeit, der anmaßende Stolz von dem edlen Selbstvertrauen, die trübe Sinnlichkeit von dem tiefen Ernst, die Grausamkeit von der Strenge.«[42]

Die Grenze zwischen berechtigter Kritik und aggressiven Gefühlen, die es zu überwinden gilt, verläuft dort, wo diese Gefühle unser gerechtes Urteil, unser Verständnis, unsere Zugewandtheit und unsere Haltung der Mitmenschlichkeit überlagern und aushebeln und sich feindselig gegen die Person des anderen wenden.

Zur Auffassung des Aristoteles, der den Zorn zeitweise für unentbehrlich hielt, weil er den Geist anfeuert und die Kraft gibt, sich gegen Unrecht, Angriffe und Grausamkeiten entschlossen zur Wehr zu setzen, sagt Seneca, dies sei überhaupt kein Zorn, jedenfalls nicht jene Art, gegen die er sich wende:

»... denn wenn er auf die Vernunft hört und ihrer Fügung folgt, so ist es eben nicht mehr Zorn, dessen wesentliches Merkmal die Widerspenstigkeit ist ... Lässt er sich also zügeln, dann gebührt ihm ein anderer Name; er hört auf, Zorn zu sein, denn unter diesem verstehe ich nur etwas Zügelloses und Unbändiges; lässt er sich aber nicht zügeln, so ist er verderblich und darf nicht als eine Hilfsmacht gelten ... Die Leidenschaften sind ebenso schlechte Diener wie Führer.«[43]

Woher kommen Zorn, Zank und Streit, die uns die Selbstkontrolle verlieren lassen und uns der Fähigkeit berauben, verständnisvoll, zugewandt, mitfühlend zu sein und gelassen und souverän auf ein Fehlverhalten, eine Verletzung oder Anfeindung zu reagieren? Seneca antwortet, dies sei die übertriebene Selbstliebe, die verletzte Eitelkeit:

»Ursache der Zornsucht aber ist die Meinung, beleidigt zu sein, eine Meinung, der man mit starkem Misstrauen begegnen muss …«[44]

Hinzu kommt, dass wir auf Anfeindungen oft nicht vorbereitet sind, weil wir vergessen oder nicht verinnerlicht haben, dass wir alle als Menschen schwach und fehlbar sind:

»›Wie kommt es also‹, fragt man, ›dass uns die Beleidigungen von Feinden in Aufregung versetzen?‹ Weil wir sie nicht erwartet haben oder wenigstens nicht in diesem Grade. *Das ist die Folge unserer übertriebenen Selbstliebe. … Entweder also ist es der Stolz, der uns zornsüchtig macht, oder unsere mangelhafte Weltkenntnis: denn wie kann man sich darüber wundern, dass schlechte Menschen schlechte Taten verüben? … Sei auf alles gefasst und innerlich vorbereitet: selbst ein guter Charakter wird seine raueren Seiten haben. Es liegt nun einmal in der menschlichen Natur die Anlage zur Hinterlist, zur Undankbarkeit, zur Begehrlichkeit, zur Ruchlosigkeit. Willst du über den Charakter eines einzelnen urteilen, so denke immer an die Gesamtheit.«*[45]

Es ist menschlich, sich von einer Beleidigung oder Missachtung verletzt zu fühlen. Gleichwohl ist es nach der Meinung Senecas ein Zeichen fehlender Seelengröße und mangelnder Souveränität, wenn wir uns Beleidigungen zu Herzen nehmen und Ressentiments oder Rachegelüste hegen:

»Dazu kommt noch, dass die Zornesentrüstung, da sie ihren Grund in übertriebener Selbstschätzung hat und nur den Schein von Seelenhoheit erweckt, tatsächlich kleinlich und engherzig ist … *Aber der wahrhaft große Geist, der sich selbst richtig schätzt, rächt Beleidigungen nicht, weil er sich nicht beleidigt fühlt … Rache ist Eingeständnis des Schmerzes; der ist kein großer Geist, auf den Beleidigungen Eindruck machen.«*[46]

Wir sollten lernen, uns unverzüglich in unsere innere Burg zurückzuziehen, und uns klarmachen, dass wir unser Selbstwertgefühl nicht von der Anerkennung oder Missgunst der anderen abhängig machen dürfen, sondern aus uns selbst gewinnen müssen:

»Freiheit heißt, sich innerlich über alle Beleidigungen erheben und sich zu einem Wesen machen, das aus sich selbst alle seine Freuden schöpft, während es alles Äußere nicht auf sich einwirken lässt … alles wird denen leichter, die darauf gefasst sind.«[47]

Es ist schwer, bedarf beständiger Übung und einer konsequenten Entwicklung der eigenen persönlich-sozialen und weisheitlichen Kompetenz, Angriffe von anderen gelassen an sich abprallen zu lassen. Ein wichtiger erster Schritt nach Seneca ist, sich zunächst jeder spontanen Reaktion zu enthalten und abzuwarten, bis die innere Aufwallung verflogen und man wieder ganz bei sich ist:

»Gemeinhin aber ist es die falsche Selbstschätzung, die uns zornig macht … Niemand will mit seiner Sache warten, *und doch ist das wirksamste Mittel gegen den Zorn der Aufschub,* damit seine erste Hitze sich lindere und die Finsternis, die den Geist umhüllt, zurückweiche oder nicht mehr so dicht sei … Willst Du dir über die wahre Beschaffenheit eines Dinges klar werden, so lass nur die Zeit walten: im flüchtigen Vorüberströmen lässt sich nichts genau erkennen.«[48]

Erregung macht uns blind, verzerrt unsere Wahrnehmung und verleitet uns zu Fehlurteilen und überhasteten Reaktionen:

»Man muss sich immer Zeit nehmen: die Zeit offenbart erst die Wahrheit.«[49]

»Fordere vom Zorn zunächst nicht, dass er verzeihe, sondern dass er sich ein Urteil bilde.«[50]

Hilfreich ist es zudem, das Fehlverhalten des anderen, das bei aller Eigenverantwortlichkeit Ausdruck von menschlicher Schwäche und Unvollkommenheit ist, von tradierten Irrtümern und Einstellungen, von Prägungen und Schicksal, nicht allzu ernst zu nehmen. Wir sollten auf philosophische Distanz gehen, das Geschehen relativieren und uns über die eigene Betroffenheit erheben. Anstatt zu zürnen und uns zu ärgern, sollten wir lernen, darüber zu lachen:

»Wir müssen unserem Geist also die Wendung geben, dass uns alle Verirrungen des Volkes nicht verhasst, sondern lächerlich erscheinen, und müssen es mehr mit Demokrit halten als mit Heraklit. Denn dieser konnte sich auf der Straße nicht sehen lassen, ohne Tränen zu vergießen; jener dagegen lachte; dem einen erschien alles, was wir tun, bejammernswert, dem anderen ein Possenspiel. Man muss sich alles leichter machen und fügsam ertragen; *es steht dem Menschen besser an, das Leben zu belachen, als es zu beweinen.*«[51]

Die griechischen Philosophen Demokrit und Heraklit waren im Altertum die archetypischen Vertreter von Optimismus und Pessimismus. Heraklit galt als der traurige, Demokrit als der lachende Philosoph, und so wurde er später auf vielen Bildern auch dargestellt.

Der Weise ruht in sich und lässt sich weder reizen noch ärgern. Geschieht ihm ein Unrecht, so benutzt er es als Übung und Probe, ob er denn schon so weit ist, auch in solchen Situationen die innere Ruhe und heitere Gelassenheit zu bewahren und sich den eigenen negativen Impulsen erfolgreich zu widersetzen:

»… frei aber von Erregung ist ein Mensch, wenn er, enthoben aller Irrtümer, Herr seiner selbst ist, von tiefer, friedlicher Ruhe erfüllt … allein der Weise ist frei von Zorn, den der Anblick von Unrecht erweckt … Daher seine unbeugsame und frohe Sinnesart, daher seine beständig freudige und gehobene Stimmung. *Die Widerwärtigkeiten, die der Lauf der Dinge und die menschliche Bosheit mit sich bringen, verstimmen ihn so wenig, dass im Gegenteil gerade das vermeintliche Unrecht ihm dazu verhilft, sich damit zu erproben …*«[52]

Der Weise wird sich selbst ermahnen und an die Werte und Maßstäbe erinnern, die er für seine Lebensführung als verbindlich erkannt und angenommen hat:

»Mache, was du willst, du bist doch nicht mächtig genug, meine heitere Stimmung zu trüben. Das verbietet die Vernunft, deren Herrschaft ich mein Leben unterstellt habe. Mehr Schaden werde ich vom Zorn haben als von der mir zugefügten Beleidigung.«[53]

Er wird gelassen bleiben und sich ins Bewusstsein rufen, welch schädliche, ja verheerende Folgen Zorn, Wut und Hass stets aufs Neue auslösen können:

»Die verletzende Schärfe eines einzigen Wortes, das wir nicht mit Gleichmut über uns ergehen ließen, hat manchen ins Exil gebracht, und wer eine leichte Beleidigung nicht stillschweigend zu ertragen wusste, hat oft das schwerste Unheil über sich heraufbeschworen …«[54]

»Uns vor Zorn überhaupt zu hüten werden wir dadurch erreichen, dass wir uns alle Sünden des Zornes immer wieder vergegenwärtigen und uns ein richtiges Urteil über ihn bilden. Es muss förmlich Klage vor uns gegen ihn geführt und er muss verurteilt werden. Alle schlimmen Seiten müssen aufgespürt und ans Licht gestellt werden.«[55]

Wir sollten daran denken, dass Zorn, persönliche Feindschaft und Aggressivität einem Krieg gleichkommen, der nicht zwischen Völkern, aber zwischen einzelnen Menschen ausbricht.

»Nichts ist schlimmer als Feindseligkeiten: diese stiftet der Zorn; nichts ist verderblicher als der Krieg: in ihm entlädt sich der Zorn der Machthaber. *Übrigens ist auch schon der Zorn des gemeinen Volkes wie der persönliche Zorn ein Krieg, nur dass hier die Waffen und die Männer fehlen. … Der Zorn begibt sich der menschlichen Natur: diese mahnt zur Liebe, jener zum Hass; diese will Nutzen gestiftet wissen, jener Schaden.*«[56]

Im Zorn verlieren wir unsere Mitte, entfernen uns von unseren eigentlichen Bedürfnissen und entfremden uns von uns selbst. Wir vergessen unser Innerstes und sind nicht bei uns. Kriege wie Feindschaften entstehen aus einer Verdüsterung unserer Vernunft und unseres Wesens. Seneca hat sich oft vehement gegen Krieg ausgesprochen:

»Welcher Wahnsinn treibt uns herum und hetzt uns auf, einander zu verderben? … Was treiben wir die Völker zu den Waffen? Warum heben wir Armeen aus … Ihr Elenden, was sucht ihr? Den Tod, den es überall im Überfluss gibt? Er wird euch schon aufsuchen, auch auf dem Ruhebett, doch möge er euch ohne Schuld antreffen … Dieses andere Tun aber, wie anders soll man es nennen, wenn nicht Wahnsinn, mit Gefahren zu hausieren, auf Unbekannte loszustürmen, wütend, ohne erzürnt worden zu sein, verwüsten, was einem in den Weg kommt, und, wilden Tieren gleich, den zu töten, den man nicht hasst? Doch beißen wilde Tiere nur aus Rache oder aus Hunger. Wir dagegen kennen keine Schonung unseres oder fremden Blutes … Wie weit haben uns unsere Übel gebracht? Da reicht es nicht, in der eigenen Welt zu rasen. Also wird der blödsinnige Perserkönig nach Griechenland übersetzen … Trotz des Zornes der Götter und Menschen muss er nach Gold marschieren … mir reicht das Elend zuhause noch nicht, nein, ich muss mich auch noch im Unglück aus der Fremde quälen.«[57]

Seneca wusste schließlich, dass die Kraft der Selbststeuerung eine beschränkte Ressource ist. Wenn wir erschöpft oder überarbeitet sind, sind wir weniger dazu imstande, Ärger und Zorn in die Schranken zu weisen:

»… der Ermüdete ist süchtig nach Händel. Ähnlich aber auch der Hungrige und Durstige, sowie jeder, den irgendetwas quält.«[58]

Wer die seelischen Probleme und Konfliktsituationen meistern will, der muss nicht nur eingesehen und gelernt haben, wie dies geht, er braucht auch die physische und psychische Kraft, sein Wissen umzusetzen. Deshalb sollte er seinen Körper in eine gute Verfassung bringen und diese durch kontinuierliche Übungen erhalten. Mangelt es daran, so gerät sein Seelenleben leicht aus dem Gleichgewicht, und es unterlaufen ihm schneller Fehler in seiner Lebensführung, die seelisches Leid für sich und andere zur Folge haben.

Seneca hat nicht zwischen den Normen für die Entwicklung der eigenen Persönlichkeit und dem sozialethischen Verhalten unterschieden. Für ihn stand fest: Das Beste, was wir für die Gesellschaft und unsere Mitmenschen tun können, ist, uns selbst auf den rechten Pfad zu begeben. Denn in uns selbst liegen die Wurzeln für jede gelingende Gemeinschaft.

Der bisweilen zu hörende Vorwurf gegen die antiken Glückslehren, es ginge hier stets nur um das eigene Selbst, während das Verhalten gegenüber anderen und Fragen des gelingenden Miteinanders vernachlässigt werden, ist falsch. Er beruht auf einem ungenügenden Verständnis des antiken Weisheitsdenkens in Orient und Okzident. Den damaligen Denkern ging es um eine Erneuerung der ethischen Grundlagen für ein harmonisches Zusammenleben, die in Verfall geraten waren. Alle waren sich darin einig, dass nicht Gesetze, Gebote oder von oben verordnete Verhaltensvorschriften diese Grundlagen sein können. Sie müssen in den Haltungen, Lebensanschauungen und Gesinnungen der einzelnen Menschen verankert sein.

Hier finden wir das Fundament für jede gelingende Gemeinschaft; ohne dieses ist jeder Versuch der ethischen Fundierung oder Erneuerung des gesellschaftlichen Lebens unvollständig und letztlich zum Scheitern verurteilt.

Sein Selbst zu kultivieren, bedeutet auch, unsere natürlichen Anlagen hinsichtlich Fürsorge, Menschlichkeit, Empathie und Liebe für unsere Mitmenschen zu entwickeln. Umgekehrt kann nach Seneca niemand ein erfülltes und glückliches Leben führen, der diese Anlagen zur Mitmenschlichkeit nicht ausbildet und lebt, denn sie sind essenzielle innere Bedürfnisse eines jeden Menschen. Wir haben, modern gesprochen, nicht nur ein egoistisches, sondern auch ein soziales Gen; jeder lebt in und von Resonanzbeziehungen.[59] Individual- und Sozialethik fallen im antiken Weisheitsdenken zusammen und sind dasselbe:

»Wie könnte auch irgend jemand glücklich leben, der immer nur an sich denkt und alles seinem persönlichen Vorteil dienstbar zu machen sucht? Für einen anderen musst du leben, wenn du für dich selbst leben willst.«[60]

»… der Weise ist zur Hilfe für die Gemeinschaft geboren und zum allgemeinen Wohl …«[61]

Eine weise Lebensführung kommt allen zugute, dem, der sie übt, ebenso wie seinen Mitmenschen:

»Die Weisheit dagegen ist ein Gemeingut: sie gilt einerseits denen, mit denen der Weise lebt, anderseits ihm selbst als sein Eigentum. … er selbst ist immer in Wirksamkeit und im Erfolg dann am größten, wenn er in Kampf mit dem Schicksal gerät. Denn da vertritt er recht eigentlich die Sache der Weisheit, die, wie gesagt, *ein Gut für andere wie für ihn selbst ist.«*[62]

Seneca war der festen Überzeugung, dass die Weisheit, wo sie gelebt wird, nicht ohne wohltuende Folgen bleiben wird, mag ihre Wirkung noch so unauffällig, mögen ihre Wege noch so verborgen sein.

»Niemals ist nutzlos die Mühe eines guten Bürgers: er wird gehört und gesehen. Durch Blick, Wink, schweigendes Beharren und allein schon durch das Hingehen hilft er. Wie manche Heilmittel ohne Genuss und Berührung durch ihren Geruch förderlich sind, so spendet die sittliche Vollkommenheit (Weisheit, Verf.) Nutzen auch aus der Ferne oder im Verborgenen: mag sie spazierengehen und sich ihrer selbst freuen nach eigenem Recht, mag sie ungewissen Ausgang haben und gezwungen werden, die Segel zu reffen, mag sie müßig und stumm und eng eingegrenzt sein, mag sie einen weiten Wirkungskreis haben – *in welcher Situation immer sie sich befindet, wirkt sie segensreich.«*[63]

Aus dem Umstand, dass es an guten Lehrern der Lebensweisheit fehlt, folgert Seneca, wie wichtig Menschen sind, die gelernt haben, in Harmonie und Frieden mit sich zu leben, um jenen, die denselben Wunsch haben, als leuchtendes Vorbild voranzuschreiten. So überzeugen sie ohne äußere Macht allein durch ihr Sein und ihr Wirken:

»… wer bei dem großen Mangel an tüchtigen Lehrern die Seelen der Tugend (Weisheit, Verf.) zugänglich macht, wer dem Rennen der Menschen nach Geld und Genuss sich nach Kräften entgegenstemmt und, wenn nichts anderes, es doch wenigstens aufhält – der wirkt bei aller Zurückgezogenheit doch für das öffentliche Wohl. … *Denn niemals bleibt Vortrefflichkeit verborgen, mag sie auch noch so wenig an die Öffentlichkeit gekommen sein; sie lässt es nicht an Erkennungszeichen fehlen: jeder feinere Geist wird sie an ihren Spuren erkennen.*«[64]

Das Konzept der Selbsterziehung mit all ihren Aspekten der Selbsterforschung, der Persönlichkeitsentwicklung, des Umformens eigener Denk-, Wollens- und Verhaltensmuster war für Seneca keine ich-fixierte Ethik. Vielmehr diente sie der Verbesserung des sozialen Umgangs, sei es unter Freunden, in der Familie, der Gemeinde, dem Land, dem Staat und der Weltgemeinschaft. In seinem ernsthaften Bemühen um inneren Frieden und Ausgeglichenheit leistet der Einzelne einen wichtigen, wenn nicht den bedeutendsten Beitrag für ein friedliches Miteinander. Was nicht wahrhaft aus dem Inneren einer Seele hervorgeht, sondern von Gesetzen erzwungen wird, ist aufgesetzt, unecht und ohne Fundament. Sich selbst zu betrügen aber ist das Schlimmste, meinte Sokrates, für sich selbst wie für die anderen.[65]

Zentrale Lehrsätze

- Der Mensch ist von Natur aus schwach und leidet unter seinen Defiziten. Das macht ein gelingendes Zusammenleben schwierig. Sind wir uns dessen bewusst und gehen deshalb nachsichtig mit unseren Mitmenschen um, dann ist ein erster Schritt zu einem friedlichen Miteinander gemacht, denn Zorn und Hass werden verschwinden.

- Das Bewusstsein der Gleichheit aller Menschen ist die Grundlage für Humanität, Mitgefühl und Mitmenschlichkeit, die zur Gelassenheit im Umgang mit unseren Mitmenschen führt.
- Weil wir alle Fehler machen und uns in Schuld verstricken, sollten wir uns darin üben, uns über die Fehler der anderen nicht aufzuregen und, wenn möglich, sie zu verzeihen.
- Anstatt andere Menschen zu verurteilen, sollten wir den Blick auf uns selbst richten und uns fragen, ob wir nicht dieselben Schwächen haben oder ähnliche Fehler schon begangen haben. Anstatt Vorwürfe zu machen, sollten wir überlegen, ob und wie wir dem anderen helfen können.
- Wir sollten uns darin üben, keine feindlichen und aggressiven Gefühle gegen andere Menschen zu entwickeln, auch wenn wir deren Verhalten oder Äußerungen ablehnen und selbst dann nicht, wenn sie uns verletzen.
- Wir sollten unseren Charakter so festigen, dass er von keinem Menschen beleidigt und herabgesetzt werden kann. Dann werden wir frei sein von Ärger, Wut, Zorn und Hass gegen andere.

Kernzitate

- *»Was also an anderen getadelt wird, das findet ein jeder im eigenen Busen.«*
- *»Wie viele Ankläger sind frei von Schuld? … Gefehlt haben wir alle, die einen schwerer, die anderen geringer, andere aus Vorsatz, wieder andere aus Zufall und von fremder*

Schlechtigkeit mitgerissen ... Und nicht nur haben wir gefehlt, sondern wir werden bis ans Lebensende immer wieder Fehler begehen.«

- *»Wir werden uns größere Mäßigung auferlegen, wenn wir den Blick auf uns selbst gerichtet halten und uns fragen: ›Haben wir nicht auch selbst schon etwas Derartiges begangen? Ist uns nicht schon ein ähnlicher Irrtum unterlaufen?‹«*
- *»Weit besser ist es, sich klarzumachen, dass man über Verirrungen nicht zürnen darf. ... Um sich des Zornes gegen einzelne zu erwehren, ist es ratsam, von vornherein alles zu verzeihen; dem ganzen Menschengeschlecht ist man Nachsicht schuldig.*
- *»Wie viel menschlicher ist es, den Fehlenden gegenüber eine milde Gesinnung zu zeigen und ihnen nicht auf dem Nacken zu sitzen, sondern sie auf bessere Wege zu bringen!«*
- *»Die Natur hat uns die gegenseitige Liebe eingepflanzt und uns zu geselligen Wesen gemacht. ... Nach ihrem Gebot sollen unsere Hände bereit sein zur Hilfe für die, welche derselben bedürftig sind. Es soll das bekannte Dichterwort uns im Herzen und auf der Zunge sein: Ich bin ein Mensch, was menschlich ist, ist mir nicht fremd.«*
- *»Zank und Streit muss man meiden.«*
- *»Aber der wahrhaft große Geist, der sich selbst richtig schätzt, rächt Beleidigungen nicht, weil er sich nicht beleidigt fühlt ... Rache ist Eingeständnis des Schmerzes; der ist kein großer Geist, auf den Beleidigungen Eindruck machen.«*
- *»Für einen anderen musst du leben, wenn du für dich selbst leben willst.«*

Harmonie

»Die ganze Harmonie unserer Welt besteht aus Gegensätzen.«[66]

Das gute Zusammenleben mit anderen Menschen wie auch der gelingende Umgang mit sich selbst, mit der Welt und dem Schicksal beruhen darauf, dass beide Seiten des jeweiligen Verhältnisses bei aller Polarität und Dynamik sich zu einem ergänzenden, bereichernden, stimmigen Ganzen fügen. Dann fühlen wir uns wohl mit uns selbst, mit den anderen und mit der Welt. Wie der Chor und das Orchester zu den Einzelstimmen, so steht Harmonie für Einheit in der Vielfalt. Wie die Einzelstimmen sich auseinanderbewegen, um immer wieder zum Gleichklang zurückzufinden, so sind auch die drei wesentlichen Lebensverhältnisse, die in diesem Buch behandelt werden, dynamische Spannungsverhältnisse, die sich immer wieder momenthaft und phasenweise zu einer Einheit zusammenfügen. In diesen Zeiten, die von Glück, Gelingen und seelisch-körperlichem Wohlbefinden gekennzeichnet sind, erfüllen sich Sinn und Bestimmung des Lebens. Im Lebensvollzug ist Harmonie eine Ruhe, die in sich bewegt, ausgewogen und im Gleichgewicht ist. Sie bezeichnet den Prozess des ständigen Sich-Verbindens und Sich-Ausgleichens von Gegensätzlichem. In der Natur wie in der Seele und den menschlichen Beziehungen folgt jede Veränderung dem Prinzip von Entzweiung und Vereinigung, Zerstreuung und Sammlung, Ausdehnen und Zusammenziehen, Ausatmen und Einatmen.[67]

Mit dem Phänomen des harmonischen Miteinanders erklärt Seneca nicht nur das gelingende Zusammenleben mit anderen Menschen, sondern viele Erscheinungen des praktischen Lebens. Die Harmonie in dem beschriebenen Sinne ist ihm ein Leitbild für ein gelingendes Leben. Wie das einleitende Zitat zeigt, hat Seneca die Vorstellung, dass die ganze Welt und alle natürlichen Verhältnisse aus Gegensätzen bestehen, die sich durch beständigen Ausgleich selbst erhalten und erneuern. »Die Vernunft aber folgt der Natur«, und zwar auf der geistigen Ebene, indem sie die gegensätzlichen Phänomene in einem möglichst umfassenden Sinne erkennen möchte. Im Erkennen von Ursache und Wirkung verknüpft sie die Gegensätze gedanklich zu einer Einheit. Sie vollzieht im Denken, was die Natur in den Erscheinungen vorlebt:

»… denn es gibt kein Gut, das ohne Vernunft wäre, die Vernunft aber folgt der Natur. ›Was ist also die Vernunft?‹ *Die Nachahmung der Natur.*«[68]

Da aber eine eigenverantwortliche Lebensführung nur durch eine vernünftige Analyse, Leitung und Gestaltung unserer inneren und äußeren Lebensbezüge zum Ziel gelangen kann, übernimmt Seneca die grundlegende Forderung der Stoiker: Der Mensch solle ein naturgemäßes, nämlich vernünftiges Leben führen. Anschließend an das vorige Zitat heißt es daher:

»›Und was ist das höchste Gut des Menschen?‹ Sich dem Willen der Natur anzupassen.«[69]

Das heißt, dass wir in Frieden mit unseren Mitmenschen leben, aber auch, dass wir in unserem Seelenhaushalt für ein ausgeglichenes Kräftespiel sorgen und ein in sich stimmiges Leben führen sollen:

»Der Weise … wird lieber in Frieden als im Kampf leben wollen. Hat man sich seiner eigenen Fehler entledigt, so hat man nicht viel davon, wenn man mit fremden kämpfen muss.«[70]

Wie bereits erörtert, bedeutet dies nicht Passivität gegenüber Unrecht und Fehlverhalten. Abgelehnt wird lediglich Aggressivität und Feindseligkeit gegenüber dem Urheber als Menschen. So verhält sich der Weise auch gegenüber der Gesellschaft. Er wird sich gegebenenfalls in die Politik einmischen, dabei jedoch weder feindselig noch gewaltsam vorgehen oder sich und seine Lebensweise anderen aufdrängen, selbst wenn er deren Standpunkt ablehnt:

»Der Weise wird die allgemeinen Konventionen nicht verwirren oder die Aufmerksamkeit des Volks durch seine andersartige Lebensweise auf sich ziehen wollen.«[71]

Den Frieden mit unseren Mitmenschen und der Gemeinschaft werden wir jedoch nur befördern können, wenn wir in uns selbst Friede und Harmonie hergestellt haben:

»*... auf die Seelenverfassung kommt es an; sie ist es, die allem ihren Stempel aufdrückt.*«[72]

Das bedeutet für Seneca, dass wir einen Ausgleich unter unseren teilweise gegensätzlichen Seelenkräften herstellen und ein in sich stimmiges Leben führen sollen, in welchem Denken, Reden und Handeln sich nicht widersprechen:

Der Geist »*wird sich jene einheitliche Kraft und Macht bilden, die mit sich in Einklang steht und deren Frucht jene unerschütterliche Einsicht ist, die keinen Zwiespalt kennt und sich nicht verfängt in bloßen Meinungen, Vorstellungen und Einbildungen. Wenn sie zu ihrer rechten Gliederung und zum vollen Einklang ihrer Teile und so zu sagen, zu harmonischem Zusammenklang gelangt ist, dann hat sie die Schwelle des höchsten Gutes erreicht.*«[73]

Dieser innere Zusammenklang wird nur gewahrt, wenn er auch gelebt wird. Gelebt wird er, wenn wir in allen unseren Lebensäußerungen authentisch bleiben. Andernfalls mangelt es uns nach Seneca an einem hinreichend tiefen Verständnis für unser Wesen, für das Leben und die Natur:

»*Darin verrät sich vor allem der Mangel an Einsicht, wenn einer bald so bald so erscheint und – meiner Meinung nach das Schimpflichste, was es gibt – wenn er sich nicht selbst gleich bleibt.* Halte es für eine wichtige Sache, *ein* Mensch zu sein. Außer dem Weisen aber ist niemand ein einziger Mensch; sie sind vielgestaltig.«[74] Der letzte Satz spricht von einem Ideal, dem der Mensch sich möglichst annähern sollte.

Diese »Eintracht der Seele« ist für Seneca das »höchste Gut«.[75] Auf ihr beruhen die Weisheit und das gute Leben:

»Denn die Tugend (Weisheit, Verf.) beruht auf ihrer inneren

Übereinstimmung: alle ihre Handlungen stehen im Einklang und Einvernehmen mit ihr selbst.«[76]

Dazu ist »eine gleichmäßige und durchweg mit sich in Einklang stehende Lebensführung« nötig.[77]

Dies gelingt vollständig nur dem Weisen, wie Seneca meint, weil in uns verschiedenste Seelenkräfte, Triebe, Bedürfnisse, Sehnsüchte und Wünsche wirken, die häufig gegensätzliche Ziele anstreben und sich selbst im Wege stehen. Seneca übernimmt Platons Bild von der Seele als vielköpfigem Ungeheuer und beschreibt, dass wir nicht ein Wesen, sondern viele sind:

»Daraus folgt, dass viele tausend lebende Wesen in unserer engen Brust wohnen und dass jeder einzelne Mensch eine Vielheit lebender Wesen ist oder eine solche Vielheit in sich hat. ... Die nämliche Seele nimmt mannigfache Formen an ... Also weilen viele, ja unzählige lebende Wesen in dieser Seele. ›Es sind nicht‹, erwidert man, ›viele, denn sie sind an Eines geknüpft, dessen Teile und Glieder sie sind.‹ Demnach müssten wir uns also die Seele vorstellen wie eine Art Hydra, die viele Köpfe hat, deren jeder für sich kämpft und Schaden anrichtet.«[78]

»Unsere Wünsche streiten mit unseren Wünschen, unsere Entschlüsse mit unseren Entschlüssen.«[79]

Wenn ich ein ausgeglichenes Seelenleben anstrebe, muss ich *»dafür sorgen, dass meine Seele mit sich in Einklang stehe und meine Absichten sich nicht durchkreuzen«.*[80]

Ich muss lernen, »mein eigener Freund zu werden«.[81]

Mit sich selbst Freund zu werden und die verschiedenen Seelenkräfte in einen ausgeglichenen Zustand zu bringen, bedeutet nicht, die inneren Gegensätze zu verleugnen, zu verdrängen oder zu nivellieren, sondern sie sich in einem ausgewogenen Spannungsverhältnis entfalten zu lassen. Sie sollen sich in der Zeit und in geordneter Weise ausleben können, ohne die Einheit und Identität der Persönlichkeit zu gefährden oder in einen leidvollen Konflikt zu führen. Die Brüche und Gegensätze bleiben bestehen, leben und bilden aber aufs Ganze gesehen ein ausgeglichenes Miteinander. Seneca sagt einmal, dass sich »in der Rede die Seelenverfassung spiegelt. Ist jene (Rede, Verf.) völlig geglättet, geschminkt und künstlich zubereitet, so ist das ein Beweis, dass auch die Seele nicht unverfälscht sei und irgendwo einen Riss habe.«[82]

Die Ausgeglichenheit darf nicht gespielt oder aufgesetzt, sondern muss wahrhaftig sein und immer wieder neu hergestellt werden.

Mit der Vorstellung, dass der Mensch in all seinen inneren und äußeren Lebensbezügen nach Harmonie strebt, folgt Seneca nicht nur der stoischen Philosophie, sondern auch einem weitverbreiteten altgriechischen Gedankengut. Insbesondere Platon hatte in seinem Hauptwerk »Der Staat« gezeigt, wie das Prinzip des Zusammen-Stimmens aller Teile eines Ganzen für jedes friedliche, gerechte Zusammenleben von Menschen ebenso wie für das gelingende (Seelen-)Leben jedes Einzelnen von grundlegender Bedeutung ist. Seneca und andere Stoiker scheinen hier Anleihen gemacht zu haben.[83]

Zentrale Lehrsätze

- Jedes gelingende Miteinander beruht auf einer spannungsvollen Dynamik, die wir immer wieder harmonisch auflösen.
- Die Seelenverfassung eines Menschen, der ein gelingendes Leben führt, ist harmonisch und überträgt sich auf seine Umgebung.

Kernzitate

- *»Die ganze Harmonie unserer Welt besteht aus Gegensätzen.«*
- *»Der Weise … wird lieber in Frieden als im Kampf leben wollen.«*

- *»Unsere Wünsche streiten mit unseren Wünschen, unsere Entschlüsse mit unseren Entschlüssen. Ich muss deshalb dafür sorgen, dass meine Seele mit sich in Einklang steht und meine Absichten sich nicht durchkreuzen.«*

Lehrer und Vorbild

»Glaube mir: wir bedürfen eines Musters, nach dem sich unser Charakter bilde. Ohne Richtmaß lässt sich Verfehltes nicht in Ordnung bringen.«[84]

Zum Umgang mit anderen Menschen gehört ein Abschnitt über die Bedeutung von Lehrern und Vorbildern auf dem Weg zu einem gelingenden Leben. Dieses Thema kann nicht hoch genug veranschlagt werden. Seneca kam daher an verschiedenen Stellen seines Werkes immer wieder darauf zurück. Bücher sind nur ein unvollkommener Ersatz für den Einfluss, der von einem Lehrer ausgehen kann.[85] Denn zu lernen, wie man gut lebt, ist schwer und ohne fähige Lehrer und Wegbereiter unmöglich:

»… Tugend (Weisheit; Verf.) ist schwer zu finden und braucht einen Lenker und Führer. Laster lernt man auch ohne Lehrer.«[86]

Deshalb gilt, was Seneca bei Epikur gelesen hat:

»Wir müssen uns einen hervorragend tüchtigen Mann als Muster ausersehen, den wir immer vor Augen haben, um so zu leben, als schaue er auf uns, und immer so zu handeln, als hielte er seinen Blick auf uns gerichtet. … Wie glücklich ist auch der, der einem anderen mit so viel Ehrfurcht ergeben ist, dass die bloße Erinnerung an ihn genügt, um das eigene Innere nach seinem Vorbild zu gestalten und zu regeln. Wer einen anderen so zu verehren vermag, wird bald auch selbst verehrungswürdig sein.«[87]

Persönlicher Umgang mit Lehrern und Vorbildern

Der beste Weg, praktische Philosophie und Lebensweisheit zu lernen, ist der persönliche Umgang mit dem Lehrer, bei dem wir sehen und miterleben können, wie die Lehre gelebt wird, wie sie sich im Reden, Handeln, Denken und Wollen manifestiert und sich in Konfliktsituationen bewährt. Über Einwände kann unmittelbar gesprochen werden. Im lebendigen Dialog werden Einzelheiten erörtert, Unklarheiten ausgeräumt und unterschiedliche Lebenssituationen durchgespielt. Die Art, wie der Lehrer reagiert, seine Gesten, seine Mimik, die Wortwahl, der Tonfall, alles das wirkt intensiver und nachhaltiger als das geschriebene Wort. Dabei wird vorausgesetzt, dass der Lehrer der praktischen Philosophie seine Anschauungen, Überzeugungen und Maximen auch lebt und verkörpert.[88] Das aber war in der Antike selbstverständlich, und jene Lehrer fielen schnell durch, deren Verhalten und Taten ihre Worte Lügen straften. Gleich zu Beginn seiner Briefe an Lucilius beschreibt Seneca den vielfältigen Einfluss, der von dem persönlichen Umgang mit Lehrern und Vorbildern ausgeht:

»Doch mehr noch als das, was ich dir hier vortrage, wird das lebendige Wort und unser Zusammenleben dir nützen. *An Ort und Stelle musst du dich einfinden. Denn erstens trauen die Menschen ihren Augen mehr als ihren Ohren, zweitens ist es ein langer Weg, der durch Belehrung, ein kurzer und erfolgreicher, der durch das Beispiel wirkt.*[89] Kleanthes wäre nie ein zweiter Zenon geworden, wenn er den Zenon nur gehört hätte: aber er hatte mit ihm gelebt, war in die Geheimnisse seines Geistes eingedrungen, *hatte ihn daraufhin beobachtet, ob er seiner Lehre gemäß lebte*. Platon, Aristoteles und die gesamte Schar der nach verschiedenen Richtungen hinstrebenden Philosophen *verdankt dem Sokrates mehr Anregungen von Seiten seines Charakters als durch sein Wort*. Die Metrodorus, Hermarchus und Polyaenus hat nicht Epikurs Schule, sondern das Zusammenleben mit ihm zu großen Männern gemacht.«[90]

In einem späteren Brief nimmt er das Thema nochmals auf:

»Nichts schafft der Tugend einen leichteren Eingang in die Seele, nichts ruft die unentschiedenen und zum Schlimmen sich neigenden Gemüter wirksamer auf den rechten Pfad zurück als der Verkehr mit sittlichen tadellosen Menschen. *Ihr häufiger Anblick, das öftere Anhören ihrer Worte macht mit der Zeit immer tieferen Eindruck auf das Herz und gewinnt die Bedeutung von Vorschriften: Ja, die bloße Begegnung mit einem Weisen ist förderlich, und selbst wenn er schweigt, kannst du daraus Gewinn ziehen.*«[91]

Es sind die vielen nonverbalen Elemente und Inhalte einer Kommunikation von Angesicht zu Angesicht, die sich häufig tiefer einprägen als das Gesprochene. Sie geben den Worten Farbe, Emotionen und Lebendigkeit. Die Botschaften müssen nicht nur verstanden, sie müssen verinnerlicht werden. Bei der Transformation der Weisheit vom intellektuellen Verstehen hin zu einem veränderten Denken, Wollen und Verhalten spielt der Lehrer als lebendes Vorbild eine tragende Rolle:

»Wer mit einem Philosophen verkehrt, soll täglich etwas Gutes mit nach Hause nehmen: er soll entweder gesünder oder leichter heilbar zurückkehren. Und dies wird der Fall sein: denn das ist die Kraft der Philosophie – nicht nur ihren Schülern, sondern auch ihren Gästen hilft sie.«[92]

Dieser starke Einfluss im persönlichen Zusammensein geht übrigens nicht nur vom Umgang mit Philosophen oder Weisen aus, sondern von jeder intensiv gelebten Gemeinschaft, insbesondere dann, wenn wir noch nach dem rechten Weg suchen. In der Schrift »Vom Zorn« schreibt Seneca:

»Andererseits steht es ebenso mit den Tugenden (Weisheit, Verf.): Sie haben einen mildernden Einfluss auf ihre ganze Umgebung, und stärker noch als eine zuträgliche Gegend und ein günstiges Klima auf die Gesundheit, wirkt der Umgang mit besseren Menschen auf diejenigen, die in sich noch nicht gefestigt sind. … Dazu kommt, dass wer mit ruhigen Menschen lebt, nicht nur durch deren Beispiel besser wird, sondern auch keine Veranlassung zum Zorn findet, also auch keine Gelegenheit, seine Anlage dazu zu üben.«[93]

Zu den noch nicht gefestigten Menschen gehören insbesondere Kinder und Jugendliche. Für diese ist es deshalb besonders wichtig, dass sie gute Lehrer und glaubwürdige Vorbilder haben:

»Von großer Wichtigkeit ist es, dass man den Kindern freundliche Lehrer und Erzieher gibt. *Alles, was noch in zarter Jugend steht, schließt sich eng an das Nächste an und nimmt es sich in seiner eigenen Entwicklung zum Vorbild* ...«[94]

Es ist bedeutsam, darauf zu achten, mit wem wir verkehren. Wir sollten uns Freunde wählen, die wir besonders schätzen und die uns Vorbild sein können, sei es in Bezug auf die ganze Persönlichkeit oder auf bestimmte Charaktereigenschaften. Das Zusammensein wird uns ein ständiger Anreiz sein, den vorbildlichen Eigenschaften bewusst oder unbewusst nachzueifern. Bei der Wahl der Freunde sollte nach Seneca deren Lebensweise eine noch größere Rolle spielen als deren Worte:

»Wähle dir zum Bundesgenossen einen Menschen, den du mehr bewunderst, wenn du ihn siehst als wenn du ihn hörst.«[95]

An anderer Stelle vergleicht er den Einfluss des Lehrers und Vorbilds mit dem der Eltern. Diese allerdings bestimmt der Zufall, zum Guten wie zum Schlechten. In der Wahl unserer geistigen Lehrer und Vorbilder sind wir jedoch frei. Wir sollten diese Wahl daher mit Bedacht treffen:

»Wir pflegen zu sagen, die Wahl unserer Eltern stehe nicht in unserer Macht, der Zufall sei es, der sie den Menschen gebe. Nein! Die Verfügung über unser Dasein liegt in unserer eigenen Hand. *Es gibt Familien der edelsten Geister: wähle, in welche du dich aufgenommen sehen willst* ...«[96]

Auch Seneca hat sich seinen Umgang selbst ausgesucht. So war er eng befreundet mit dem kynischen Philosophen Demetrius. Dieser stammte aus Griechenland und lebte lange Zeit in Rom, wo er hochgeschätzt war, obwohl oder gerade weil er die radikale Lebensweise der Kyniker pflegte, jeglichen Besitz ablehnte und nur spärliche Kleidung trug.

»*Dagegen verweile ich in Gesellschaft der Besten:* mit ihnen trete ich, gleichviel wo sie wohnen oder in welchem Jahrhundert sie gelebt haben, in enge geistige Verbindung. Den trefflichen Demetrius habe ich gern an meiner Seite, die Unterhaltung mit ihm, dem Halbnackten, ziehe ich jeder Gesellschaft von Herren, die von Purpur strotzen, vor, ihn bewundere ich. Und warum nicht? Ich weiß, es mangelt ihm nichts. Die materiellen Güter als gleichgültig anzusehen ist dem Menschen möglich, alles zu haben unmöglich. Der kürzeste Weg zum Reichtum ist der, dass man den Reichtum geringschätzt. Unser Demetrius aber lebt nicht so, als schätze er alles gering, sondern als habe er es anderen zum Besitze überlassen.«[97]

Geschichtliche Lehrer und Vorbilder

Wir finden geeignete Lehrer und Vorbilder nicht nur unter unseren Zeitgenossen. Die »Familien der edelsten Geister« sind über die ganze Menschheitsgeschichte verstreut und vereinigen die Denker aller Epochen und Kulturen, sofern sie aufrichtig und ernsthaft bemüht waren, das menschliche Leben zu verstehen und die beste Lebensweise zu ergründen:

»Wen soll ich aufrufen?«, fragt Lucilius, und Seneca antwortet: *»Vergiss die Alten nicht! Nicht nur die leben, können uns helfen, sondern auch, die gelebt haben.«*[98]

Seneca meint hier an erster Stelle die griechischen Philosophen, unabhängig von ihrer jeweiligen Zugehörigkeit zu einer bestimmten Schule und Denkrichtung. Er nennt sie die »hochberühmten Schöpfer heiliger Einsichten« oder die »Meister der richtigen Wissenschaften«:[99]

»Wenn wir nicht undankbar sind, sind jene hochberühmten Pfadfinder heiliger Weisheit für uns geboren, haben uns den Weg zum

Leben gewiesen. Zu den herrlichsten Schätzen, die durch die Bemühungen anderer aus der Finsternis ans Licht gezogen sind[100], werden wir geführt; kein Zeitalter ist uns verschlossen, zu allen haben wir Zutritt, und wenn wir im Geistesflug uns über die Schranken menschlicher Schwachheit erheben wollen, so öffnen sich uns lange Zeiträume, die wir durchwandern können. Wir können mit Sokrates Zwiesprache führen, können mit Karneades zweifeln, mit Epikur der Ruhe pflegen, mit den Stoikern die menschliche Natur überwinden, mit den Kynikern über sie hinausgehen. … wir können denen wahre Pflichttreue nachrühmen, die Tag für Tag den Zenon, den Pythagoras und den Demokrit sowie die übrigen *Wegweiser in den höheren Wissensgebieten,* ferner den Aristoteles und Theophrast zu ihren vertrautesten Freunden haben wollen. Keiner von ihnen wird sich ihnen versagen; *keiner wird den zu ihm Kommenden entlassen, ohne ihn glücklicher und zu seinem wärmeren Freund gemacht zu haben …*«[101]

Seneca stimmt hier ein Hohelied auf das überlieferte philosophische Weisheitswissen und ihre Schöpfer an. Sie waren seine Lehrer und Vorbilder, und so empfiehlt er sie weiter. Sie ragen heraus aus der Vielzahl der Lehrer durch die Unvergänglichkeit ihrer Einsichten. Die Geschichte hat die Spreu vom Weizen getrennt. Lernen wir von ihnen, so schöpfen wir nach Seneca aus der Quelle ewiger Wahrheit. Die Beschäftigung mit ihnen entreißt uns den Beschränktheiten und Vorurteilen der eigenen Zeit und verbindet uns mit dem, was bleibt und über alle Zeiten hinweg Bestand hat. In all seiner Begeisterung für die Weisheit der Alten und ihr Vorbild geht Seneca wortgewaltig bis an die Grenze des Überschwänglichen. Man sollte ihm das nicht vorwerfen, sondern als Beleg dafür nehmen, wie sehr er die Philosophie und Weisheit geliebt hat und wie sehr er sich durch sie hat prägen und formen lassen:

»Welches Glück, ein wie herrliches Alter erwartet den, der sich unter ihren (Philosophen, Verf.) Schutz gestellt hat! Mit ihnen kann er sich über die unbedeutendsten ebensowohl wie über die wichtigsten Dinge verständigen; sie kann er täglich zu Rate ziehen; von ihnen kann er die Wahrheit hören ohne jede Demütigung, Lob erhalten ohne Schmeichelei; *nach ihrem Vorbild kann es sich selbst heranbilden.* … Sie (die Familien der edelsten Geister, Verf.) werden dir den Weg zur Ewigkeit weisen und dich emporheben zu jener Stelle, aus der niemand verdrängt werden kann. Das ist die einzige Möglichkeit, die Grenzen der Sterblichkeit zu erweitern, ja sie in Unsterblichkeit umzuwandeln. … *Aber dem, worauf die Weisheit ihr Siegel gedrückt hat, kann die Zeit nichts anhaben. Keine Flucht der Jahre wird es vertilgen, keine es mindern;* jedes folgende und daran sich weiter anschließende Zeitalter wird zu seiner ehrfürchtigen Schätzung beitragen; denn was in der Nähe liegt (das Gegenwärtige, Verf.), das ist den Neidern ausgesetzt; was in der Ferne liegt, das bewundern wir in voller Unbefangenheit. Das Leben des Weisen hat also einen weiten Spielraum; er sieht sich nicht eingeschlossen in die engen Grenzen der übrigen Menschen (der Zeitgenossen, Verf.), er erhebt sich über die dem Menschengeschlecht gesetzten Schranken, *er macht sich alle Jahrhunderte dienstbar gleich einem Gott. … Die Zusammenfassung aller Zeiten macht ihm das Leben lang. Dagegen ist das Leben derer sehr kurz und sorgenvoll, die das Vergangene vergessen, die Gegenwart verträumen und vor der Zukunft Angst haben …*«[102]

Mit dem letzten Satz betont Seneca, wie wichtig es in seinen Augen ist, die Erfahrungen und das Weisheitswissen der vergangenen Generationen und geschichtlichen Epochen für unser Leben fruchtbar zu machen. Wenn Philosophieren bedeutet, Distanz zu schaffen, dann gilt dies inhaltlich, örtlich und zeitlich. Den Lebensfragen und Problemen des Alltags nähern wir uns gerade dadurch und erkennen sie klarer, dass wir uns geistig aus den konkreten Bezügen und Verstrickungen lösen und wie aus der Vogelperspektive auf unser Leben schauen. Von anderen Kulturen und anderen Zeiten können wir viel lernen, weil sie in ihrer Andersartigkeit unser Denken aus seinen eingefahrenen Schablonen lösen, es anregen und erweitern. Denn es geht immer um das Menschliche, das sich überall und zu allen Zeiten im Wesentlichen gleich bleibt, mögen die äußeren Umstände noch so unterschiedlich sein.

Einleitend haben wir gehört, dass der persönliche Kontakt mit dem Lehrer und Vorbild der beste Unterricht in der Lebensschulung ist. Nun könnte eingewandt werden, dass dieser fehlt, wenn wir uns mit Weisen beschäftigen, die schon lange tot sind und von denen wir nur aus Büchern wissen. Aber gerade bei den bedeutendsten Weisheitsbüchern geht die stärkste Wirkung oft nicht vom Text selbst aus, sondern vom Verfasser, seiner Person und seinem Leben, wie es in seinen Aussagen zum Vorschein kommt und unsere Lektüre im Geiste begleitet. Mehr oder weniger bewusst machen wir uns beim Lesen ein Bild des Autors, der den Text geschrieben hat. Kurz bevor sich Seneca auf Befehl Neros das Leben nehmen musste, bat er den Anführer des kaiserlichen Kommandos, seinen letzten Willen niederschreiben zu dürfen. Als ihm dies verweigert wurde,

»wandte er sich nach seinen Freunden und sagte, da man ihn hindere, sich für ihre Freundschaftsbeweise dankbar zu erzeigen, hinterlasse er ihnen das Einzige, aber auch das Wertvollste, was er besitze, *das Bild seines Lebens*. Wenn sie das im Gedächtnis behielten, würden sie als hohen Lohn für ihre treue Anhänglichkeit den Ruf echter Tugend ernten.«[103]

Dass ein Lebensbild stärker wirken kann als viele Worte, ist auch der Grund, weswegen von einigen der größten Weisen, wie Sokrates, Buddha, Jesus und anderen, ohne dass sie selbst je etwas niedergeschrieben hätten, dennoch eine unvergleichliche Wirkung über Jahrtausende hinweg ausging. Obwohl von Schülern und Zeitzeugen zahlreiche ihrer weisen Aussprüche und Gedanken überliefert wurden, so war und ist es doch häufig das Bild, das wir von ihnen und ihrem Leben haben, welches weit stärker auf und in uns wirkt als ihre Worte und Gedanken. Allen Überlieferungen zufolge haben sie die Menschen vor allem deshalb überzeugt, weil sie beispielhaft vorlebten, was sie lehrten. Nach ihren weisen Aussprüchen machen wir uns ein Bild von ihnen, das wir abspeichern und uns vergegenwärtigen, wenn wir uns an ihre Gedanken erinnern.

Es ist, wie Seneca schreibt, eine lebendige Zwiesprache und eine Verständigung, die wir über den gelesenen Text mit seinem Verfasser führen, als säße dieser tatsächlich vor uns.[104] Und so werden die real vorgestellten Weisen zu inneren Gesprächspartnern und Vorbildern, an denen wir uns in den verschiedenen Lebenssituationen orientieren. Dies setzt jedoch voraus, dass wir uns eingehender und mit jener Liebe und Bewunderung mit ihnen beschäftigen, wie sie aus den angeführten Zitaten Senecas sprechen.

Dieses enge Verhältnis können wir zu mehreren Menschen aufbauen, jedoch nicht zu vielen. Orientieren wir uns an zu vielen, lesen wir zu viel und zu sehr in der Breite, so können wir uns leicht verzetteln, meint Seneca. Statt vieles zu lesen, sollten wir uns lieber auf das Beste konzentrieren, es immer wieder lesen und uns darin vertiefen, damit es sich dem Gedächtnis und den Sinnen fest einprägt:

»Frage dich aber, ob nicht die Beschäftigung mit vielen Schriftstellern und das Lesen von Büchern mannigfachsten Inhaltes einer großen Unstetigkeit und Eilfertigkeit Vorschub leistet. *Man muss zu bestimmten Geistern in ein dauerndes und vertrautes Verhältnis treten, wenn man einen dauernden Gewinn für seine Seele sich sichern will. Nirgends ist, wer überall ist … Die Menge der Bücher wirkt zerstreuend. …* Lies also immer nur Schriftsteller von anerkanntem Wert, und hast du dich einmal zu anderen hingetrieben gefühlt, so kehre nur wieder zu jenen zurück. Jeder Tag soll dir einen Beitrag liefern zum siegreichen Kampf gegen Armut, gegen Tod und ebenso gegen die anderen Übel, *und hast du mancherlei gelesen, so hebe dir eines heraus, um es dir an diesem Tage ganz zu eigen zu machen. So halt' ich es auch meinerseits: aus mancherlei, was ich gelesen, halte ich eine bestimmte Einzelheit fest.*«[105]

Kritische Distanz und Selbstdenken

Seneca wusste freilich, dass es mehr schlechte Lehrer und Vorbilder gibt als gute. Man solle bei der Auswahl daher behutsam vorgehen und sorgfältig prüfen, wen wir uns zum Meister erwählen. Wir sollen nur in der »Gesellschaft der Besten« verweilen, nur »hervorragend tüchtige Menschen als Muster ausersehen«, »die wir bewundern«.

Wir sollten niemandem vertrauen, dessen Lebenswandel seinen Lehren widerspricht und der statt tiefer Einsichten, die aus authentischer Lebenserfahrung hervorgegangen sind, nur Scheinwissen verbreitet.

Mehr noch: Haben wir unsere Vorbilder gewählt, so sollte die Nachahmung niemals das kritische Selbstdenken verdrängen. Wir sollen das Gelernte mit den eigenen Erfahrungen verbinden und mit diesen abgleichen. Erst dann verschmilzt es mit unserer Natur und wird unser Eigenes:

»Wissen hingegen ist, alles zu seinem Eigentum zu machen und nicht in bloßer Abhängigkeit vor dem Muster zu stehen und nicht immer wieder nach dem Lehrer zu blicken: ›Das hat Zenon gesagt, das Kleanthes.‹«[106]

»Wir müssen uns ehrlich damit (dem Gelernten, Verf.) einverstanden fühlen und es uns zu eigen machen, damit aus der Vielheit sich eine Einheit bilde …«[107]

Wer kritiklos einem anderen folge, »der findet nichts, ja sucht nicht einmal«.[108]

Seneca steckt die Grenzen ab, wie weit wir der Weisheit der Alten oder einem Lehrer folgen und ab wann wir dem eigenen Verstand und unserer Vernunft vertrauen sollten:

»Soll ich nicht den Fußspuren der Vorgänger folgen? *Nun, was mich anlangt, so werde ich den alten Weg einschlagen; finde ich aber einen näheren und ebeneren, so werde ich mich an diesen halten.* Sie, die vordem diese Lehren aufbrachten, sind nicht unsere Herren, sondern unsere Führer. Die Wahrheit steht allen offen, noch ist sie nicht völlig in Beschlag genommen. Die kommenden Geschlechter finden an ihr noch reichlich Arbeit.«[109]

Wir sollten die Weisheiten und Lebenslehren großer Denker wohlwollend, aber kritisch prüfen, ihnen dann folgen, wenn sie uns überzeugen, uns aber von ihnen distanzieren, wenn wir meinen, durch eigenes Nachdenken Besseres gefunden zu haben. Ohne dieses kritische Abwägen und ständige Hinterfragen wird keine Weisheit auf fruchtbaren Boden fallen.

Zentrale Lehrsätze

- Die größte Hilfe bei der Weiterentwicklung der eigenen Persönlichkeit ist ein guter Lehrer, eine gute Lehrerin, ein gutes Vorbild, ein guter Freund oder eine gute Freundin, die das vorlebt, was wir lernen wollen.
- Der Umgang mit guten Menschen macht uns selbst besser.
- Die Geschichte hat viele hervorragende Persönlichkeiten hervorgebracht. Ihr Leben sei unser Vorbild.
- Bei der Wahl guter Vorbilder sollte man kritisch und vorsichtig sein und niemals einer Maxime ungeprüft folgen.

Kernzitate

- *»Glaube mir: wir bedürfen eines Musters, nach dem sich unser Charakter bilde. Ohne Richtmaß lässt sich Verfehltes nicht in Ordnung bringen.«*
- *»Ein langer Weg ist es, durch Belehrung zu lernen, ein kurzer durch das Beispiel.«*

- *»Wer mit ruhigen Menschen lebt, wird durch deren Vorbild ein besserer.«*
- *»Wähle dir zum Bundesgenossen einen Menschen, den du mehr bewunderst, wenn du ihn siehst als wenn du ihn hörst.«*
- *»Dagegen verweile ich in Gesellschaft der Besten: mit ihnen trete ich, gleichviel wo sie wohnen oder in welchem Jahrhundert sie gelebt haben, in enge geistige Verbindung.«*
- *»Vergiss die Alten nicht! Nicht nur die leben, können uns helfen, sondern auch, die gelebt haben.«*
- *»Man muss zu bestimmten Geistern in ein dauerndes und vertrautes Verhältnis treten, wenn man einen dauernden Gewinn für seine Seele sich sichern will. Nirgends ist, wer überall ist … Die Menge der Bücher wirkt zerstreuend. … Lies also immer nur Schriftsteller von anerkanntem Wert, und hast du dich einmal zu anderen hingetrieben gefühlt, so kehre nur wieder zu jenen zurück.«*

Schluss

»Wie lange ich lebe, das hängt nicht von mir ab, ob ich aber wirklich lebe, das hängt von mir ab.«[1]

Wir sind am Ende der Lebensschule angelangt, genauer: an ihrem Anfang! Denn die eigentliche Bewährungsprobe all der Worte, Gedanken und theoretischen Überlegungen Senecas hat in der täglichen Lebenspraxis zu erfolgen. Die Lektüre war vergeblich, wenn sie nicht den Wunsch und den Willen hervorgerufen hat, das eine oder andere im Leben zu ändern und neue Gewohnheiten im Denken, Wollen und Verhalten einzuüben. Wenn wir keine Gewohnheiten ändern, ändert sich nichts.

Immer wieder zu einem inneren Umdenken und Umformen aufzufordern, plausible Gründe dafür anzugeben und das vorbildliche Ideal einer weisen Lebensführung zu zeichnen, damit wir uns an diesem Ideal wie an einem Leuchtturm orientieren können, um vom Leiden zum Wohlbefinden, von den Sorgen zur Freude, von Ängsten zur Gelassenheit, von Abhängigkeiten zur Freiheit voranzuschreiten – darin sah Seneca seine Lebensaufgabe. Er hat sie in einzigartiger Weise erfüllt und damit einer fünfhundertjährigen Epoche der abendländischen Philosophie, wohl der fruchtbarsten, die sie je erlebt hat, das größte Geschenk hinterlassen: Er hat ihre wichtigsten Einsichten und Gedanken lebensnah formuliert und lebbar gemacht. Dies zu zeigen und die Leser einzuladen, an die Möglichkeit von Veränderungen zu glauben und sie einzuüben, war die Absicht dieses Buches. Es liegt nun an Ihnen, den Lesern, das Gelernte im Alltag anzuwenden, an heiterer Gelassenheit zu gewinnen und Senecas Worte zu erfüllen:

»Mache dich selbst glücklich!«[2]

Literaturverzeichnis

Senecas Werke:

S	Seneca, Philosophische Schriften, übersetzt von Otto Apelt, Wiesbaden 2004, zitiert nach Band (röm. Ziff.) und Seite (arab. Ziff.), ggf. Schrift, Buch und Abschnitt; bei den Briefen an Lucilius zusätzlich Nr. des Briefes
S (Rosenbach)	Seneca L. Annaeus, Philosophische Schriften, Lateinisch-Deutsch, übersetzt und herausgegeben von Manfred Rosenbach, 5 Bände, 2. Aufl., Darmstadt 1995, zit. nach Werk, ggf. Buch, Kapitel, Abschnitt
S (Tragödien)	Seneca, Sämtliche Tragödien, Lateinisch-Deutsch, übersetzt von Theodor Thomann, 2 Bände, 2. Auflage, Zürich 1978, zitiert nach Tragödie und Vers
NU	Seneca L. Annaeus, Naturales quaestiones. Naturwissenschaftliche Untersuchungen, Lateinisch-Deutsch, übersetzt und herausgegeben von Otto und Eva Schönberger, Stuttgart 1998, zit. nach Buch, Kapitel, Abschnitt, ggf. Seite

Benutzte Sekundärliteratur:

Diog. Laert.	Diogenes Laertios, Leben und Meinungen berühmter Philosophen, übersetzt von Otto Apelt, 3. Auflage, Hamburg 1990, zitiert nach Buch (röm. Ziff.) und Paragraf (arab. Ziff.)
Fuhrmann	Manfred Fuhrmann, Seneca und Kaiser Nero, Frankfurt a. M. 1999

Giebel	Marion Giebel, Seneca, Reinbek bei Hamburg (rororo Monographie) Juni 1977
Grimal	Pierre Grimal, Seneca. Macht und Ohnmacht des Geistes, Darmstadt 1978
Hadot	Ilsetraut Hadot, Seneca und die griechisch-römische Tradition der Seelenleitung, Berlin 1969
Maurach (1975)	Gregor Maurach (Hrsg.), Seneca als Philosoph, Darmstadt 1975
Maurach (1991)	Gregor Maurach, Seneca. Leben und Werk, Darmstadt 1991
Pohlenz	Max Pohlenz, Philosophie und Erlebnis in Senecas Dialogen, in: ders., Kleine Schriften, Hildesheim 1965, Bd. 1, S. 384 ff.
Sørensen	Villy Sørensen, Seneca. Ein Humanist an Neros Hof, 2. Aufl., München 1984
Tacitus	Tacitus, Annalen, übersetzt von August Hornefer, Stuttgart 1964, zitiert nach Buch und Kapitel
Veyne	Paul Veyne, Weisheit und Altruismus, Frankfurt a. M. 1993

Weitere Werke, auf die im Text Bezug genommen wird, sind in den Anmerkungen genannt.

Danksagung

Bei meiner Frau Susanne möchte ich mich für das Lektorat und die vielfältige Unterstützung bedanken, die ich bei der Überarbeitung des Buches von ihr erhalten habe.

Anmerkungen

1 S I 214.
2 S IV 104 Brief 91.
3 S I 154 (III 6).
4 S III 153 Brief 45.
5 S IV 25 Brief 85, Ü. Wikipedia, Artikel »Seneca«, Text geringfügig geändert.
6 S III 197 Brief 56; Text geringfügig geändert.

Einführung

1 Arthur Schopenhauer, Die Kunst, glücklich zu sein, herausgegeben von Franco Volpi, München 1999, S. 26. Schopenhauer schrieb und veröffentlichte sehr lesenswerte »Aphorismen zur Lebensweisheit«.

2 Etwa Kleanthes, Diog. Laert. VII 174, Metrokles, ebenda VI 342, Speusippos, ebenda IV 202, Menedemos ebenda II 145. Heraklit, Pythagoras, Sokrates, Aristippos, Zenon, Epikur, Panaitios wurden 70, Chrysipp 73, Archimedes 75, Solon, Platon, Protagoras, Antisthenes, Krates, Dion Crysostomos, Iamblichos, Plutarch 80, Thales, Theophrast, Poseidonios 85, Sophokles, Demokrit, Hippokrates, Bion von Borysthenes, Diogenes von Sleukia 90, Idomeneus von Lampsakos 95, Georgias, Isokrates, Kleanthes, Demonax 100 Jahre alt; die Altersangaben sind allerdings in den wenigsten Fällen gesichert.

3 S III 229 Brief 64; dazu Fuhrmann, S. 300: Seneca habe »die Maximen der Stoa in einer sonst nirgends begegnenden Weise den jeweils zur Erörterung stehenden Problemen der Praxis anzupassen und in sachgerechter, differenzierter Weise für sie nutzbar zu machen« gesucht.

4 Will Durant, Kulturgeschichte der Menschheit, in 25 Bänden, Editions Rencontre Lausanne, Bd. 8, S. 181. Max Pohlenz, Die Stoa. Geschichte einer geistigen Bewegung, 4. Aufl., Göttingen 1970, 2 Bände, Bd. I S. 327: Er hat »Großes zum Segen der Menschheit« vollbracht.

5 »Es hat wohl wenige Männer gegeben, die bei so umfassender praktischer

Tätigkeit Zeit und Stimmung gefunden haben zu so ausgiebiger Schriftstellerei wie Seneca.« Apelt, in: Seneca, Philosophische Schriften, übersetzt von Otto Apelt, Wiesbaden 2004, Einleitung XVII.

6 Sørensen, S. 130 f.

7 Seneca schien dies gewusst zu haben, Fuhrman, S. 164: »Im Gespräch unter Freunden soll er geäußert haben, er traue dem reißenden Löwen Domitius (Nero, Verf.) nicht: Wenn der einmal Menschenblut geleckt habe, dann werde sich seine angeborene Wildheit wieder einstellen.«

8 Etwa Erasmus von Rotterdam, Justus Lipsius, Michel de Montaigne, Hugo Grotius, Samuel von Pufendorf.

9 Zum damaligen Korsika: Friedländer, in Maurach (1975), S. 104 f.

10 Friedländer, in Maurach (1975), S. 103 f.: »Diese Verbannung war für Seneca ein furchtbarer Schlag, nicht bloß, weil er aus einer glücklich begonnenen, zu den größten Hoffnungen berechtigenden Laufbahn herausgeschleudert wurde: es war eine Versetzung aus der höchsten Kultur in die Barbarei, aus dem Glanz der Weltstadt in eine schauerliche Einöde, aus einer beneidenswerten Existenz in eine trostlose. Er selbst erschien sich wie ein Toter, wie ein Begrabener.«

11 S III 187 Brief 54: »ein Ringen mit dem Tode«. Zu seinen schweren Krankheiten, unter denen er bereits als junger Mann litt: Friedländer, in Maurach (1975), S. 101. S III 187 Brief 54: »Alle Arten körperlichen Ungemachs und alle Gefahren dieser Art habe ich am eigenen Leibe durchgemacht …«

12 Er wird einiges von der langen Weisheitstradition Ägyptens gelernt und auf seinen weiteren Lebensweg mitgenommen haben. Bereits die Griechen hatten dort erhebliche Anleihen gemacht. Grimal, S. 45 ff.

13 Seneca, Von der Kürze des Lebens VII 3.

14 Boyancé, in: Maurach, Seneca als Philosoph, S. 43. Gewiss kannte Seneca den Ausspruch des griechischen Philosophen und Politikers Solon, einer der Sieben Weisen aus dem 7./6. vorchristlichen Jahrhundert: »Greis schon bin ich und lerne immer noch dazu.« Wilhelm Nestle, Griechische Lebensweisheit und Lebenskunst, Stuttgart 1949, S. 23 (mit anderer Übersetzung).

15 Friedländer, in Maurach (1975), S. 128, spricht von Senecas »Virtuosität, dieselben Gedanken immer neu zu wenden, wie einen facettierten Stein anders und wieder anders funkeln zu lassen«.

16 Alexander Demandt, Sokrates antwortet, aus dem »Gnomologicum Vaticanum« übersetzt von Alexander Demandt, Düsseldorf 2005, S. 116 (Nr. 288). Ähnlich Seneca: »Dieselbe Leistung (wie der Magen, Verf.) wollen wir der geistigen Nahrung auferlegen: Was wir in uns aufgenommen haben, dürfen wir nicht völlig unverändert lassen; sonst ist es fremdes Gut. Wir müssen es

verdauen; sonst bereichert es nur unser Gedächtnis, nicht unseren Geist.« S IV 22 Brief 84.

I. Vorschule

1 S IV 80, 89 f. Brief 90.
2 S IV 37 Brief 85.
3 NU 4a Vorwort, 14.
4 S III 216 f. Brief 59.
5 S I 53 Von der Unerschütterlichkeit des Weisen. Gegen den weltanschaulichen Streit zwischen der epikureischen und der stoischen Schule »hatte sich schon längst das Empfinden geregt«, so Pohlenz, S. 395, und weiter: »Schon Varro (wohl der Polyhistor Marcus Terentius Varro, Verf.) erklärte, es sei nur ein Streit um Worte …«
6 S (Rosenbach) Über die Milde 2. 5. 4.
7 S II 68 Von der Gemütsruhe 1; Übersetzung geringfügig geändert.
8 S II 68 Von der Gemütsruhe 1.
9 NU 7,32,1 f.
10 S II 89 Von der Gemütsruhe.
11 S IV 70 Brief 88.
12 S (Rosenbach), An Lucilius, Brief 106,11 f.; Anlehnung an Übersetzung Rosenbach und Apelt.
13 S IV 70 Brief 88.
14 S IV 157 Brief 95: »Was ehrbar ist, verfällt der Vergessenheit.« Vgl. Ulrich Knoche, Der Philosoph Seneca, Frankfurt 1933, zitiert nach Maurach (1975) S. 19: »So steht es auch mit der Philosophie: ihr Inhalt wurde ursprünglich von den Regeln, Aussprüchen und Vorschriften weiser Männer vollständig umfasst. Solche Aussprüche sind von zeitloser Gültigkeit, denn Weisheit ist einfach. Dann aber fügte sich die Philosophie der fortschreitenden Entwicklung des Menschen zum Vielfältigen, ja, Vieldeutigen, eine Entwicklung, an der die natürliche Unmäßigkeit des Menschen die Schuld trägt. Senecas Philosophie richtet sich demnach an die Menschen einer bestimmten, klar abzugrenzenden, Stufe in der Gesamtentwicklung des menschlichen Geistes. … so will die Philosophie dort ordnend eingreifen, wo der Einzelne mit sich zerworfen ist und allein keinen Ausweg mehr findet, sondern in Gefahr ist, entweder zu verzweifeln oder zu verflachen. Der Philosoph greift hier ein als der Gesetzgeber des Lebens, ja, noch mehr, als der artifex vitae (Lebenskünstler, Gestalter des Lebens, Verf.), und zwar durch sein Beispiel.«

15 S II 128 Von der Kürze des Lebens.

16 S IV 151 Brief 95; Übersetzung geringfügig geändert.

17 S IV 243 Brief 108; lat. philologia: Liebe zu den Wissenschaften, Beschäftigung mit der Literatur, literarisches, wissenschaftliches Studium, Erklärung der Schriftsteller, Interpretation als Studium.

18 S IV 156 f. Brief 95.

19 S (Rosenbach) Über die Wohltaten 2,16,1.

20 S III 271 f. Brief 71.

21 S III 117 Brief 31.

22 S (Rosenbach) Über die Wohltaten 2,33,2 f., eigene Übersetzung.

23 S IV 149 Brief 95.

24 S IV 295 Brief 117.

25 S IV 64 Brief 88.

26 S IV 120 Brief 93.

27 S III 282 Brief 71; im Text steht »Tugend« statt »Weisheit«. Für die Antike waren beide Begriffe nahezu identisch, vgl. Apelt, in Platon, Sämtliche Dialoge, herausgegeben von Otto Apelt, sieben Bände, Hamburg 1993, Anm. zu Platon, Der Staat, 444 C ff. (Ziff. der Stephanusausgabe); Busch, in Maurach (1975), S. 66 Fn. 36 m. w. H.

28 S III 299 Brief 74.

29 S III 106 Brief 29.

30 S IV 149 Brief 95.

31 S IV 80 Brief 97; im Text steht »Tugend« statt »Weisheit«.

32 S III 261 Brief 68.

33 S (Rosenbach)Über die Wohltaten 7,19,6; Übersetzung geringfügig geändert.

34 S III 315 Brief 76.

35 S III 306 Brief 75.

36 S IV 300 Brief 117.

37 S III 69 f. Brief 20. Maurach (1991), S. 200 ff.: »Es geht um das Tun des Gewussten … ein Kämpfen (…), ein Ringen um das Tun des Gewussten …« Ulrich Knoche, in Maurach (1975), S. 20, spricht von einer »Philosophie als der Anleitung zum gelebten Wissen; d. h. die Überführung der Ethik in eine Entschlussphilosophie«.

38 S IV 297 Brief 117; Übersetzung geringfügig geändert.

39 S (Rosenbach) Briefe an Lucilius 6,1 f. (lat. transfigurari). Veyne, S. 10 und 55 f.: »Methode der Selbstverwandlung«. Boyancé, in Maurach (1975), S. 50 f.: »Bekehrung im Sinne der Stoa«, »Veränderung des habitus«. Pohlenz, S. 445 f.: »Selbsterziehung«. Giebel, S. 62: »Psychagogik«. Immer noch

grundlegend zum erzieherischen, persönlichkeitsformenden und seelenleitenden Charakter von Senecas Philosophie: Ilsetraut Hadot, Seneca und die griechisch-römische Tradition der Seelenleitung, Berlin 1969.

40 S III 54 Brief 16; Übersetzung geringfügig geändert.

41 NU 6,31,1.

42 S IV 132 Brief 94: »Darum muss Sorge getragen werden für Verbindung und Vereinigung dieser Teilstücke, um ihre Kraft zu erhöhen und der Seele einen größeren Schwung zu geben.«

43 S I 146 Vom Zorn III 1.

44 S III 133 Brief 38. Boyancé, in Maurach (1975), S. 43: »Man darf die beträchtliche Bedeutung der mündlichen Unterweisung und der Unterhaltungen nicht unterschätzen … Mehr als wir zehrten die Alten so von den Erinnerungen an diese Unterweisungen, dank eines besser trainierten Gedächtnisses.«

45 S I 207 f. Trostschrift an Marcia.

46 Der Autor reiht sich hier uneingeschränkt ein.

47 Grimal, S. 260: Den Kritikern fehle das »Organ« für Senecas »moralisierende Beredsamkeit«.

48 S IV 237 f. Brief 108.

49 S IV 131 Brief 94.

50 Ebenda.

51 S IV 136 Brief 94.

52 Ebenda.

53 S I 164 f. Vom Zorn III 13: »… mit der Zeit bildet sich mit dem Äußeren auch das Innere um«.

54 S (Rosenbach) Von der Kürze des Lebens VII 2–3; überwiegend eigene Übersetzung.

55 Ebenda; vgl. S III 310 Brief 76: »… wie man leben soll, muss man sein Leben lang lernen.« Übersetzung geringfügig geändert.

56 S IV 138 Brief 94.

57 S IV 148 Brief 95.

58 S IV 138 Brief 94.

59 S IV 165 f. Brief 95.

60 S IV 159 Brief 95.

61 S III 281 f. Brief 71.

62 S IV 130 Brief 94.

63 Der sog. paränetische Teil der Philosophie, von griech. paraineo = zureden, ermuntern, raten, warnen; bei Cicero und Seneca lat. praeceptio = Unterweisung, Vorschrift, S IV 147 Brief 95.

64 Sokrates selbst verzichtete übrigens keineswegs auf paränetische, also ermahnende, erzieherische, seelenleitende Mittel. Er kannte die Psychologie des Menschen sehr gut und wusste, dass das »Wissen«, das er einforderte, mehr war als bloß intellektuelles Begreifen. Dazu: Konrad Gaiser, Protreptik und Paränese bei Platon, Stuttgart 1959.

65 S IV 130 Brief 94.

66 Im lat. Original steht »adtendo« (attendo) = den Geist, seine Aufmerksamkeit auf etwas richten, aufmerksam achten, und »adverto« = hinwenden, auf etwas richten, hinsehen, hinhören.

67 Marcus Agrippa bei Sallust, De bello Iugurthino c. 10.

68 S IV 137 f. Brief 94; Übersetzung geringfügig geändert.

69 Dazu Pierre Hadot, Philosophie als Lebensform. Antike und moderne Exerzitien der Weisheit, 2. Auflage, Frankfurt a. M. 2005.

70 S III 272 Brief 71.

71 S IV 150 f. Brief 95.

72 S IV 130 Brief 94.

73 S IV 75 f. Brief 89; teilweise eigene Übersetzung in Anlehnung an Rosenbach.

74 S IV 168 Brief 95.

75 S (Rosenbach) Über die Wohltaten 7,2,1; überwiegend eigene freie Übersetzung.

76 S I 45 Von der Unerschütterlichkeit des Weisen.

77 S I 114 Vom Zorn II 12.

78 S IV 105 f. Brief 92.

79 S I 19 Von der göttlichen Vorsehung 4.

80 S III 343 Brief 80.

81 S IV 282 Brief 114.

82 S IV 21 f. Brief 84.

83 S IV 20 Brief 84; Übersetzung geringfügig geändert.

84 S III 53 f., 55 Brief 16; Übersetzung geringfügig geändert.

85 S IV Ziffer 161 f. Brief 95.

86 Cicero, Gespräche in Tusculum, übersetzt von Olof Gigon, München 1991, S. 213, 5. Buch, Kap. 7; Max Pohlenz, Stoa und Stoiker, Zürich 2. Aufl. 1964, S. 23; NU S. 514.

87 S I 216 Trostschrift an Marcia.

88 S III 39 Brief 13.

89 S II 90 f. Von der Gemütsruhe 10.

90 Lateinisch: omnis vita servitium est; andere Übersetzung: das ganze Leben ist ein Dienst, ist Dienerschaft.

91 Im lateinischen Original: nasceremur.
92 S I 252 Trostschrift an Marcia 26.
93 S IV 12 Brief 83.
94 S I 140 Vom Zorn II 36.
95 S II 65 Von der Gemütsruhe.

II. Vom Umgang mit der Welt

1 S IV 2 f. Brief 82; Übersetzung geringfügig geändert.
2 NU 6,29,2.
3 S I 42 Von der Unerschütterlichkeit des Weisen.
4 S IV 190 f. Brief 99; Übersetzung geändert.
5 NU 2,36.
6 S (Rosenbach) Über die Wohltaten 6,7,1; 4,8,2; 4,8,3. Selbst die Götter sind der Natur unterworfen: S (Tragödien) Phaedra 960: »O große Mutter der Götter, Natur …«; S (Tragödien) Ödipus 989: »Nicht der Gottheit ist zu wenden erlaubt, was den eigenen Ursachen verknüpft abrollt.«
7 NU 2,45,2 und 3.
8 NU 2,38,3.
9 S IV 104 Brief 91. Übersetzung geringfügig geändert.
10 NU 3 Vorrede 12.
11 S IV 235 Brief 107.
12 S (Rosenbach) Über die Wohltaten 4,34,4 f.
13 S I 53 Von der Unerschütterlichkeit des Weisen.
14 NU 1 Vorrede 14: »Was also unterscheidet das Wesen Gottes und unsere Natur? An uns ist nur der bessere Teil Geist, während die Gottheit nichts ist als Geist; Gott ist ganz Vernunft, während sterbliche Wesen in solchem Irrtum befangen sind, dass Menschen das schönste, wunderbar geordnete und in seiner Ordnung beständigste Gebilde als Werk des Zufalls, durch Zufall veränderlich und daher als ständig taumelnd ansehen.«
15 S I 169 Vom Zorn III 16.
16 S I 214 Trostschrift an Marcia.
17 S I 6 Von der göttlichen Vorsehung 2.
18 S III 275 Brief 71; Anfang nach Apelt, Rest nach Rosenbach.
19 S II 193 Trostschrift an seine Mutter Helvia.
20 S III 218 Brief 59.
21 S II 100 f. Von der Gemütsruhe; Übersetzung S (Rosenbach) Über die Seelenruhe XIII 2: »Jedenfalls muss man die Seele von allen Äußerlichkeiten

auf sich selbst konzentrieren: Auf sich selbst verlasse sie sich, an sich selbst freue sie sich, das Eigene achte sie, zurückziehen sollte sie sich, soweit möglich, von Fremden, und mit sich selbst sei sie einig; Verluste empfinde sie nicht, auch Widriges deute sie mit Wohlwollen.«

22 S II 14f. Vom glücklichen Leben; »der sein Leben meistert« übersetzt Berthold, in: Von der Seelenruhe, herausgegeben und übersetzt von Heinz Berthold, Augsburg 1966. Im Text steht: »ein Selbstgestalter seines Lebens«; dort auch »Mann« statt »Mensch«.

23 S IV 180 Brief 98.

24 S III 293 Brief 74.

25 S I 218 Trostschrift an Marcia. S (Tragödien) Phaedra 993f.: »Fürchte dich nicht, die harten Schicksalsschläge unverzagt zu berichten; ich habe ein für Kümmernisse nicht unvorbereitetes Herz.«

26 S (Rosenbach) Über die Wohltaten 4,34,4f.; Übersetzung in Anlehnung an Rosenbach.

27 S I 100f. Brief 91.

28 S I 194 Vom Zorn III 37.

29 S II 100 Von der Gemütsruhe.

30 S II 88 Von der Gemütsruhe; Übersetzung geringfügig geändert. S (Tragödien) Medea 163: »Wer nichts erhoffen kann, muss an nichts verzweifeln.«

31 S (Tragödien) Herkules auf dem Öta 697: »... an gesicherten Buchten geht Fortuna vorüber und sucht mitten auf hoher See die Schiffe heim, deren Toppsegel bis zu den Wolken ragen.«

32 S III 12 Brief 4.

33 S II 100f. Von der Gemütsruhe; S II 14 Vom glücklichen Leben.

34 S (Rosenbach) Über die Wohltaten 7,2,4; Satzbau geändert.

35 S (Rosenbach) Über die Wohltaten 2,29,1 (es folgen zahlreiche weitere Vergleiche).

36 S III 350 Brief 81. Das Zitat geht weiter: »Auch der Unweise mag, je nach seinem Wissen und Können, Dank erstatten; es mag ihn mehr am Wissen als am Willen fehlen: Das Wollen lernt man nicht.« Besonders der letzte Satz (lat. velle non discitur) gefiel Arthur Schopenhauer, der Seneca zu seinen Lieblingsautoren zählte; W. Abendroth, Schopenhauer, Reinbek bei Hamburg (rororo Monographie) 1967, S. 80.

37 S (Rosenbach) Über die Wohltaten 3,4,1.

38 S III 273 Brief 71.

39 S II 24 Vom glücklichen Leben; Satzbau geändert.

40 S I 236f. Trostschrift an Marcia; Übersetzung geändert.

41 S IV 223 Brief 104.

42 S III 331 Brief 78; für »seelisches Leiden« steht im Text »Schmerz« (lat. dolemus, kann auch seelischen Schmerz meinen). Rosenbach übersetzt statt »Vorstellung« (lat. opinione) »Erwartungshaltung«. Lat. opinio bedeutet: Vermutung, Meinung, der Glaube, Erwartung, Annahme, Einbildung, Ansicht, auch das Vorurteil.

43 S III 331 f. Brief 78; das Dichterzitat stammt aus Vergil, Aeneis I 203; im Text steht »Einstens« statt »Dereinst«.

44 S II 172 Trostschrift für Polybius 12.

45 S I 100 Vom Zorn II 2.

46 S I 16 von der Vorsehung 4. S (Tragödien) Herkules auf dem Öta 231 f.: »Gewalt und Schwere nimmt den Leiden, wer ihre Prüfungen mit Gleichmut trägt.«

47 S IV 182 Brief 98; wörtlich: »Du hast es mit einem Mann zu tun; suche dir einen, den du besiegen kannst.«

48 S III 186 Brief 53.

49 S III 41 Brief 12.

50 S I 223 f. Trostschrift an Marcia.

51 S (Rosenbach) Trostschrift für Polybius 14,2.

52 S III 62 Brief 18.

53 S III 61 ff. Brief 18.

54 S IV 179 Brief 98.

55 S (Rosenbach) An Lucilius, Brief 76,35.

56 S II 92 Von der Gemütsruhe 11.

57 S II 118 Von der Kürze des Lebens.

58 S II 123 Von der Kürze des Lebens 7; Übersetzung geringfügig geändert.

59 S (Tragödien) Agamemnon 611. Vgl. S (Tragödien) Herkules auf dem Öta 111: »Niemals ist elend, wem Sterben leichtfällt.«

60 S III 344 f. Brief 80.

61 Auf den Unterschied zwischen Angst und Furcht soll hier nicht eingegangen werden.

62 NU 6,31,9.

63 S II 213 Trostschrift an seine Mutter Helvia.

64 S IV 181 Brief 98; Übersetzung geringfügig geändert.

65 S IV 181 Brief 98.

66 NU 3,18,6.

67 S II 169 f. Trostschrift für Polybius 11; lat. »mentis humanae pravitas« = Verzerrtheit/Verkrümmung der menschlichen Seele/des Geistes.

68 S III 102 Brief 27.

69 S IV 102 Brief 91.

70 S I 218 Trostschrift an Marcia.

71 S II 168 f. Trostschrift für Polybius 10.

72 S II 93 ff. Von der Gemütsruhe.

73 NU 6,31,6.

74 S III 276 Brief 71; Übersetzung geringfügig geändert.

75 S III 188 Brief 54. Übersetzung geringfügig geändert.

76 NU 2,59,6 ff.

77 NU 3,10,3.

78 S III 92 Brief 24.

79 S IV 320 Brief 120.

80 S III 326 f. Brief 77.

81 S III 207 Brief 58.

82 S IV 219 Brief 104; Seneca nimmt hier Bezug auf ein berühmtes Bild Homers über die Vergänglichkeit: »Gleich wie die Blätter im Walde so sind die Geschlechter der Menschen …«, Homer, Ilias 6,146.

83 S I 243 Trostschrift an Marcia.

84 Nach S IV 6 Brief 82.

85 S II 158 Trostschrift für Polybius 4.

86 S III 94 Brief 24.

87 S II 166 f. Trostschrift für Polybius 9.

88 S II 170 Trostschrift für Polybius 11; Satzbau geändert.

89 S I 240 Trostschrift an Marcia.

90 S III 220 Brief 61; Übersetzung geringfügig geändert.

91 S IV 201 f. Brief 101; Übersetzung geringfügig geändert. S (Tragödien) Der rasende Herkules 177 ff.: »Solange das Schicksal es zulässt, lebt freudig; es eilt in beschleunigtem Lauf das Leben …«

92 Ebenda. S (Tragödien) Ödipus 850: »Wahrheit hasst Aufschub.«

93 S II 127 Von der Kürze des Lebens; das Dichterzitat aus Vergil, Georgia.

94 S IV 181 Brief 98.

95 NU 2,59,2 ff.; Übersetzung geringfügig geändert.

96 Gerda Busch, in Maurach (1975): »Contemnere heißt: sich über die Dinge erheben, indem man ihnen nur den ihnen zukommenden Wert beimisst (…).«

97 S III 328 Brief 78; Übersetzung geringfügig geändert. Auch hier steht in der Übersetzung für »contemne«: »verachte«.

98 S III 129 f. Brief 36; Übersetzung geringfügig geändert. Statt »den Tod als gleichgültig anzusehen« steht in der Übersetzung: »Todesverachtung«.

99 S IV 6 Brief 82; Übersetzung geringfügig geändert.

100 NU 1 Vorrede 17.

101 NU 6,31,4.

102 NU 6,32,5; Übersetzung geringfügig geändert. S (Tragödien) Der rasende Herkules 872 ff.: »Für dich, Tod, werden wir bereitet … die erste Stunde, die das Leben gab, hat es schon gepflückt.«

103 S II 97 Von der Gemütsruhe. S (Tragödien) Die Trojanerinnen 574: »In Sicherheit ist eine, die sterben kann …«

104 S III 268 Brief 70; erster Satz nach Rosenbach. Vgl. Friedländer, in Maurach (1975), S. 142: Die antike praktische Philosophie kann als eine Lehre von der »Befreiung durch das Wissen« verstanden werden.

105 S IV 9 Brief 82.

106 So Cicero im Hortensius: »Es ist doch Aufgabe des Weisen, vorherzusehen (providere); danach hat man die Weisheit Voraussicht (prudentia) genannt.« Iamblichos, Aufruf zur Philosophie, mit zweisprachiger Ausgabe von Ciceros »Hortensius«, übersetzt von Otto Schönberger, Würzburg 1984, S. 91. Ebenso Cicero, Vom Wesen der Götter 2,58, übersetzt von Alexander Kabza, München (ohne Jahresangabe): »Weil nun die Weltseele von solcher Beschaffenheit ist und deshalb auch mit Recht als Weisheit und Vorschau (›vel prudentia vel providentia‹) bezeichnet werden darf – griechisch heißt das nämlich ›pronoia‹ (Vorauswissen, Vorsehung, Vorsorge, Vorausschau) …«

107 S III 99 f. Brief 26; das Epikur-Zitat lautet im Griechischen bei Porphyrius (Hermann Usener, Epicurea, 1887, fr. 205): ton apothnéskein meletonta, Olof Gigon übersetzt: Übe dich im Sterben, in Epikur, Von der Überwindung der Furcht, München 1991, S. 120.

108 S IV 281 f. Brief 114.

109 S III 220 f. Brief 61.

110 S III 110 f. Brief 30.

111 S III 112 f. Brief 30.

112 In Anlehnung an S III 146 Brief 42.

113 S II 213 Trostschrift an seine Mutter Helvia.

114 Zum Luxus im alten Rom Ludwig Friedländer, Sittengeschichte Roms, Phaidon Verlag (ohne Jahresangabe), Kap. XI Der Luxus, S. 609 ff.

115 Wenn im Folgenden bloß von »Besitz« die Rede ist, so steht das Wort für materielle Dinge im Allgemeinen ebenso für Reichtum oder Vermögen.

116 S II 41 Vom glücklichen Leben.

117 S III 64 Brief 18; wieder bevorzuge ich, statt »Reichtum verachtet« zu übersetzen »Reichtum als gleichgültig ansieht« (lat. contempsit); Rosenbach übersetzt: »gering achtet«.

118 Ebenda; Übersetzung geringfügig geändert.

119 Aristoteles, Die Nikomachische Ethik, übersetzt und herausgegeben von Olof Gigon, München 1972, X 8, 1178a18 ff.

120 S II 34; teilweise eigene Übersetzung; »zur nachhaltigen Freude beitragen« heißt im lateinischen Original: »adiciunt ad perpetuam laetitiam«.

121 Ebenda.

122 S IV 226 Brief 104: »Ferner ist der Reichtum zu verachten« (lat. aspernandae opes).

123 Vgl. Grimal, S. 71 f.: »zwei verschiedene Ebenen« und S. 298 oben, S. 94 unten.

124 Bei Aristoteles heißt es an der zitierten Stelle: »Sofern er (der Philosoph, Weise) aber Mensch ist und mit vielen zusammenlebt, wird er auch wünschen, die Werke der sittlichen Tugenden auszuüben, und so wird er denn solcher Dinge (Besitz, Verf.) bedürfen, um als Mensch unter Menschen zu leben.« Aristoteles, a. a. O., X 8 1178b5.

125 S II 34 f., für »zu den geschätzten Dingen« steht im Lateinischen »potiora« = wichtigeren.

126 Ebenda, S. 35; das Ende eigene Übersetzung in Anlehnung an Rosenbach.

127 Friedländer, in Maurach (1975), S. 134: Der Weise nimmt die äußeren Güter »nicht in sein Herz, nur in sein Haus auf«.

128 S III 272 Brief 71.

129 Aristoteles, a. a. O., I 1 1094b11 ff.; Aristoteles verweist hinsichtlich der mangelnden Genauigkeit auf die Ähnlichkeit mit den Künsten und auf die Natur der Sache.

130 S II 35 Vom glücklichen Leben; Übersetzung geringfügig geändert.

131 S III 64 Brief 18.

132 S I 36 f. Von der Unerschütterlichkeit des Weisen; Übersetzung geringfügig geändert.

133 S III 321 Brief 77; nach Rosenbach, geringfügig geändert.

134 S III 22 Brief 8, eigene Übersetzung.

135 S II 41 Vom glücklichen Leben; im Text steht »Armut« für: »ohne größere Besitztümer«.

136 S III 9 f. Brief 4.

137 Lat. pauper = arm, unbemittelt. In Rom galt der Besitzer von 1,3 Millionen Mark noch als arm, Ludwig Friedländer, Sittengeschichte Roms, Phaidon Verlag (ohne Jahresangabe), S. 614.

138 S III 9 f. Brief 4.

139 S II 211 Trostschrift an seine Mutter Helvia; statt »Mittellosen« steht im Text »Armen«.

140 S (Tragödien) Herkules auf dem Öta 652 ff.; statt »Mittellosen« steht im Text »Armen«.

141 S III 344f. Brief 80; im ersten Teil eigene Übersetzung. Statt »Mittellosen« steht im Text »Armen«. S (Tragödien) Phaedra 204ff.: »Wer sich durch die Gunst der Verhältnisse zu sehr erhebt und im Überfluss schwimmt, sucht immer das Ungewohnte. Dann schleicht sich jene schreckliche Begleiterin großer Glücksgüter ein, die Lust: Nicht mehr gefallen die gewohnten Mähler, nicht mehr die Häuser einer gesunden Lebensweise oder eine wohlfeile Kost. Warum schleicht sich bei kärglichen Penaten (Hausstände, Verf.) seltener ein dieses Verderben, das sich die üppigen Häuser auserwählt? Warum wohnt eine unverletzliche Venus in kleiner Hütte und erhält der mittlere Stand seine Neigungen gesund und setzt sich das Bescheidene seine Grenzen? Warum dagegen begehren die Reichen und die auf Königsmacht sich Stützenden mehr, als recht ist? Was er nicht vermag, will vermögen, der allzu viel vermag.«

142 S III 57f. Brief 17. S (Tragödien) Thyestes 388: »König ist, wer nichts fürchtet, König, wer nichts begehrt. Ein solches Königtum verleiht ein jeder sich selbst.« Ebenda 454: »Armut dem Reichtum vorzuziehen, steht mir frei.« Ebenda 469: »… meiner Armut wird große Ruhe beschert.«

143 S III 356 Brief 81.

144 S III 49 Brief 14. S (Tragödien) Ödipus 694: »Glück kennt kein Maß.« S (Tragödien) Agamemnon 252: »Erfolge lassen überborden unseren Sinn.«

145 S III 146 Brief 42.

146 S IV 145f. Brief 94.

147 Fuhrmann, S. 304: Seneca »zielt auf eine Art von Weltüberwindung, welche zugleich die Welt bejaht …«.

148 S (Rosenbach) Über die Wohltaten, 7,3,1–3; Übersetzung geringfügig geändert.

149 Ebenda, 7,6,3 (sapiens animo universa possidet).

150 Bhagavadgita, übersetzt von Robert Boxberger, neu bearbeitet und herausgegeben von Helmuth von Glasenapp, Stuttgart 1955, 3,17–19.

151 S (Rosenbach) Über die Wohltaten 7,9,1.

152 Ebenda, VII 10,3–6; Übersetzung geringfügig geändert.

153 S II 115f., Von der Kürze des Lebens 2; vgl. den chinesischen Philosophen Zhuangzi (4. Jh. v. Chr.): »Darum, wer sich nur nach außen wendet, ohne zu sich selbst zurückzukehren, der geht als Gespenst um, und hat er, was er da draußen sucht, erreicht, so zeigt sich, dass was er erreicht hat, der Tod ist. Und wenn er trotz dieser Vernichtung seines Geistes noch körperlich weiterbesteht, so ist er doch nichts weiter als ein lebendes Gespenst.« Zhuangzi, Das wahre Buch vom südlichen Blütenland, übersetzt von Richard Wilhelm, Neuausgabe Kreuzlingen/München 2006, XXIII 3.

154 Dazu im vorliegenden Zusammenhang: Reiner Wiehl, Weisheit und praktische Vernunft, in Aleida Assmann (Hrsg.), Weisheit. Archäologie der literarischen Kommunikation III, München 1991, S. 95 ff.

155 S IV 226 Brief 104.

156 S III 66 Brief 19.

157 S III 65 f. Brief 19.

158 Das erinnert an Kants berühmte Worte vom »gestirnten Himmel über mir und dem moralischen Gesetz in mir«.

159 S II 201 Trostschrift an seine Mutter Helvia.

160 S III 59 Brief 17.

161 S III 176 Brief 51.

162 Griechisch: ethos anthropo daimon, Diels, Hermann/Kranz, Walther, Die Fragmente der Vorsokratiker, 6. Aufl. Berlin 1951/1952, Fr. 119.

163 S III 132 Brief 37; Übersetzung geringfügig geändert. Letzter Satz nach Rosenbach.

164 S (Rosenbach) An Lucilius, Brief 88,2 eigene Übersetzung nach Rosenbach.

165 S III 307 f. Brief 75; teilweise eigene Übersetzung in Anlehnung an Apelt und Rosenbach.

166 S (Rosenbach) An Lucilius, Brief 75,16.

167 S III 309 Brief 75.

168 Lat. »praeoccupati sumus«.

169 S III 144 Brief 42.

170 S IV 116 Brief 92.

171 S III 35 Brief 12.

172 S III 44 Brief 14.

173 S II 210 Trostschrift an seine Mutter Helvia.

174 S IV 229 Brief 106 (letzter Satz nach Rosenbach).

175 S II 42 Vom glücklichen Leben. Der Kyniker Diogenes von Sinope wurde einmal gefragt, warum er das Theater immer gegen die Richtung der Herausströmenden betrete. Er antwortete, sein ganzes Leben habe er sich bemüht, dies zu tun. Luck Georg, Die Weisheit der Hunde, Stuttgart 1997, S. 109.

III. Vom Umgang mit sich selbst

1 Wilhelm Nestle, Die Nachsokratiker, herausgegeben und eingeleitet von Wilhelm Nestle, 2 Bde, Jena 1923, II S. 203; Übersetzung geringfügig geändert.

2 Ebenda.

3 Georg Luck, Die Weisheit der Hunde, Stuttgart 1997, S. 141 f. (nach Epiktet).

4 Dazu Werner Jaeger, Paideia. Die Formung des griechischen Menschen, 3 Bände, Berlin und Leipzig 1934, II S. 106: »In der Autarkie des Weisen lebt auf geistiger Stufe ein Grundzug des alten Heroentums des griechischen Mythos wieder auf, der für die Griechen vor allem in der Kämpfergestalt des Herakles und in seinen ›Arbeiten‹ verkörpert war. Das ›Sich selbst helfen können‹, die heroische Urform dieses Ideals, beruhte auf der Kraft des Helden, sich im Kampfe gegen feindliche Gewalten, Unholde und Ungetüme aller Art als Sieger zu behaupten. Diese Kraft ist nun eine innerliche geworden. Sie ist nur möglich, wenn sich das Wünschen des Menschen auf den Bereich dessen beschränkt, was in seiner Macht liegt. Der Weise allein, der die wilden Ungetüme der Triebe in der eigenen Brust bezwungen hat, ist wahrhaft autark. Er nähert sich am meisten der Gottheit, die ohne Bedürfnis ist.«

5 S III 3 Brief 2.

6 Ebenda.

7 S III 27 Brief 9.

8 Ebenda.

9 S II 107 Von der Gemütsruhe 17; »Leidenschaft« meint hier wie auch sonst bei Seneca stets die das Maß überschreitende, ungezügelte Begierde. Das zugrunde liegende lateinische »affectus« wie das griechische »pathos« haben – anders als unser deutsches Wort Leidenschaft – im Kontext antiker praktischer Philosophie überwiegend negative Bedeutung.

10 S III 15 ff. Brief 7; Übersetzung geringfügig geändert.

11 S IV 144 f. Brief 94.

12 S II 14 f. Vom glücklichen Leben; Übersetzung geringfügig geändert.

13 S II 61 f., Einleitung zu »Von der Gemütsruhe«.

14 S IV 106 Brief 92.

15 S IV 105 f. Brief 92.

16 S II 220 Trostschrift an seine Mutter Helvia.

17 S I 114 Vom Zorn II 12: lat. felicis animi immota tranquillitas.

18 S I 105 Vom Zorn II 6.

19 S (Rosenbach) Über die Milde 2. 3. 4 f.

20 S II 7 f. Vom glücklichen Leben.

21 S III 327 f. Brief 78.

22 S (Rosenbach) Über die Milde 3. 1. 2; Übersetzung geändert.

23 S II 71 Von der Gemütsruhe.

24 S II 15 Vom glücklichen Leben; Berthold übersetzt »Seeleneintracht« mit »innerer Übereinstimmung«, in: Seneca, Von der Seelenruhe, herausgegeben und übersetzt von Heinz Berthold, Augsburg 1966, S. 148.

25 S II 19 Vom glücklichen Leben.

26 S III 195 Brief 56.

27 NU 4a Vorwort, 1 ff.

28 S III 250 f. Brief 66.

29 S III 120 Brief 32.

30 S I 34 f. Von der Unerschütterlichkeit des Weisen.

31 S III 197 Brief 56.

32 S I 154 Vom Zorn III 6.

33 S IV 224 Brief 104.

34 S I 106 Vom Zorn II 7.

35 S III 238 Brief 66.

36 S I 155 f. Vom Zorn III 7.

37 S (Rosenbach) Über die Milde 3. 3. 5.

38 S I 190 f. Vom Zorn III 32,34; Übersetzung geringfügig geändert.

39 Sørensen, S. 220: »Die Kritiker des Stoizismus haben die stoische Ruhe als eine neurotische Schutzmaßnahme gegen die soziale Wirklichkeit aufgefasst und ›Apathie‹ mit Gefühllosigkeit und nicht mit Affektfreiheit übersetzt.«

40 S III 195 f. Brief 56.

41 S I 198 Vom Zorn III 41.

42 S I 46 Von der Unerschütterlichkeit des Weisen.

43 S I 89 Vom Zorn I 16.

44 S III 1 Brief 1.

45 Erst in diesem Werk sei Seneca »ganz er selbst geworden«, so Ulrich Knoche in Maurach (1975), S. 151.

46 »Fürsorge für die Seele« (gr. epimeleia tês psychês), Platon, Apologie 29e; 30b (Ziff. der Stephanusausgabe).

47 Martin Heidegger, Sein und Zeit, 13. Aufl. Tübingen 1976, S. 12 (§ 4).

48 So auch die Kernthese des Daxue, Das große Lernen, eine kanonische Schrift aus dem alten China: »Indem die Alten auf der ganzen Erde die klaren Geisteskräfte klären wollten, ordneten sie zuerst ihren Staat; um ihren Staat zu ordnen, regelten sie zuerst ihr Haus; um ihr Haus zu regeln, bildeten sie zuerst ihre Persönlichkeit; um ihre Persönlichkeit zu bilden, machten sie zuerst ihr Bewusstsein recht; um ihr Bewusstsein recht zu machen, machten sie zuerst ihre Gedanken wahr; um ihre Gedanken wahr zu machen, brachten sie zuerst ihre Erkenntnis aufs höchste. Die höchste Erkenntnis besteht darin, dass die Wirklichkeit beeinflusst wird. Nur wenn sie

die Wirklichkeit beeinflusst, dann erst ist die Erkenntnis auf ihrer Höhe; wenn die Erkenntnis auf ihrer Höhe ist, dann erst werden die Gedanken wahr; wenn die Gedanken wahr sind, dann erst wird das Bewusstsein recht; wenn das Bewusstsein recht ist, dann erst wird die Persönlichkeit gebildet; wenn die Persönlichkeit gebildet ist, dann erst wird das Haus geregelt; wenn das Haus geregelt ist, dann erst wird der Staat geordnet; wenn der Staat geordnet ist, dann erst kommt die Welt in Frieden.« Zitiert nach: Li Gi. Buch der Riten, Sitten und Gebräuche, herausgegeben und übersetzt von Richard Wilhelm, Köln 2007, S. 54 f.

49 S III 219 Brief 60; letzter Satz nach Rosenbach.

50 S IV 327 Brief 121.

51 Ebenda.

52 Brief 121,24; Übersetzung geringfügig geändert.

53 S (Rosenbach) An Lucilius, Brief 10,4 eigene Übersetzung.

54 Vgl. Sokrates bei Platon, Sämtliche Dialoge, herausgegeben von Otto Apelt, sieben Bände, Hamburg 1993, Der Staat 403 (Ziff. der Stephanusausgabe), Buch III Kap. 13: »Meiner Ansicht nach nämlich steht es nicht so, dass ein tüchtiger Leib durch diese seine Tüchtigkeit auch die Seele gutmacht, sondern umgekehrt, dass eine weise Seele durch ihre Tüchtigkeit dem Leibe die denkbar beste Ausbildung gibt.« Tüchtigkeit meint Tugend und diese bedeutet Weisheit. Freilich wusste Sokrates auch, dass der Zustand des Körpers Einfluss auf das Denken hat. An anderer Stelle sagt er: »Wer weiß nicht, dass auch beim Denken, wo der Körper doch scheinbar nur ganz wenig vonnöten ist, nur deshalb viele schwer in die Irre gehen, weil dieser nicht gesund ist?« Xenophon, Erinnerungen an Sokrates, Übersetzung Rudolf Preiswerk, Reclam 1992, S. 107.

55 S II 147 f. Von der Kürze des Lebens; Übersetzung geringfügig geändert.

56 Ebenda.

57 S IV 62 f. Brief 88.

58 S II 125 Von der Kürze des Lebens.

59 NU 5,18,16 (teilweise eigene Übersetzung).

60 NU 5,18,12.

61 S II 128 Von der Kürze des Lebens.

62 S III 284 f. Brief 72.

63 S III 272 Brief 71.

64 S II 110 Von der Gemütsruhe; Übersetzung geringfügig geändert. Mit »dies alles« bezieht sich Seneca auf seine Gedanken im Buch.

65 S (Rosenbach) Von der Kürze des Lebens VII 5; Übersetzung geringfügig geändert.

66 Ebenda, hier nach Apelt, S II 124.

67 Ebenda, S II 124 f.

68 S III 81 Brief 22.

69 S II 117 f. Von der Kürze des Lebens; Übersetzung geringfügig geändert. Der Anfang des Zitats erinnert an den berühmten Ausspruch Friedrichs des Großen an seine Soldaten: »Ihr verfluchten Racker, wollt ihr denn ewig leben?«

70 S III 260 Brief 68.

71 S III 21 Brief 8.

72 Malte Hossenfelder, Die Philosophie der Antike 3, Stoa, Epikureismus und Skepsis, München 1985, S. 19. Die Kenntnis der »menschlichen und göttlichen Dinge« ist Weisheit: Cicero, Gespräche in Tusculum, übersetzt von Olof Gigon, München 1991, S. 213, 5. Buch, Kap. 7.

73 S III 258 Brief 68; Übersetzung geringfügig geändert.

74 S (Rosenbach) Vom glücklichen Leben 17,3; Übersetzung geringfügig geändert.

75 S III 173 Brief 50.

76 S I 193 Vom Zorn III 36; Rosenbach übersetzt anders, steht jedoch nicht in Widerspruch zu der hier vorgenommenen Auslegung.

77 Sog. »Goldene Verse«, 40 ff., Wikipedia, Artikel »Goldene Verse«; Dietrich Ebener, Griechische Lyrik, Sonderausgabe, Bayreuth 1985, S. 437 ff.

78 S I 193 f. Vom Zorn III 36.

79 S III 54 Brief 16.

80 NU 3 Vorwort, 18.

81 S (Rosenbach) Über die Wohltaten 7,30,1.

82 S IV 79 Brief 89.

83 Das Gegenbeispiel stellt Seneca in der Tragödie Phaedra dar: S (Tragödien) Phaedra 178 ff.: »Was du in Erinnerung rufst, weiß ich, ist wahr, Amme; aber Liebesraserei zwingt dazu, dem Schlechteren zu folgen. Mein Sinn geht wissentlich in den Abgrund und kehrt vergeblich um, vernünftige Entschlüsse erstrebend. … Was vermöchte die Vernunft? Mein Rasen triumphiert und herrscht, und mächtig gebietet über all mein Denken der Gott.« Ebenda 699: »… doch ich bin meiner nicht mächtig.« Schon Euripides, Medea 1080 f., zitiert nach Giebel, S. 88: »Stärker als meine vernünftigen Überlegungen ist die Leidenschaft, die sich stets den Sterblichen das größte Unheil bringt.«

84 S IV 271 Brief 113.

85 S (Rosenbach) An Lucilius, Brief 113,30.

86 S I 117 Vom Zorn II 15.

87 S IV 118 Brief 93.

88 S III 185 Brief 53.

89 S III 83 Brief 83.

90 S IV 11 Brief 83.

91 S (Tragödien) Ödipus 515: »Ein untaugliches Heilmittel für Krankheiten ist ihre Unkenntnis.«

92 S III 234 Brief 65.

93 S IV 2 f. Brief 82.

94 Zweite Pythische Ode, 72, zit. nach Bruno Snell, Die Entdeckung des Geistes, Studien zur Entstehung des europäischen Denkens bei den Griechen, 2. Auflage, Hamburg 1948, S. 151.

95 Brief an Zelter, 28. Juni 1831, Goethes Briefe und Briefe an Goethe, Hamburger Ausgabe, herausgegeben von Karl Robert Mandelkow, München 1988, Bd. 4, S. 435.

96 S IV 2 f. Brief 82.

97 S I 183 Vom Zorn III 26.

98 Ebenda.

99 S IV 59 Brief 88; »Ulixes« ersetzt durch »Odysseus«. S (Tragödien) Herkules auf dem Öta 269: »In dieser deiner eigenen Brust wirst du alle Untiere finden …«

100 S II 18 Brief 6.

101 S II 82 Von der Gemütsruhe.

102 S I 15 Von der Vorsehung 4.

103 Ebenda; Übersetzung leicht geändert.

104 S I 220 f. Trostschrift an Marcia.

105 Seneca, Epistulae morales ad Lucilium, herausgegeben und übersetzt von Franz Loretto, Stuttgart 2009, Bd. III S. 49 (28. Brief).

106 S IV 146 Brief 94. Vgl. S (Tragödien) Die Trojanerinnen 259 ff.: »… und je höher Fortuna menschliche Macht emporführte und erhob, mehr ziemt es sich für den Glücklichen, sich zu bescheiden und vor dem Wechsel des Geschicks zu zittern aus Furcht vor allzu gnädigen Göttern.«

107 S III 184 f. Brief 53.

108 S III 242 Brief 66.

109 S III 171 f. Brief 50.

110 Ebenda. S (Tragödien) Die Trojanerinnen 633: »… das Herz verlernt zu spät, was es lange erlernte.«

111 S III 196 Brief 56.

112 S II 69 Von der Gemütsruhe.

113 S III 146 Brief 80.

114 S (Rosenbach) Brief 98,2, eigene Übersetzung. Im lateinischen Original steht für Geist, Seele nur das Wort animus, das hier, wie aus dem Kontext hervorgeht, sowohl das Seelische mit all den irrationalen Seelenelementen wie auch das Geistige, insbesondere die Vernunft umfasst.

115 S I 25 Von der Vorsehung. Text geringfügig geändert.

116 S III 153 Brief 45; statt »Mensch« steht im Text »Mann«.

117 S III 319 Brief 76.

118 S 9 III 27 ff.

119 S IV 178 Brief 98.

120 S IV 349 Brief 124; Schluss nach Rosenbach Brief 125,24.

121 S III 84 Brief 23; Übersetzung geringfügig geändert.

122 S (Tragödien) Ödipus 910: »Alles, was das Maß überschritt, schwankt auf unsicherem Grunde.«

123 S II 10 f. Vom glücklichen Leben; Übersetzung geringfügig geändert.

124 zu Zenon: Max Pohlenz, Die Stoa. Geschichte einer geistigen Bewegung, 4. Aufl., Göttingen 1970, 2 Bände, Bd. I S. 116 f.; zu Platon: Der Staat 443c ff. (Ziff. der Stephanusausgabe).

125 S III 312 ff. Brief 76.

126 S IV 25 Brief 85; Übersetzung geringfügig geändert.

127 S II 14 Vom glücklichen Leben.

128 Dazu etwa die Anmerkung von Apelt in S II 228, Anmerkung 2.

129 Zenon, zitiert nach Malte Hossenfelder, Die Philosophie der Antike 3, Stoa, Epikureismus und Skepsis, München 1985, S. 45 f.; Chrysipp, zitiert nach Wilhelm Nestle, Die Nachsokratiker, II S. 56; Musonius, ebenda, II S. 203.

130 S I 10 Vom glücklichen Leben.

131 S III 294 Brief 74.

132 S III 103 Brief 28.

133 S I 50 Von der Unerschütterlichkeit des Weisen.

134 S III 82 Brief 22.

135 S III 149 Brief 44. Text geringfügig geändert.

136 S III 37 Brief 12.

137 S I 114 f. Vom Zorn II 13.

138 S III 116 Brief 31 (Selbstvertrauen=lat. sibi fidere).

139 S IV 44 f. Brief 87.

140 Goethe spricht einmal davon, dass es nur wenige Menschen gebe, die »um allen partiellen Resignationen (Entsagung, Verf.) auszuweichen, sich ein für allemal im ganzen resignieren (entsagen, Verf.)«. Aber darin liege etwas »Übermenschliches«, Dichtung und Wahrheit, IV. Teil, 16. Buch.

141 S III 178 Brief 51; Übersetzung geringfügig geändert.

142 S III 76 Brief 21. S (Tragödien) Agamemnon 103: »Mäßigen Verhältnissen ist eine längere Lebenszeit gegeben: glücklich jeder, der mit des mittleren Standes Los zufrieden unter ungefährlicher Brise den Gestaden entlangfährt, scheuend, dem Meer seinen Nachen anzuvertrauen, mit dem Ruder näher sich ans Festland hält.« Übersetzung geringfügig geändert.

143 S IV 185 Brief 99.

144 S III 29 Brief 9.

145 S III 154 Brief 45; Übersetzung geringfügig geändert.

146 S III 127 f. Brief 36.

147 NU 3 Vorwort, 7; Übersetzung geringfügig geändert. S (Tragödien) Thyestes 617: »Glück und Unglück mischt Klotho (sie spinnt den Lebensfaden, Verf.) und hindert Fortuna zu verweilen; im Kreise dreht sich jedes Geschick.« S (Tragödien) Agamemnon: »Dass es doch kein Glück von langer Dauer gibt!«

148 S I 223 Trostschrift an Marcia.

149 S III 286 Brief 72; Übersetzung geringfügig geändert.

150 NU 3 Vorwort 14 f.; Übersetzung geringfügig geändert.

151 NU 3 Vorwort 13.

152 S III 276 Brief 70.

153 S (Rosenbach) Brief 45, 9: lat. mala in bonum vertit.

154 S III 221 Brief 62.

155 S (Rosenbach) Von der Gemütsruhe 14; Übersetzung geringfügig geändert.

156 S III 126 f. Brief 35.

157 S III 143 Brief 41.

158 S III 69 f. Brief 20; das Ende nach Sallust.

159 Goethe, Urworte, Orphisch: »Wie an dem Tag, der dich der Welt verliehen, / die Sonne stand zum Gruße der Planeten, / bist alsobald und fort und fort gediehen /nach dem Gesetz, wonach du angetreten. / So musst du sein, dir kannst du nicht entfliehen …«, Goethe, Gedichte, herausgegeben und kommentiert von Erich Trunz, München 1999, S. 359.

160 S II 115 Von der Kürze des Lebens; erster Satz geringfügig umgestellt.

161 S II 75 Von der Gemütsruhe; das Zitat bei Lucrez, Von der Natur der Dinge, III 1066.

162 S (Rosenbach) Über die Milde I 6.

163 S II 106 f. Von der Gemütsruhe.

164 S III 221 f. Brief 62.

165 S III 109 Brief 29. S (Tragödien) Thyestes 391 ff.: »Stehe, wer will, mächtig auf eines Königshofes schlüpfriger Höhe: mir sei süße Ruhe genug!«

166 S II 136 Von der Kürze des Lebens 13.

167 So der berühmte Rat des Epikurs: »Lebe im Verborgenen« (gr. lathe biosas), Epikur, Von der Überwindung der Furcht, übersetzt von Olof Gigon, München 1991, S. 167.

168 S I 52 Von der Unerschütterlichkeit des Weisen. S (Tragödien) Phaedra 517 ff.: »Kein anderes Leben ist freier und unbefleckter vom Laster, noch gibt es eines, das die früheren Gebräuche besser ehrte als ein Leben, das die Stadtmauern hinter sich lassend die Wälder liebt. Nicht entflammt jenen die Raserei eines habsüchtigen Sinnes, der sich unschuldig den Bergjochen weihte; nicht des Volkes Wankelmut und die den Guten ungetreue Menge, nicht verzehrender Neid, nicht vergängliche Volksgunst; nicht leistet er der königlichen Macht Sklavendienste oder verfolgt, königliche Macht bedrohend, eitle Ehren oder zerrinnende Schätze, von Hoffnung und Furcht frei … Königliches Wohlleben weit hinter sich zu lassen ist sein Begehr: aus sorgenbereitendem Golde trinken die Überheblichen; welche Lust, mit bloßer Hand das Quellwasser zu fassen! Ein tieferer Schlaf umfängt ihn, der sorglose Glieder auf hartem Lager bettet. Nicht sucht er ruchlos verstohlene Liebe in Abgeschiedenheit und auf heimlichem Lager und versteckt sich angsterfüllt in einem Haus voller Schlupfwinkel: er sucht Luft und Licht auf und lebt im Angesicht des Himmels. Ich fürwahr glaube, dass auf diese Weise jene gelebt haben, die, den Göttern beigesellt, das erste Zeitalter hervorgebracht.« S (Tragödien) Der rasende Herkules 196 ff.: »… mich beschütze meine Scholle an einem abgeschiedenen und sichern Herd. Zu den Müßigen kommt das weißhaarige Alter und in niedrigem Rang, aber unangefochten wohnt das geringe Glück eines kleinen Hauses; tief stürzt verwegenes Heldentum.« Vgl. ebenda, Verse 159 ff.

169 Georg Luck, Die Weisheit der Hunde, Stuttgart 1997, S. 109.

IV. Vom Umgang mit anderen

1 S I 183 Vom Zorn III 26.

2 Vgl. zum Pessimismus Senecas: S (Tragödien) Der rasende Herkules 362 ff.: »Wenn die Sterblichen ihren Hass immer in alle Ewigkeit hegen und wenn, einmal entfacht, die Raserei niemals aus den Herzen weicht, vielmehr der vom Glück Erhobene die Waffen behält, der Unterlegene sie rüstet, dann werden die Kriege nichts überleben lassen …«

3 Ulrich Knoche, Der Philosoph Seneca, Frankfurt 1933, zitiert nach Maurach (1975) S. 18: »Seneca stellt den Menschen nicht ein Idealbild hin von so unerreichbarer Vollkommenheit, dass sie verzweifeln müssten, sondern

er richtet schlicht und ernst an jeden Philosophen die Forderung, selbst exemplum zu werden, menschlicher Unvollkommenheit zum Trotz. So setzt er rein Gedachtes um in eine anschaubare Gestalt. … Die Aufgabe der Philosophie … besteht nach Seneca darin, das Chaotische des menschlichen Lebens im Zeitlichen zu ordnen, und zwar so, dass sie durch die Menschen hindurch die Idee des Menschen erkennt, die Idee der Humanität, und dass sie darauf ihre Forderung, Forschung und Tätigkeit ausrichtet.« Hier sei auch darauf hingewiesen, dass Seneca »der einzige Römer (war), der sich in der Verdammung der Gladiatorenspiele zum allgemein menschlichen Standpunkt erhoben hat«. Friedländer, in Maurach (1975), S. 138.

4 S (Rosenbach) Über die Wohltaten, 4,27,3.

5 S (Rosenbach) Über die Wohltaten 2,18,4; Übersetzung geringfügig geändert. Am Ende steht im Text ein Fragezeichen.

6 S (Rosenbach) Über die Wohltaten 1,10,3.

7 Ebenda 1,10,1.

8 S I 106 f. Vom Zorn II 8.

9 S (Rosenbach) Über die Wohltaten 7,26,4–27,1; Übersetzung geringfügig geändert.

10 S IV 222 Brief 104.

11 Ebenda.

12 S I 182 Vom Zorn III 26.

13 Auch Grimal, S. 72, spricht von »zwei verschiedenen Ebenen«. Sørensen, S. 168: »… der Mensch (ist) Bürger zweier Staaten«. Ulrich Knoche in Maurach (1975), S. 153: »Dies Gute wird vom stoischen Dualismus her bestimmt: Der Mensch lebt ja in zwei Welten; das eine ist die Welt des Scheines des allgemeinen Selbstbetruges … Die andere Welt ist die der Wahrheit: da herrscht das Wissen um die echten Werte (…), da wird den Menschen und den Dingen die Maske abgenommen (…).«

14 S I 109 Vom Zorn II 10.

15 S (Tragödien) Ödipus 1019: »… niemand wird durch das Schicksal schuldig.«

16 S (Rosenbach) Über die Milde 3.4.2–3; 5, 39 ff. Übersetzung geringfügig geändert.

17 S I 130 Vom Zorn II 28.

18 S I 85 f. Vom Zorn I 14; Übersetzung geringfügig geändert.

19 S III 309 Brief 75; Satzbau umgestellt.

20 S III 353 Brief 81. S (Tragödien) Der rasende Herkules 1220: »… was der Raserei eigentümlich ist: sie wütet gegen sich selbst.«

21 NU 1 Vorrede 5.

22 NU 1 Vorrede 9.

23 S IV 164 Brief 95.

24 Max Pohlenz, Die Stoa. Geschichte einer geistigen Bewegung, 4. Auflage Göttingen 1970, S. 273; Giebel, S. 117; zu Menander vgl. Lorenz Straub, Liederdichtung und Spruchweisheit der Alten Hellenen, Verlag W. Spemann, Berlin und Stuttgart ohne Jahresangabe, S. 505; Wilhelm Nestle, Griechische Lebensweisheit und Lebenskunst, Stuttgart 1949, S. 239.

25 Vgl. Anm. 55 zu Brief 95 in Seneca, Epistulae morales ad Lucilium, herausgegeben und übersetzt von Franz Loretto, Stuttgart 2009, XV 117.

26 S II 9 Vom glücklichen Leben.

27 S III 23 Brief 9, nach dem griechischen Philosophen Hekaton; Übersetzung aus Wilhelm Nestle, Die Nachsokratiker, herausgegeben und eingeleitet von Wilhelm Nestle, 2 Bde, Jena 1923, Bd. II S. 86.

28 S I 188 Vom Zorn III 31. S (Tragödien) Die Trojanerinnen 1024: »… elend ist niemand, er vergleiche sich denn.«

29 S (Rosenbach) Über die Wohltaten 7,28,3, Rosenbach; Übersetzung geändert.

30 S I 181 Vom Zorn III 25.

31 S I 131 f. Vom Zorn II 28.

32 S I 110 Vom Zorn II 10.

33 S I 182 Vom Zorn III 26.

34 Wir alle sind Leidende: S (Tragödien) Der rasende Herkules 463: »Wen immer du elend siehst, der, wisse, ist ein Mensch.«

35 S (Rosenbach) Über die Milde 2.5.2.

36 S I 200 Vom Zorn III 43.

37 S I 159 Vom Zorn III 8.

38 Giebel, S. 45.

39 S I 58 Von der Unerschütterlichkeit des Weisen.

40 Sørensen, S. 93, hält es für verlockend, das lateinische Wort »ira« (Zorn) bei Seneca mit »Aggression« zu übersetzen, »um so mehr, als es kein besseres lateinisches Wort für Aggression gibt«.

41 S III 46 Brief 14.

42 S I 20 Von der göttlichen Vorsehung.

43 S I 78 f. Vom Zorn I 9; Übersetzung geringfügig geändert. S (Tragödien) Medea 952: »… o Zorn, wohin du mich auch führst, ich folge dir.«

44 S I 125 Vom Zorn II 22.

45 S I 135 Vom Zorn II 31.

46 S I 153 f. Vom Zorn III 5.

47 S I 59 Von der Unerschütterlichkeit des Weisen.

48 S I 163 Vom Zorn III 12.

49 S I 125 Vom Zorn II 22.

50 S I 133 Vom Zorn II 29. S (Tragödien) Agamemnon 129 f.: »… gewähre dir Zeit und Frist: was Vernunft zu heilen vermag, hat oft ein Aufschub geheilt.«

51 S II 103 Von der Gemütsruhe.

52 S I 44 Von der Unerschütterlichkeit des Weisen; erster Teil eigene Übersetzung in Anlehnung an Rosenbach.

53 S I 181 f. Vom Zorn III 25.

54 S I 116 Vom Zorn II 14.

55 S I 152 Vom Zorn III 5.

56 S I 153 Vom Zorn III 5.

57 NU 5,18,6–11; Seneca spielt auf die Perserkönige Dareios I. und Xerxes I., die im 5. Jh. v. Chr. versucht hatten, Griechenland zu erobern und in ihr Großreich einzugliedern.

58 S I 160 Vom Zorn III 9; Übersetzung geringfügig geändert.

59 Vgl. Joachim Bauer, Das Prinzip Menschlichkeit, Hamburg 2006; ders., Das kooperative Gen, Hamburg 2008.

60 S III 163 Brief 48. S (Tragödien) Die Trojanerinnen 697: »… alles, was du dem Geringsten gibst, gibst du dem eigenen Glück.«

61 S (Rosenbach) Über die Milde 2. 4. 3.

62 S IV 35 f. Brief 85.

63 S (Rosenbach) Über die Seelenruhe IV 6; Übersetzung geringfügig geändert.

64 S II 76 f. Von der Gemütsruhe.

65 Xenophon, Erinnerungen an Sokrates, Reclam 1992, 102 f. S (Tragödien) Thyestes 402 f.: »Auf jenem aber lastet schwer der Tod, der, allen allzu bekannt, sich selber unbekannt stirbt.«

66 NU 7,27,4.

67 Vgl. Goethes berühmte Unterscheidung von Systole und Diastole (Zusammenziehung und Ausdehnung): »So setzt das Einatmen schon das Ausatmen voraus und umgekehrt; so jede Systole ihre Diastole. Es ist die ewige Formel des Lebens, die sich auch hier äußert.« Entwurf einer Farbenlehre, Goethe, Sämtliche Werke nach Epochen seines Schaffens, herausgegeben von Karl Richter, Münchner Ausgabe (MA), 2006, Bd. 10, S. 36; auch Tages- und Jahres-Hefte 1820, MA Bd. 14, S. 292 und West-Östlicher Divan, Buch des Sängers, Talismane, MA Bd. 11. 1. 2, S. 12: »Im Athemholen sind zweyerley Gnaden: / Die Luft einziehen, sich ihrer entladen; / Jenes bedrängt, dieses erfrischt; / So wunderbar ist das Leben gemischt. / Du danke Gott, wenn er dich preßt, / und dank' ihm, wenn er dich wieder entläßt.«

68 S III 249 Brief 66.

69 Ebenda.

70 S III 105 Brief 28.

71 S (Rosenbach) Brief 14,14; eigene Übersetzung in Anlehnung an Rosenbach.

72 S III 192 Brief 55.

73 S II 14 f. Vom glücklichen Leben; »zum vollen Einklang ihrer Teile« stammt aus der Übersetzung von Berthold, in: Seneca, Von der Seelenruhe, herausgegeben und übersetzt von Heinz Berthold, Augsburg 1966, S. 147.

74 S IV 321 Brief 120; zweiter Teil nach Rosenbach.

75 S II 15 Vom glücklichen Leben; lat. »summum bonum esse animi concordia«.

76 S III 302 f. Brief 74.

77 S III 117 Brief 31.

78 S IV 265 Brief 113; vgl. Platons Bild von der Seele, Der Staat 588 (Ziff. der Stephanusausgabe): »So schaffe dir denn einmal erstlich eine Gestalt eines mannigfachen zusammengesetzten und vielköpfigen Ungeheuers, das rundum Köpfe von teils zahmen, teils wilden Tieren hat, dabei im Stande ist, sich in alle diese Tiere zu verwandeln und auch alle diese Tiere aus sich zu erzeugen.« Platon, Sämtliche Werke, herausgegeben von Erich Loewenthal, drei Bände, Köln 1969, II S. 360.

79 S III 152 Brief 45.

80 S IV 59 Brief 88.

81 S III 15 Brief 6; Übersetzung geringfügig geändert.

82 S IV 283 Brief 115.

83 Vgl. die Übernahme des berühmten Platonischen Bildes vom Wagenlenker der Seele durch den Stoiker Poseidonios: »Da kommt es ihr (der Denkkraft, Verf.) zu, nunmehr wie ein Wagenlenker das Gespann der zusammen aufgewachsenen Rosse, der Begierde und des Gefühls, zu regieren und zu beherrschen. Sie sollen weder zu stark noch zu schwach, weder zu langsam noch zu stürmisch, nicht unfolgsam, zügellos und übermütig, sondern willig werden, in allem dem vernünftigen Denken zu folgen und zu gehorchen. Die Erziehung hierzu und die sittliche Tüchtigkeit beruht auf der Erkenntnis der Natur der Dinge wie die des Wagenlenkers auf der Theorie des Wagenlenkens. Denn in den unvernünftigen Kräften der Seele kann kein Wissen entstehen, sowenig als in den Rossen, sondern diesen wird die ihnen eigene Tüchtigkeit durch eine Art unbewusster Gewöhnung zuteil, dem Wagenlenker dagegen durch vernünftige Belehrung.« Wilhelm Nestle, Die Nachsokratiker, herausgegeben und eingeleitet von Wilhelm Nestle, 2 Bände, Jena 1923, II S. 139.

84 S III 34 Brief 11.

85 Vgl. dazu die schöne Geschichte, die Platon am Ende des Dialogs Phaidros erzählt. Es geht um die Entstehung und Bedeutung des geschriebenen Wortes im Gegensatz zu dem gesprochenen Wort. Im alten Ägypten hätte der Gott der Weisheit (Theut, Thoth) viele Erfindungen dem damaligen König Thamus (Amon) vorgestellt, unter anderem auch die Schrift. Der König lobte viele Erfindungen, kritisierte aber die Erfindung der Schrift: »Auch du hast jetzt, als Vater der Schrift, aus Voreingenommenheit das Gegenteil von dem angegeben, was sie (die Schrift) vermag. Denn diese Kunst wird Vergessenheit schaffen in den Seelen derer, die sie erlernen, aus Achtlosigkeit gegen das Gedächtnis, da die Leute im Vertrauen auf das Schriftstück von außen sich werden erinnern lassen durch fremde Zeichen, nicht von innen heraus durch Selbstbesinnen. Also nicht ein Mittel zur Kräftigung, sondern zur Stützung des Gedächtnisses hast du gefunden. Und von Weisheit gibst du deinen Lehrlingen einen Schein, nicht die Wahrheit: wenn sie vieles gehört haben ohne Belehrung, werden sie auch viel zu verstehen sich einbilden, da sie doch größtenteils nichts verstehen und schwer zu ertragen sind im Umgang, zu Dünkelweisen geworden und nicht zu Weisen.« Platon, Sämtliche Dialoge, herausgegeben von Otto Apelt, sieben Bände, Hamburg 1993, Phaidros 275 A (Ziff. der Stephanusausgabe).

86 NU 3,30,8.

87 S III 33 f. Brief 11; Übersetzung geringfügig geändert.

88 Seneca »richtet schlicht und ernst an jeden Philosophen die Forderung, selbst exemplum zu werden, menschlicher Unvollkommenheit zum Trotz«. Ulrich Knoche, Der Philosoph Seneca, Frankfurt 1933, zitiert nach Maurach (1975) S. 18.

89 Der Übersetzer Otto Apelt bemerkt, dies sei einer der meistzitierten Aussprüche Senecas.

90 S III 14 Brief 6; Übersetzung geringfügig geändert. Zenon war der Begründer der Stoa, Kleanthes sein Schüler und Nachfolger in der Leitung der Schule. Metrodorus, Hermarchus und Polyaenus waren Schüler von Epikur, der seine Schule in einem Garten errichtete. Lehrer und Schüler bildeten eine Lebensgemeinschaft, die durch enge Freundschaften zusammengehalten wurde.

91 S IV 135 f. Brief 94; statt »Menschen« steht im Text »Männer«.

92 S IV 236 Brief 108; der letzte Satz nach Rosenbach.

93 S I 157 Vom Zorn III 8; Übersetzung in Anlehnung an Rosenbach geändert.

94 S I 124 Vom Zorn II 21; Übersetzung geringfügig geändert. Statt »Kinder« steht im Text »Knaben«.

95 S III 180 Brief 52.

96 S II 140 Von der Kürze des Lebens.

97 S III 221 f. Brief 62.

98 S (Rosenbach), An Lucilius, Brief 52,7.

99 Lateinisch: »illi clarissimi sacrarum opinionum conditores« und »antistites bonarum artium«, S (Rosenbach) Über die Kürze des Lebens 14,1 und 5.

100 Das altindische Wort für den spirituellen Lehrer ist »guru« und »meint denjenigen, der die Finsternis beiseiteschiebt und Licht gibt«, Desikachar/Krusche, Das verborgene Wissen bei Freud und Patañjali, Stuttgart 2007, S. 156.

101 S II 138 f. Von der Kürze des Lebens; Übersetzung geringfügig geändert. Seneca nennt hier einige der berühmtesten Philosophen des alten Griechenlands.

102 S II 140 f. Von der Kürze des Lebens.

103 Tacitus, Annalen, übertragen von August Hornefer, Stuttgart 1964, Buch 15 Kap. 62 (lat. imago vitae).

104 Vgl. dazu die schöne Beschreibung, die uns Macchiavelli von seinem Tagesablauf gab, nachdem er Stellung und Ansehen am Hof von Florenz eingebüßt hatte und in ein armseliges Exil auf dem Lande verbannt worden war: »Wenn der Abend kommt, kehre ich nach Hause zurück und gehe in mein Schreibzimmer. An der Schwelle werfe ich die Bauerntracht ab, voll Schmutz und Kot. Ich lege prächtige Hofgewänder an und, angemessen gekleidet, begebe ich mich in die Säulenhalle der großen Alten. Freundlich von ihnen aufgenommen, nähre ich mich da mit der Speise, die allein die meinige ist, für die ich geboren bin. Da hält mich die Scham nicht zurück, mit ihnen zu sprechen, sie um den Grund ihrer Handlungen zu fragen, und herablassend antworten sie mir. Vier Stunden lang fühle ich keinen Kummer, vergesse alle Leiden, fürchte nicht die Armut, es schreckt mich nicht der Tod; ganz versetze ich mich in sie.« Will Durant, Kulturgeschichte der Menschheit, in 25 Bänden, Editions Rencontre Lausanne, zitiert nach Band 16 S. 58 f.

105 S III 3 f. Brief 2.

106 S III 124 Brief 33.

107 S IV 22 Brief 84.

108 S III 124 Brief 33.

109 S III 124 Brief 33. Dazu Christoph Horn, Antike Lebenskunst – Glück und Moral von Sokrates bis zu den Neuplatonikern, München 1998, S. 57: »Wie man sieht, legte Seneca besonderen Wert auf die emanzipierende Wirkung philosophischen Trainings, und zwar auf die Wirkung bei jedem einzelnen.

Er leitet aus dem therapeutischen Philosophiebegriff zudem eine individuelle Verpflichtung gegenüber den Nachgeborenen ab, wenn er schreibt: ›Die Nachwelt ist es, deren Sache ich betreibe. Ich bringe einiges zu Papier, was ihr nützen kann.‹« Das Seneca-Zitat stammt aus S III 19 f. Brief 8.

Schluss

1 S (Rosenbach) An Lucilius, Brief 93,7; eigene Übersetzung in Anlehnung an Rosenbach.

2 S III 117 Brief 31 (lat. fac te ipse felicem).